THE CHICANO HERITAGE

This is a volume in the Arno Press collection

THE CHICANO HERITAGE

Advisory Editor
Carlos E. Cortés

Editorial Board
Rodolfo Acuña
Juan Gómez-Quiñones
George F. Rivera, Jr.

*See last pages of this volume
for a complete list of titles.*

CUARENTA AÑOS DE LEGISLADOR

ó

BIOGRAFIA DEL SENADOR CASIMIRO BARELA

JOSE EMILIO FERNANDEZ

ARNO PRESS
A New York Times Company
New York — 1976

Editorial Supervision: LESLIE PARR

Reprint Edition 1976 by Arno Press Inc.

Reprinted from a copy in the Bancroft Library
   of the University of California at Berkeley.

THE CHICANO HERITAGE
ISBN for complete set: 0-405-09480-9
See last pages of this volume for titles.

Manufactured in the United States of America

Publisher's Note: The illustrations have not been
included in this edition and pagination has been
affected by these deletions. This book has been
reproduced from the best available copy.

Library of Congress Cataloging in Publication Data
Fernández, José,   1882-
   Cuarenta años de legislador.

   (The Chicano heritage)
   Reprint of the 1911 ed. published in Trinidad,
Colo.
      1. Barela, Casimiro. I. Title. II. Series.
F781.B232F47   1976   328.788'092'4 [B]   76-1254
ISBN 0-405-09501-5

CUARENTA AÑOS DE LEGISLADOR

ó

BIOGRAFÍA DEL
SENADOR CASIMIRO BARELA

"El Senador Perpetuo," y
"El Padre del Senado del Estado de Colorado."

Por

JOSÉ EMILIO FERNÁNDEZ

*Con una Introducción por el Lic. Benjamin M. Read,
de Santa Fé, Nuevo México*

"Al tratarse de mi raza, especialmente si se trata de discriminar, abdico de mis ideas en política y me dedico á su defensa en todo tiempo y lugar."—*Casimiro Barela.*

TRINIDAD, COLORADO
1911

Careciendo el Senador Barela de hijos varones,
dedica esta obra, á sus nietos:
>   Casimiro Gustavo Chacón,
>   Eugenio Leo García,
>   Luis Celedonio Martinez,
>   Casimiro Emanuel García,
y á la juventud Hispano Americana.

Hay acciones que jamás se olvidar
Y hay nombres que son eternos,
Aquellos que á imitar conviden
Y que dominan recuerdos tiernos.
                    —*Fernández.*

ÍNDICE.

Su Nacimiento y Genealogía..................................
Su Instrucción Primaria.....................................
Incidentes Dignos de Mención................................
Comenzando á Negociar.......................................
Emigra al Territorio de Colorado............................
Primer Nupcia del Sr. Barela................................
Los Barela en Colorado......................................
Su Principio en la Política.................................
Una heredera..
Nombrado Asesor de Condado..................................
Electo Representante á la Legislatura.......................
Su Tercera Hija...
Sigue Progresando...
Logra que se Publiquen las Leyes en Español.................
Su Cuarta Niña..
Más Sobre su Vida de Familia................................
Fallecimiento de los Padres del Senador Barela..............
Fallecimiento de Doña Josefita Ortiz de Barela..............
Algo Sobre sus Hijas é Hijos Políticos......................
Segundas Nupcias del Senador Barela.........................
Breves Comentarios..
Empresas en que se Ocupó y se Ocupa.........................
Sucesos que Demuestran Previsión............................
¡Cuánto se le Debe!...
Representante y Alguacil Mayor..............................
Convención Constitucional de Colorado.......................
En el Senado..
Visita del General Grant á Trinidad.........................
Delegado á la Convención Nacional Democrática...............
Otras Posiciones..
Como Elector Presidencial...................................
Arbitraria Acción del Juez Caldwell Yeaman..................
La Exposición en Denver, Colorado...........................
"La Adrista Infantería de Barela"...........................
Asociación de Mutuo Adelantamiento..........................
Candidato para Auditor de Estado............................
Como Senador y Juez de Condado..............................
Nombrado Edecán, con el rango de Coronel....................
La Convención en St. Louis..................................
Su Viaje á México...
Memorial en Favor de Nuevo México...........................
Discurso en su Favor..
Carta del Coronel Chavez....................................
Resoluciones de la Legislatura de Santa Fé..................

Comentarios de la Prensa..
Opinión Personal del Senador Barela...............................
Correspondencia del Hon. Antonio Joseph........................
El Nuevo Condado de Baca...
Ferrocarril Colorado & Pacific..
El Camino Real para Stonewall..
Sobre la Corte de Terrenos..
Muerte del Senador Chilcott...
Campaña de 1892..
Presidente Pro Tem. del Senado......................................
Para Gobernador de Nuevo México...................................
$25,000 para las Escuelas..
Gobernador Interino de Colorado......................................
Para Ministro á Guatemala...
Cónsul de la República Mexicana......................................
Viaje de los Legisladores Neo Mexicanos á Denver.................
Sufragio para las Señoras...
Candidato para Tesorero del Estado..................................
La Huelga de 1894..
Sesión Legislativa de 1895...
La Exposición Mexicana ....
Carnaval en Denver ....
En Defensa de los Italianos..
El Cónsul Mexicano Defiende á Tres Ciudadanos.................
Cuarto de Centenario de Colorado Springs.........................
Campaña Política de 1896..
Atentado Contra la Vida del Senador Barela........................
Sesión Legislativa de 1897...
Delegado al Congreso Nacional de Ganaderos.....................
Cónsul de Costa Rica..
Club Unión de Buenavista..
Conmutación de la Sentencia de Librado Mora....................
Eulogiado en Washington, D. C...
Discurso el 4 de Julio, 1898..
Memorial para la Devolución de los Trofeos Mexicanos...........
Presidente de la Comisión de Inauguración.........................
En Defensa del Sufragio de sus Constituyentes....................
Sobre la Exposición Parisiense...
Para Establecer una Escuela Industrial en Trinidad...............
En la Muerte del Finado Jesús María García........................
Su Imágen en la Cúpula del Capitolio.................................
Otra Convención de Ganaderos..
Carnaval en Colorado Springs..
Opinión de S. W. Debusk..
Entrevista con un Repórter...
La Campaña de 1900..
Acusación Falsa ....

Sesión Legislativa de 1901..
En la Muerte del Presidente..
En Defensa del Proletario..
Cambio Político del Senador Barela.................................
Campaña de 1904 ....
Notas de la Prensa...
Sesión Legislativa de 1905...
Proyecto para Establecer el Día de Colón...........................
Ecos Políticos de 1905...
Para Honrar la Memoria del Senador Wolcott.........................
Para que los Presos Trabajasen en los Caminos Reales...............
El Registro del Senador Barela no tiene Rival......................
Sesión Legislativa de 1907...
Publicación de los Procedimientos de la Convención Constitucional..
El Sexagésimo Día Onomástico del Senador Barela....................
Algunos de los Discursos...
Sesión de Marzo 5, 1907..
Felicitaciones al Senador Barela...................................
Brindis á los Senadores por el Senador Barela......................
Celebración del Día de Colón.......................................
Campaña Política de 1908...
Rumores de una Contesta..
Carta del Senador Barela al Dr. Ben. B. Beshoar....................
Sesión Legislativa de 1909...
Un Complimiento al Senador Barela..................................
Memorial para que Nuevo México Retenga su Nombre...................
Para Investigar los Condados de Huerfano y Las Animas..............
La Contesta Entablada ....
Atentado para Influir Simpatía el Contestante......................
Expresiones del Ex-Gobernador Thomas...............................
Primer Voto del Senado en la Contesta, 17 por 17...................
Se Decide la Contesta en Favor del Senador Barela..................
Ovaciones al Senador Barela..
El Día de Colón, 1909..
La Asociación de las Ferias..
"El Club Porfirio Diaz"..
La Campaña Política de 1910..
Proyecto Llamando Otra Convención Constitucional...................
Protegiendo la Tesorería del Estado................................
Otros Proyectos que Introdujo......................................
Barela Nominado para Senador de los Estados Unidos.................
Caja de Libros del Senador Barela..................................
Obras que Hacen Mención del Senador Barela.........................
Otros Negocios Importantes ....
Conclusión...
Apreciaciones Sobre el Senador Barela..............................
Cronología...

PRÓLOGO.

La historia, cual relicario santo, guarda en su seno las acciones buenas y las acciones malas de los hombres: las primeras para que las imitemos y las segundas para que evitemos su repetición. Sus lecciones son la enseñanza del bien para impedir el mal; son odio al crímen y amor á la virtud.

Historia es la narración de hechos verdaderos, á fin de deducir de lo pasado sucesos para lo venidero, y biografiar es historiar circunstanciadamente la vida de un particular y sus hechos, es coleccionar vidas particulares más ó menos públicas, describiendo é individualizando.

Al presentar al público la narración de los hechos públicos de la vida del Senador Casimiro Barela lo hago de una manera sincera, sin elogiar un solo hecho de mi parte que no lleve la entera autorización del público que lo ha conocido por tantos años. Estas son las condiciones con las cuales me ha permitido el grandísimo honor de escribir su biografía.

"He observado," me ha dicho, "que es la tendencia de los historiadores, ensanchar, expansionar, y muchas veces, hasta exagerar, los méritos de sus biografiados. Escriba mi biografía tal cual es, para que aquellos que deseen leerla, hallen allí solamente hechos que se puedan substanciar con los registros, y que no dé cabida á un presentimiento de querer exagerar mis acciones."

Esta advertencia, que no he podido menos que respetar, me ha limitado á tratar de su biografía con la mayor precaución para preparar esta obra, teniendo en mi posesión un verdadero archivo de documentos coleccionados de diferentes personas y lugares, en los cuales hay infinidad de datos relativos á su persona, á los cuales, si me he atrevido á comentar brevemente es porque en ellos campea la verdad más absoluta, y debido á mi pobre observación en ciertos aspectos: cuyos comentarios van dictados por la buena fé y no por incienso que pretenda quemar á su alrededor, pues soy de la opinión que su biografía por sí sóla es aún más interesante.

Esta obra, no es simplemente una biografía, no se refiere exclusivamente á redactar y describir la vida de un hombre; contiene hechos que recaen en el dominio de la experiencia en lo presente, en lo pasado y en lo futuro. Su contenido es una enseñanza para la vida privada, es una escuela para el hombre público.

Como que la misma va dedicada á la juventud creciente, no dudo que esta juventud hallará en ella un estímulo para el mayor esfuerzo en mejorar su situación en todas sus fases. Aquí hallarán como un jóven de humilde cuna, de limitada educación y pobre de recursos ha llegado á distinguirse no solamente entre sus paisanos sino ante el mundo entero. Aún los fotograbados con que adornamos esta obra son testigos eficaces de su desarrollo físico é intelectual. Por lo tanto digo que será un estímulo para la juventud, que no debe desmayar porque su orígen sea humilde y sus ventajas limitadas.

Si es un deber y una necesidad escribir la historia de las naciones, lo es también, en todos los pueblos cultos, escribir la biografía de todos los hombres que de alguna manera contribuyen para el engrandecimiento y sostenimiento de las instituciones, y dan libre curso al progreso y á la civilización.

Los hombres públicos son como los astros de primera magnitud; todos tienen puestas sobre ellos las miradas, y así como se les reprochan, se les critican y aún se les castiga sus errores, así también como un acto de justicia, deben darse á conocer sus procedimientos cuando les traen honor y son de beneficio público.

Esa es la ley de la compensación.

Como ya he dicho antes, esta obra no está escrita por el sentimiento de la adulación, está escrita para que el pueblo conozca actos dignos de imitarse, para ese pueblo tan querido por el senador, y en favor del cual ha puesto todas sus energías. Se escribe para perpetuar hechos que tanto privada como públicamente son un ejemplo de moralidad y de civismo.

Aquí se relata con verdad pura y edificante la manera de

proceder de un hombre que privadamente supo formarse un patrimonio con sus propios esfuerzos y constituir un hogar y una familia en donde se mira en todo su esplendor la virtud y la moralidad.

Como hombre público, en los principios de su vida política, siendo completamente jóven, cuántas luchas entabló, cuantas dificultades tuvo que vencer, y cómo sufrió sinsabores; pero siempre constante, siempre altivo y con la conciencia del justo, nada le arredró, nada le hizo titubear, y combatió impetuoso y con la seguridad de sus obras. Era su lucha la del pigmeo con el titán, y el pigmeo venció y se convirtió en coloso, y aquel jóven humilde que entró á la lucha de la vida sólo y sin apoyo, es hoy la gran figura en el Estado de Colorado, donde se le aprecia, se le respeta y se le desea. Es el único hombre en la historia de los Estados Unidos á quien se le haya distinguido con mantenérsele en la misma posición por casi medio siglo.

Amante del progreso y amante de la civilización, es aún más amante de su raza, por la que ha luchado con ahinco, con empeño y con ardor; con tesón y con inflexibilidad de carácter, y en cuanto ha emprendido ha tenido siempre felices resultados.

La índole del Senador Barela, su carácter, su manera de ser, conducen indefectiblemente á causar una impresión de respeto.

El Senador Barela, conociendo toda su validez, se ha conducido de una manera correspondiente á su dignidad, dignidad de que naturalmente está revestido, sin ajarla ni permitir que sea rebajada en manera alguna, sin orgullo y dando á conocer su nobleza de sentimientos.

Su posición se la ha granjeado con su propio mérito, por sus virtudes personales que le han dado nombre no sólo á él, sino á su familia y también á su país. Tiene buen nombre, buena reputación y mucho celo en conservarlos. Todos sus actos han sido ejecutados de una manera digna de honra.

"Mi suceso en la política," me dijo, "lo debo á la fidelidad de mis amigos, y estoy especialmente agradecido de tales hombres como los finados, Jesús María García, Felix Borrego, Mauricio Apodaca, Jesús María Abeyta, Don José J. Córdova, Don José

Rafael Córdova, Don José María Martinez, Don Alejandro Gutierrez, el Mayor Rafael Chacón, Don Jesús María Valdez, Hon. José Ramon Aguilar, y muchos otros que me ayudaron cuando me lancé al mundo político y quienes han cooperado después en mi suceso.

El Senador Barela, como político, conoce el arte de regir y gobernar; procura la paz del pueblo, la abundancia, el órden, la justicia; su política es la transaccional, *i. e.*, la política del progreso. Está versado en los asuntos públicos, en las altas y bajas dependencias administrativas.

Cuando en el senado, con su investidura, defiende sus ideas, se yergue airoso, y con toda la majestad que le da su alto puesto y la imponente respetabilidad de su natural carácter, combate, ataca y se defiende; pero todo en buena lid, aunque con virilidad y energía. Sus actitudes presentan muy grandes ejemplos de excelente patriota, generoso, digno y buen ciudadano. Vela verdaderamente por los intereses del pueblo y es el gran paladin de la justicia.

Como hombre de negocios no ha sido egoista y ha trabajado con su talento, sus aptitudes y su capital, para ayudar á otros en la adquisición de bienes y mejoras. Ha figurado en empresas verdaderamente interesantes, y en su larga carrera como hombre de negocios que ha girado, ha invertido millares de millares de pesos. Se ha ocupado de ganadería, minería, comercios y otros diversos ramos de empresas. En minería, se halla interesado además de en las minas domésticas carboneras, en minas de plata en el Estado de Guadalajara, México, donde tiene participio con varios capitalistas de Kansas City, y con los Hermanos Tarabino y B. F. Springer, de Trinidad, Colorado. Y así como ha invertido grandes sumas, también ha sufrido grandes pérdidas en sus negocios, pérdidas que han sido inevitables. Pero no ha desmayado, no ha vacilado; con más empeño y con más energía ha hecho los mayores esfuerzos para remediarlas. Para multitud de personas que le conocen y que han tenido conocimiento de sus pérdidas, ha sido un dilemna cómo no haya fracasado.

Pero en todas sus empresas, en todos sus negocios, en la política y en la diplomacia, debe su éxito á que por naturaleza le adorna la gracia, conocimiento y prerogativa de ser juez de la naturaleza humana. Bástale conversar con una persona por breves momentos y dirigirle una de aquellas miradas escudriñadoras que le son características, y parece que le penetra reconociéndole á fondo sus puntos fuertes y sus puntos débiles; sus faltas, sus aptitudes, su talento; su facultad intelectiva, su destreza, su inteligencia.

En religión, el Senador Barela y su familia se han distinguido como católicos prácticos. En beneficio de la iglesia católica se han inmortalizado con las diferentes dádivas que han hecho á la iglesia. En su rancho en Barela, Colorado, levantó á su costa y suplió con todo lo necesario una iglesia. En Trinidad, Colorado, donó el terreno para el panteón católico como consta en los abstractos de aquella propiedad, cuya donación hizo á la iglesia con todas las mejoras. A la Parróquia de la Santísima Trinidad donó, una hermosa y artística ventana que le costó varios cienes de pesos, en nombre de su finada esposa, Doña Josefita.

Para levantar otras iglesias de otras denominaciones el Senador fué solicitado para que contribuyese y ayudó con buenas contribuciones, y para edificar la presente parróquia en Trinidad, Colorado, el Senador Barela además de ayudar con dinero en una suma considerable apeló á los amigos que él había ayudado y consiguió una gran suma en suscripciones de personas de otras iglesias para levantar la parróquia católica, haciéndoles ver que un edificio como el que se trataba de hacer sería una honra para la ciudad, como en verdad lo es.

Como diplomático, en la ciencia ó conocimiento de las relaciones internacionales, ó arte de las negociaciones de un estado con otro, de una á otra nación ó potencia, ha dado á conocer sus aptitudes en varios años que fué Cónsul de la Republica Mexicana y como Cónsul actual de Costa Rica.

El Senador Barela es filántropo, está dotado de sentimientos é inclinaciones humanitarias; es la contraposición del odioso misántropo. Es benéfico y se ocupa de mejorar la suerte de sus semejantes.

Tratar en este prólogo de todos los actos de la vida del Senador Barela, sería un trabajo demasiado prolijo é innecesario, pues con la lectura de la obra, basta para conocerle en todos sentidos. Todos sus actos están revestidos de la más pura verdad, cualidad la más digna que puede tener el instinto humano en sus diversas operaciones filosóficamente consideradas, como que sin ella son nulas de hecho todas las emanaciones del espíritu, encaminadas á la comunicación recíproca de los seres dotados del atributo inteligente.

Ama verdaderamente á su raza, y cuando de ella se trata, dice, y se le conoce que lo dice con orgullo, con el corazón: "Al tratarse de mi raza, especialmente si se trata de discriminar, abdico de mis ideas en política y me dedico á su defensa en todo tiempo y lugar."

Se calla por sabido que entre el pueblo de habla inglés así como de otras nacionalidades, el Senador Barela es amado, apreciado, respetado y se le guardan mejores consideraciones que á la mayoría de los de aquellas nacionalidades. La sociedad pulcra é inteligente conoce á fondo su posición y valer y le trata con las consideraciones que merece.

Las tinieblas de las primeras edades han quedado impenetrables á las investigaciones de los historiadores y la moderna perseverancia por falta de historia. Ahora los hombres se ilustran y aumentan el caudal de sus conocimientos, adquiriendo mayores inspiraciones, estudiando la vida de los otros.

La vida del Senador Casimiro Barela es digna de estudio y digna de imitación.

Quien como el Senador Casimiro Barela se ha sabido elevar, merece el aplauso de su pueblo, el aprecio de los extraños.

No sin razón se le llama "El Padre del Senado del Estado de Colorado."

EL AUTOR.

INTRODUCCIÓN PARA LA OBRA "CUARENTA AÑOS DE LEGISLADOR, Ó BIOGRAFÍA DEL SENADOR CASIMIRO BARELA."

Escrita por el Sr. José Emilio Fernández.

"El poéta nace,"
"El sabio se hace."

Así como la buena ó mala ley de los metales valiosos se establece á prueba de fuego, y por medio del crisol, así también por medio de las adversidades y vicisitudes se descubren en la esfera de la vida las buenas ó dañinas cualidades del individuo —Lo que es el fuego para los metales en el mundo físico son las penas y trabajos para el ser humano en el mundo cívico—económico. Para el escritor que á diario, y sin cesar, estudia en el libro de la vida las peculiaridades, las inclinaciones é inconsistencias inexplicables que forman y constituyen el carácter del hombre no hay cosa que le dé tanto regocijo como el estudio del carácter de esos seres que, debido á sus propios esfuerzos, á su invencible resolución, á su inquebrantable, legítima, ambición y sorprendente perseverancia, han podido sobreponerse á los innumerables obstáculos que, cual arrecifes invicibles, continuamente les obstruyen el paso exponiéndolos, con frecuencia, á naufragar en el archipiélago de las pasiones, ó á desmayar en lo más recio del combate, que á cada instante de su vida les libra el enemigo solapado: el falso amigo, el hipócrita y el cobarde envidioso.

El sujeto cuya vida ha tan oportunamente bosquejado el autor de esta obra, el Señor J. E. Fernández, es uno de esos seres privilegiados que sin más ayuda que su constancia y una vida arreglada á los sanos principios de estricta honestidad se captó desde sus primeros años la confianza del Sr. Arzobispo de Santa Fe, Don J. B. Salpointe, entónces párroco de Mora (quien fué el instrumento providencial para la protección y amparo del niño Barela) puede, con absoluta confianza, decir que ha vivido cuarenta y ocho años de los sesenta y cinco que lleva de su existencia y peregrinación en este "valle de lágrimas" haciendo bien á sus semejantes, ora como humilde ciudadano, ora como miembro de la sociedad, ora como funcionario público. Por eso yo, que desde años he tenido la honra de contarme entre sus amigos particulares, he sentido un verdadero regocijo en lo de obsequiar los deseos del dicho autor escribiéndo, con toda la sinceridad de mi corazon, estos apuntamientos en forma de introducción á la obra que ha de perpetuár en los corazones de los hispano-americanos de Colorado, y Nuevo México, los grandes servicios é incontables beneficios que han recibido de uno de los más fieles y más desinteresados de sus compaisanos y consanguíneos—Nosotros los Neo-Mexicanos lo reconocemos, y lo apreciamos, como hijo de este suelo, pues que en efecto lo es; y de ello tenemos orgullo. Bajo análogas circunstancias he ya yo, anteriormente, ocupádome en analizar la importante hoja de servicios del Senador Barela, razón porque puedo decir lo que aquí digo con pleno conocimiento de la materia: eso á más de conocerlo y de haberlo tratado íntimamente.

No es verdad que pueda un hombre en el mundo distinguirse entre los ciudadanos prominentes de su estado y comunidad por un simple golpe de buena fortuna, ni, mucho ménos, con solo ser rico de bienes heredados por él ó por su mujer, no, quien llega á obtener algo de prominencia por esos medios nunca pasa de ser un pobre bicho á quien se le prodigan atenciones y consideraciones fingidas: ya por causa de sus relaciones domésticas, ya por el hecho de saber él congraciarse, ó, en fin, porque sabrá derrochar su fortuna con el objeto de estar seguro del efímero aprecio del pequeño séquito de sus aduladores; los tales seres son derechosos solamente al crédito que merezca el asno por haber hecho sonar la flauta del basurero. No, repito, necesita el hombre que quiere salvar los obstáculos que encuentra en el camino que lo guía al pináculo del verdadero mérito, necesita, para escalar las murallas del citadel de la fama, primeramente, tener suficiente "materia gris," en su cabeza algo de educación, ser honesto, y, en seguida, debe tener valor, ambición y energía para sacar todo el partido posible de las oportunidades que, como fruto de sus esfuerzos, se le presenten en el trayecto que atraviesa. He aquí el acabado retrato del hombre que con su propia energía y talento ha llegado á colocarse sobre peana de bien y justamente, adquirida popularidad. Ese es el retrato que nos presenta la vida de Casimiro Barela.

Trece de los primeros diez y seis años de su vida los pasó al lado de sus padres en Mora, Nuevo México, ocupado en los quehaceres domésticos y recibiéndo la escasísima instrucción que las escuelitas de aquellas épocas solían impartir; tres años pasó, también en Mora, bajo los cuidados y dirección del cura del lugar, el Rev. Juan B. Salpointe, que después vino á ser Arzobispo de Santa Fé, de quien recibió la educación que le servió de norma y sostén durante su vida. A la edad de diez y seis años (1863) dió su primer paso á traves del umbral que lo separara del contacto con asuntos de importancia ocupándose, en el condado de Mora, con el manejo del comercio de su padre hasta el año de 1867, año en que sus padres cambiaron su residencia, á sugestion de Don Casimiro, que había el año antes hecho un viaje á Colorado, al lugar anteriormente conocido con el nombre de "Rito de San Francisco" y hoy con el nombre de "Barela" (nombre que se le dió al lugar en honor de Don Casimiro). Dos años después, el de 1869, fué Don Casimiro elejido Juez de Paz del precinto del Rito de San Francisco, resultando su dicha elección en haber sido la primera oportunidad que se le presentaba para entrar á la vida pública, oportunidad que supo él aprovechar, y apreciar su importancia y el valer de sus consecuencias. La imparcialidad y rectitud de su conducta en ese puesto le aseguraron el prestigio político que vino ulteriormente á coronar su larga carrera en la vida pública con la estima y renombre de que es hoy poseedor.

Sus conciudadanos no tardaron en reconocer el talento del jóven funcionario y desde entónces lo han venido honrando con puestos públicos. El año de 1870 lo hicieron Asesor de su Condado (Las Animas) y diputado á la Legislatura Territorial. El año de 1871 volviendo á reelegirlo al mismo puesto el año de 1873, y el de 1874 lo eligieron al de Alguacil Mayor. El siguiente año (1875) lo escogieron para delegado á la Convención constituyente que se reunió en Denver para redactar la Constitución de estado—Colorado entró á la Union como Entidad federativa el año de 1876.

Fué en la Convención Constituyente donde el mundo pudo conocer el talento de Don Casimiro. En los importantes debates tomó él parte muy activa distinguiéndose muy especialmente en la lucha que en pro de los derechos de sus conciudadanos y compaisanos sostuvo hasta conseguir la aprobación del inciso cuarto (ó sea la sección IV) á la Constitución por el cual se decretó la publicación de las leyes en el idioma español por veinticinco años, decretándose, igualmente, que durante los veinticinco años aludidos ningún ciudadano del estado sería privado del derecho de sufragio por razón ó causa de su falta de educación y conocimiento del idioma inglés. En eso siguió Don Casimiro el ejemplo de Licurgo y Solon. Licurgo después de haber decretado sabias leyes para la protección de los derechos civiles y de propiedad de los espartanos les exigió promesa jurada que no se habían de cambiar sus leyes inter durara su ausencia de Esparta. Lo consiguió, se ausentó de su patria para nunca volver y con eso pudo ver sus leyes en vigor por muchos años. Solon, el más grande de los siete sabios de Grecia, después de decretar leyes humanitarias para Grecia, eliminando el prerequisito que solo los nobles de nacimiento podian ser funcionarios públicos, y extendiéndo iguales prerogativas á todos los buenos ciudadanos, aún cuando fueran de obscura cuna, decretó, además, que sus leyes no debian cambiarse ni alterarse en diez años. Asi tambien Don Casimiro aseguró por 25 años los derechos civiles de miles de sus conciudadanos que iban á quedar descalificados para ejercer sus prerogativas de ciudadanía por no poseer el conocimiento del idioma Inglés.

El siguiente año, 1876, ingresó Colorado como estado soberano á la Unión Americana y Don Casimiro fué premiado con el bien merecido honor de Senador del primer Senado del estado, y de esa fecha para acá ha sido escogido, consecutivamente, término tras término, para el mismo puesto; puesto que aún ocupa y ocupará hasta Diciembre de 1912, después de cuya fecha, indudablemente seguirá fungiendo dada la estima con que sus conciudadanos han querido distinguirlo, como sus Colegas en el Senado lo han distinguido eligiéndolo Presidente del Senado dos veces.

Mucho bien ha hecho el Senador Barela al pueblo de Colorado, ora iniciando, ora apoyando y fomentando leyes benéficas y empresas de interés é importancia general y local. Sus energías y actividades no se han concretado á asuntos de legislación meramente, no, pues á más de las altas responsabilidades de legislador pudo, varias veces, desempeñar otros puestos públicos, como Juez de su Condado por tres años, Tesorero de condado por un término y Presidente de las Ferias que se verifican anualmente en Trinidad, y todo eso ha desempeñado sin interrupción de sus deberes de Senador.

El suntuoso edificio Capitolio del estado, sito en la hermosa ciudad de Denver, circunda su cúpula con un grupo de retratos, ó pinturas, de quince hombres grandes que fueron escojidos de entre 700 estadistas del estado. De esos quince el Senador Barela es uno, honor que sus descendientes y compatriotas sabrán apreciar debidamente, como sabrán enorgullecerse al leer la historia de este benémerito hermano suyo que quiso consagrar y dedicar sus talentos, sus fuerzas y toda su existencia al desarollo de las industrias de su estado en lo general, y á la defensa y bienestar de su condado y sus habitantes en particular.

De la lectura de estos cuantos rasgos que enumero puede el lector anticipar el placer que su alma experimentará con leer en esta obra pormenorizadamente todos los eventos é incidentes que, en conjunto, forman uno de los bosquejos más interesantes y más dignos de imitación, de los muchos que se han escrito, y se pueden escribir, de los hijos de Nuevo México, descendientes de los bizarros conquistadores de este suelo, y cuando digo "hijos de

Nuevo México" incluyo en la expresión á los Coloradenses hispano-americanos puesto que todos ellos, ó sus antecesores, son hermanos de nuestros hermanos, carne de nuestra carne y hueso de nuestros huesos.

Espero, pues, que esta obra recibirá favorable y entusiasta acogida del pueblo de Colorado, y especialmente del elemento hispano-americano, como, lo creo, y lo espero, recibirá en Nuevo México en pro de lo cual quien esto escribe ofrece su humilde cooperación.

Benjamín M. Read

Santa Fé, Nuevo México.

Agosto de 1911.

NOTA DEL AUTOR.

A más de uno le parecería inverosímil la aserción de que antes de que yo naciera ya el Senador Casimiro Barela se hallaba haciendo leyes, pero tal aserción es verídica, porque habiendo yo nacido el 10 de Abril, de 1882, ya el Senador Barela llevaba diez años de continuo servicio en la Legislatura de Colorado, y hoy, al escribir estas lineas, es nuestro actual senador por este distrito, y tal vez lo será mientras viva, considerando la alta estima en que es tenido por sus constituyentes, irrespecto de credo ó nacionalidad.

Recuerdo cuando apenas contaba yo siete años de edad, cuando comenzaba á leer español bajo la dirección de mi padre—que en paz descanse—el finado Jesús María Fernández, quien por muchos años fué Juez de Paz del Precinto de Madrid, que yo leía las leyes impresas en español, mas sin saber á quien debía tal favor. Más tarde mi padre, que fué sincero amigo de mi biografiado, me hablaba del Hon. Casimiro Barela, y siempre también llegué á observar los periódicos que siempre se ocupaban de él.

No sé cuantas ideas me formé de él, y siempre tuve grandes deseos de conocerlo, lo que conseguí en 1899. Antes de conocerlo me inspiraba admiración y respeto, y desde que le conozco, he llegado á comprenderlo y casi le penetro, reconociendo en él, más desde que hemos tenido íntimas relaciones, su talento natural, su penetración, su perspicacia, su magnetismo personal.

Por medio de estas lineas deseo expresar mi sincero agradecimiento, también á todas aquellas personas que me han ayudado á hacer las colecciones tanto de datos como de fotografías para esta obra. En especial deseo reconocer mi agradecimiento público al Lic. Benjamin M. Read, de Santa Fé, N. M., al Senador Casimiro Barela, al Lic. Eusebio Chacón, de Trinidad, Colorado, á Don Eugenio García, de Trinidad, Colorado, al Sr. Juan C.

Martinez, de North Des Moines, N. M., á la Sra. Damiana Rivera de Barela, á la Sra. Salomé B. Dominguez, de Trinidad, Colorado, y á todas aquellas personas que de diferentes modos me han ayudado en la preparación de esta obra.

JFernández

SU NACIMIENTO Y FAMILIA.

CASIMIRO BARELA, Senador del Cuarto Distrito Senatorial, y Presidente *pro tem.* del Senado, ha sido un miembro perpetuo de la legislatura de Colorado desde 1871, y ha sido uno de los principales políticos en el estado desde 1869. Fué nombrado asesor del Condado de Las Animas en 1870; fué electo miembro de la legislatura territorial en 1871, y re-elegido en 1873; fué alguacil mayor del Condado de Las Animas en 1874, y miembro de la Convención Constitucional en 1875. Cuando Colorado fué admitido como Estado, fué electo Senador por el término largo á la Primer Asamblea General, y fué re-electo para la misma posición en 1884, 1886, 1888 y 1892, y su presente término expirará en 1896. Fué nombrado delegado á la Convención Nacional Democrática en Cincinnati en 1880, y á la Convención en St. Louis en 1888, y fué un miembro de la comisión escogida para notificar á Grover Cleveland de su nominación para Presidente. Fué unánimemente electo tesorero de su condado en 1882, y en 1883 fué electo Juez de Condado, para servir por tres años, pero resignó después de un año. En 1884 fué un elector presidencial en el boleto demócrata del estado y en 1886 recibió la nominación para Auditor de Estado en el boleto demócrata y aunque fué derrotado recibió el número más grande de votos que se le dió á su boleto. El Senador Casimiro Barela nació en El Embudo, N. Mex., el 4 de Marzo, de 1847, y fué educado bajo la dirección del Arzobispo J. B. Salpointe en Mora, N. Mex., transportándose con su familia á Colorado en 1867, y estableciéndose en el Valle de San Francisco, donde se dedicó á la cría de ganado vacuno y lanar y á fletear. Desde entonces se ha embarcado en varias empresas en el sur de Colorado. En Barela, veinte millas de Trinidad, conduce una de las haciendas más finas en el estado. Es socio del American Savings Bank en Trinidad, y director del ferrocarril Trinidad & San Luis Valley. Políticamente, es uno de los jefes más populares de su partido en el estado. Fué electo Presidente *pro tem.* del senado por un voto unánime—un complimiento que jamás se había conferido á nadie por la Legislatura de Colorado."—*Del Registro Congresional de la Novena Asamblea General de Colorado.*

En estas breves palabras el Registro de la Novena Asamblea General de Colorado, en 1893, nos describe la biografía del Senador Casimiro Barela, diez y ocho años pasados. Tal es la contribución que los senadores y representantes dan para un Directorio Congresional, y esta es aún más breve que lo que la mayoría contribuye. No obstante, breve como lo es, es el esqueleto de su biografía. Añadiendo lo que se ha distinguido desde esa fecha á esta parte completaría el esqueleto de la biografía de quien al terminar su presente término como senador el 31 de Diciembre de 1912, habrá prestado cuarenta años de servicios como legislador del grande, rico y glorioso Estado de Colorado y casi medio siglo como fiel sirviente del pueblo que por ese lapso de tiempo le ha honrado.

Pero este breve esqueleto de su biografía carece de lo más importante, de lo más atractivo, del corazón—el alma grande, el intelecto perspicaz, la jovialidad; la elocuencia, el genial semblante, la determinación, el valor; el ánimo determinado, la experiencia, la integridad de conducta; la lucha, el triunfo, todo aquello que inspira el interés humano. Para el desarrollo de todo esto se necesita más que unas breves lineas.

Para ello es esta obra.

Para desarrollar la genealogía del Senador Casimiro Barela he recorrido á los archivos necesarios de las historias y obras de renombrados escritores desde el tiempo de la colonización de nuestro país. Muy especialmente me he referido á las Obras de Hubert Howe Bancroft, en cuyas obras en el Tomo XVIII, página 297, he hallado que entre los pobladores que arribaron á California directamente de España, venía á la cabeza de una colonia de 80 hombres, entre soldados, sirvientes y colonos, todos de raza netamente española un Casimiro Varela, y estos poblaron en el Distrito de San Francisco, incluso San José, el 25 de Febrero, de 1777. A Casimiro Varela le acompañaba su hijo, Juan Barela, y su nieto, José Cayetano Varela.

José Cayetano Varela más tarde fué á poblar cerca de Los Angeles, California, en 1809. En 1819 había en los ranchos agriculturales de Los Angeles, Cayetano y su hijo Manuel Varela, quien fué asesinado por un indio llamado Pomponio, en 1824. Sérbulo y su hermano Hilario también poblaron en el mismo lugar. Estos dos últimos tomaron parte en las revueltas de 1838 y 1839, cuando un hermano de ellos, Juan Varela, se transportó á Nuevo México, con una gran colonia, tomando domicilios cerca de la población denominada Tomé, en el Condado de Valencia en el mismo año de 1839.

En el Tomo XXII, de la misma obra de Bancroft, página 760, hallo que en la colonia de Juan Varela que se estableció cerca de Tomé vinieron dos primos hermanos suyos Ignacio y Julián Varela.

En los Manuscriptos de S. Ruperto, Tomo II, página 349, se hace mención que Ignacio y un hermano suyo M. Varela ingresaron más al norte el territorio de Nuevo México, mas no explica donde poblaron. En los Manuscriptos de Moraga se hace mención análoga de estos. Quien sea M. Varela, no me ha sido posible escudriñar, debido á que los registros durante los tiempos turbulentos en Nuevo México han quedado incompletos.

Sin embargo que hasta aquí hemos seguido la genealogía de la familia Varela según documentos y registros y es de creerse que M. Varela, sea Matías Varela, padre del finado José María Barela y abuelo paterno del Senador Casimiro Barela radicado en Taos, N. Mex.

En la misma obra de Bancroft, Tomo XXV, página 627, ya se hace referencia de nuestro personaje Casimiro Barela, dando algunos breves datos de su vida.

Cabe aquí anotar á mis caros lectores que el nombre patronímico Varela, aparece en esta obra escrito con B, porque el Senador Barela lo usa así por una inveterada costumbre transmitida á él desde sus antepasados, cuya costumbre es ya una ley, y existe además una regla gramatical por lo cual no es de rigor la ortografía en los nombres propios, quedando autorizados los dueños de ellos para escribirlos á su agrado. La tradición nos enseña que por un largo periodo de tiempo las colonias que poblaron en estos lugares carecieron de instrucción, por lo que se presume que cuando nuevos instructores llegaron á este país estos enseñaron á escribir los nombres y apellidos según se pronunciaban sin fijarse en la ortografía. Y así resulta que Barela se escribe con B, cuando debía ser Varela. Cabeza de Baca, debía de escribirse según los documentos antiguos Cabeza de Vaca, y hasta la presente se ha reemplazado por C. de Baca. Así como ha habido otros cambios que pudiera mencionar como Vazquez—Basquez; Jacques—Jaquez; González—Gonzales; Vargas—Bargas; Velazquez—Velasques; etc., etc.

Habiéndo delineado la biografía de los Varela hasta la generación de Don Matías Varela, padre de la Sra. María Dolores Barela, Don José María Barela y Don Jesús María Barela, continuaré con mi narración.

En los años de 1846 y 1847, durante la invasión de los norte americanos á Nuevo México, se despertaron los ódios entre estos y los nativos colonos como también con los indios; y como que las persecuciones eran terribles como se recordarán con pavor los sucesos del 19 de Enero de 1847 en Fernández de Taos, así fué que la familia de Don José María Barela, domiciliada en Mora, tuvo que salir, refugiándose en El Embudo, Condado de Rio Arriba, Nuevo México, donde ya estaba destinado por el Arquitecto Supremo que la Señora María de Jesús Abeyta de Barela, presentara á su esposo, el día 4 de Marzo, de 1847, con el niño que hoy llamamos el Senador Casimiro Barela.

Grata coincidencia en verdad, el intrépido poblador que desafió los anchos mares para venir á poblar nuevos terrenos se llamaba Casimiro y comandó el régimen de una colonia que vino con él á América. Casimiro, mi biografiado, también transportó una colonia para poblar el Sur de Colorado. Todo esto me guía á creer que bién he seguido la genealogía de mi héroe. También ha llegado á mi poder una obra titulada "Manual de Derechos," cuyo autor es Luis Lamas Varela, de Madrid, España, licenciado en derecho civil y canónico, Auxiliar de la Secretaría de Gracia y Justicia y Fiscal de la Audiencia de Madrid, durante los años de 1874 y 1875. Como este notable autor Luis Lamas Varela, era de orígen español, y de orígen español era también la familia Varela que arribara á California, no es aventurado creer que exista entre ellos el lazo del parentesco. Como no es aventurado creer que mi biografiado desciende de aquella familia de orígen español como ya lo he comprobado con los manuscriptos y obras que he citado al delinear su genealogía.

Ya he dicho las razones porque la familia Barela abandonara su posesión en Mora, para irse á refugiar en El Embudo. Como también he dicho que el padre de mi biografiado fué Don José María Barela y su madre la Sra. María de Jesús Abeyta, y que el 4 de Marzo, de 1847, fué cuando se presentó al mundo donde tanto honor había de cobrar como también tantos sinsabores había de sufrir el niño Casimiro Barela.

Sí, Casimiro Barela, quien á fuerza de talento, de laboriosidad, de honradez, de constancia y de una ordenada economía se ha elevado á la alta estimación no solamente del pueblo del suelo que le vió nacer, del pueblo que lo vió crecer y desarrollarse, sino de todos los Estados Unidos y del mundo entero.

Los hermanos del Hon. Casimiro Barela fueron María del Refugio, María Seferina, María Rita, Salomé, Manuel y Meliton Barela, de quienes hoy solo existen Doña Refugio, Doña Salomé, y Don Meliton.

Habiendo calmado las persecuciones de los norte americanos contra los nativos, las cuales eran tan atroces y que tantos males causaron, la familia Barela regresó á su hogar en Mora.

El Señor Don José María Barela fué un hombre laborioso, industrioso, un hombre honrado; fué un buen hijo, intachable y cariñoso esposo, amante y sabio padre; fué amigo leal y sincero, y muy digno ciudadano. Sus padres fueron Don Matías Barela y Doña Felipa Martinez, de Taos, N. Mex.

La Señora Doña María de Jesús Abeyta de Barela fué una señora de muy altas cualidades como hija, como esposa, y especialmente como madre; su vida fué un dechado de virtudes. Sus padres fueron Don José María Abeyta y Doña Apolonia Sandoval.

El niño Casimiro crecía y se desarrollaba, y á medida que esto sucedía, se notaba en él un adelantamiento extraordinario en el desarrollo de sus facultades intelectuales; adelantamiento que alegraba á sus padres y los hacía concebir grandes esperanzas de un porvenir brillante para su hijo.

El alma de los padres de Casimiro no se engañaba en sus presentimientos.

En la infancia y en la juventud de Casimiro, las vías de comunicación eran extremamente deficientes y peligrosas, y las distancias eran por esta razón consideradas inmensas, razón por la cual la familia Barela se veía impedida de mandar á su hijo á un lugar donde se le impartiera la instrucción correspondiente á su carácter y á su talento; pero deseando el bien para su hijo, buscaban la oportunidad para educarlo, aún con sus escasos medios.

SU INSTRUCCIÓN PRIMARIA.

CASIMIRO asistió á una escuela de primeras letras dirigida por Don Antonio de Jesús Cruz, un pobre dómine de aldea, cuyos mayores conocimientos consistían en rezos y cantos sagrados, única cosa que aprendían sus educandos. De allí pasó á otro establecimiento de instrucción que dirigía el Señor Severiano Martinez, pariente del padre de Casimiro, donde este aprendió á leer, pues además de que el Señor Martinez poseía regulares conocimientos, Casimiro tenía talento y aplicación.

Por circunstancias imprevistas, el padre de Casimiro tuvo que encargarse del cuidado de unas reses, en cuyo trabajo le ayudaba el pequeño Casimiro, quien aunque anduviera en el campo, traía siempre consigo su libro de lectura.

Una ocasión en que Casimiro creía que su buen padre dormía, se puso á leer en alta voz y al contenido del libro añadía algo de sus propios pensamientos, su padre que le escuchaba, no pudiendo resistir, lo atrae hacia él y enternecido le dijo: "Hijo mío, de hoy en adelante no me ayudarás más en mis faenas; irás á la escuela, de todos modos."

Había á la sazón en Mora una buena escuela dirigida por la Señora Doña Juana Suazo de Simpson, quien poseía vastos conocimientos, y ahí fué colocado el niño Casimiro en calidad de púpilo, para recibir la instrucción y alimentos en cambio de los servicios personales que prestase á la familia en cuya casa se había colocado. Así estuvo estudiando y trabajando, teniendo que lavar él mismo su ropa; pero sin desagrado y con el deseo de aprender.

Estaba como Cura Párroco en Mora el Rev. Padre Juan B. Salpointe, de orígen francés, persona muy estimable por sus virtudes y sabiduría, quien visitaba la casa de la Sra. Suazo de Simpson, y como conociera allí á Casimiro y notara las cualidades de que estaba dotado, hizo gestiones para llevarlo á su lado, lo que consiguió con los padres del jóven, sin gran dificultad.

El jóven Casimiro se fué al lado del Padre Salpointe á prestar sus servicios para el aseo y quehaceres interiores de la casa, para ayudar como monacillo en el sacrificio de la misa y para acompañar al sacerdote cuando saliera á los partidos á cumplir con su ministerio. En compensación de sus servicios tendría con el padre, habitación, ropa, comida y la instrucción que el sacerdote le impartiera.

Casimiro cumplía con sus obligaciones y se veía obligado á atender en la noche á sus estudios, pues el día lo empleaba en los quehaceres domésticos y de la iglesia.

El Reverendo Padre Salpointe, que después fué arzobispo, era hombre de una vasta instrucción, era hombre experimentado y hombre de penetración, siendo además de nobles sentimientos. No hablaba el idioma inglés, pero era hombre ilustrado. Reconociendo en Casimiro un talento nada vulgar, se esforzaba en su educación y el jóven por su parte aprovechaba con asombrosa rapidez las enseñanzas de su ilustre maestro.

Al lado del Padre Salpointe fueron confirmados los dones con que la naturaleza dotó á Casimiro, sus cualidades, sus prendas, su excelencia moral.

Se dió á conocer su intelectualidad, su carácter y su índole. De un talento natural despejado, con luz bastante de lógica natural, era obediente y respetuoso sin humillación; amante del estudio. Le gustaba inquirir el porqué de lo que oía y leía. Le gustaba escudriñar.

El Padre Salpointe apreciaba verdaderamente á Casimiro y comprendiendo todas sus cualidades, ponía en él gran cuidado y dedicaba su atención para infundirle las ideas que deben guiar á un hombre honrado por el áspero sendero de la vida.

Casimiro se aprovechaba. Por su manera de ser era apreciado por los habitantes de Mora, y cuando el Padre Salpointe salía, las familias se aprovechaban para ir á limpiar la casa en ayuda de Casimiro, por la simpatía que le tenían. Permaneció Casimiro con el Padre Salpointe cuatro años.

INCIDENTES DIGNOS DE MENCIÓN.

CIERTA vez el Rev. Salpointe, dirigió desde el púlpito un sermón á sus feligreses, el cual fué escuchado por Casimiro, y como le impresionó vivamente su contenido, se posesionó de él, tanto que casi lo aprendió de memoria. Por la noche andaba el sacerdote paseando en un pequeño jardincito que tenía y Casimiro estaba en su cuarto, y como creyera que nadie le escuchaba, se puso á recitar el sermón en alta voz y con crecido entusiasmo. El sacerdote le oía y le oía con gusto, con satisfación, y desde entonces Casimiro le fué más querido y con frecuencia le exhortaba para que abrazara le carrera del sacerdocio, exhortaciones que igualmente le hacía su madre la Señora Abeyta de Barela; pero Casimiro siempre rehusaba.

Los avánces de Casimiro eran notables.

El génio se revela comoquiera y dondequiera que se halla. El génio, cuando existe, tiene que darse á conocer, ya se encuentre en el estrepitoso ruido de las ciudades, en las grandes universidades, en la pobre cabaña, ó en la humilde escuela. El génio tiene que esparcir sus destellos esplendorosos, porque fué criado para brillar.

El jóven Casimiro estuvo al lado del Reverendo Salpointe, desde el año de 1859 hasta el año de 1863, siendo querido verdaderamente por el respetable y honrado sacerdote, así como por todas las personas que le conocían.

En el tiempo que el sacerdote tuvo á su lado á Casimiro hubo un incidente que estuvo á punto de influir en los destinos del jóven. Estaban en Mora dos hermanos llamados Weddley que se dedicaban al comercio en grande escala y tenían establecidas dos casas en ese pueblo, y como vieran las aptitudes de Casimiro, su laboriosidad y su talento, así como las simpatías que en lo general se le tenían, trataron de llevarlo á trabajar con ellos en el comercio, para lo cual lo sedujeron con ofrecimientos de buen pago, de buenos tratamientos y con promesas halagüeñas para un jóven sin experiencia que se deja atraer por el brillo de la vanidad. Dominaron el ánimo de Casimiro y aprovecharon una pequeña ausencia del sacerdote para que Casimiro se fuera á trabajar como dependiente con los referidos hermanos Weddley, quienes se sentían satisfechos con el trabajo, aptitudes, buenas maneras y honradez de su nuevo empleado, mas habiendo regresado como al mes ó poco más el Padre Salpointe, é impuesto de lo sucedido, reprochó con dureza su proceder á los comerciantes y se llevó á su lado nuevamente á Casimiro.

Casimiro era honrado, no por conveniencia sino de corazón, honrado de sentimientos, honrado por naturaleza y lo prueba el suceso que voy á relatar.

Para la mayor información de mis lectores, daré á conocer aquí algunos sucesos que gran número de ellos recordarán. Es el caso que en años antes de aquellos á que me voy refiriendo actuó como cura párroco en Mora, Nuevo México, un sacerdote llamado P. J. Munnecom, quien fué suspendido en la práctica por achacársele que era dueño de grandes empresas, de ganados, ranchos, comercios, etc., y por otras razones que no deseo recordar por ahora. Habiendo sido removido el Padre Munnecom, tomó su lugar el Padre Abel, quien se dice que fué envenenado, y aún se creía que en este crímen había tenido participio el Padre Munnecom. Al Padre Abel le re-emplazó el Padre Salpointe y después de varios años que el Padre Munnecom estuvo suspendido hizo aplicación de ser re-instalado, lo que se le permitió con la condición de que vendiese ó dispusiese de las empresas en que había figurado.

Así fué que el Padre Munnecom volvió á Mora, para actuar bajo las direcciones del Padre Salpointe, llevando consigo un carruaje, el cual puso bajo el cobertizo que estaba en frente de la casa. El Padre Munnecom tenía por costumbre ir todos los días al carruaje á rezar su breviario, teniendo cuidado de bajar las cortinas de las ventanillas. Al principio este hecho no dejó de picar la curiosidad; pero después se acostumbraron á verlo y ya pasaba inadvertido.

Un día Casimiro, que, como se ha dicho antes, estaba encargado de practicar los servicios domésticos de la casa, oyó cacarear una gallina en el carruaje del Padre Munnecom, y se dirigió allí para ver si había huevo, y como por casualidad las cortinas estaban levantadas, salió la gallina y Casimiro se asomó al interior del vehículo y en efecto halló un huevo, pero además encontró que debajo de los asientos había sacos y cajas pequeñas que contenían en gran cantidad monedas de oro y de plata.

Su asombro fué grande, y dejando las cosas en tal estado, se retiró sin dar noticia á nadie de su hallazgo. Después de esto, Casimiro, por mera curiosidad, hacía sus visitas al carruaje y siempre hallaba allí el dinero, hasta que el Padre Munnecom hizo un viaje á Santa Fé y á su regreso ya no lo trajo.

Este hecho es una prueba indubitable de la honradez de Casimiro y de su discreción, pues ni dispuso del dinero pudiendo haberlo hecho sin responsabilidad, ni hizo saber á nadie su descubrimiento, ni aún al mismo Sacerdote Salpointe. Raras calidades en un jóven, casi un niño.

Como veinte años después el Senador Barela tuvo oportunidad de referir al mismo Padre Munnecom, en Trinidad, Colorado, su descubrimiento, lo cual acabó de granjear el cariño y confianza del Padre Munnecom, quien celebró con satisfacción el proceder honrado de Casimiro, no sin extrañarse, pues creía que nadie conocía su secreto. Este incidente motivó que después, como se verá más adelante, el sacerdote le impartiera su ayuda.

COMENZANDO A NEGOCIAR.

SEPARADO el jóven Barela del lado del Arzobispo Salpointe, su padre le puso un pequeño comercio en el punto denominado El Coyote, ó placita de los Lucero, distante como unas ocho millas de Mora, y allí permaneció cerca de un año siendo asistido por su hermana Seferina. Habiendo dejado el comercio se puso á trabajar fleteando con dos carros tirados por bueyes.

En el tiempo en que pasaban los sucesos que voy refiriéndo, el negocio de fletear, aunque azaroso, era muy productivo.

Dedicado á ese trabajo el jóven Barela tuvo que hacer viaje á Trinidad, Territorio de Colorado, en aquel entonces, con objeto de llevar maíz, por cuenta del gobierno, para el Fuerte Unión. Entonces estaba en su apogéo la Guerra Civil en los Estados Unidos, entre los confederados y los federales, y esto hacía que el fletear tuviera más azáres, pero á la vez rendía más utilidades, tanto más que el maíz se vendía á diez y doce centavos la libra.

Llegado el jóven Barela á Trinidad, pueblo que entonces contaba cuando más con doscientos habitantes, se relacionó con el Señor Juan Ignacio Alírez, que era considerado como pariente de la familia Barela por ser entenado de la abuelita de Casimiro.

El Señor Alírez era uno de los mexicanos más acaudalados que residían en Trinidad, y notando las buenas disposiciones del jóven Barela, le sugirió la idea de que se trasladaran él y sus padres á algún punto de los contornos de Trinidad, donde podrían radicarse con muy buena perspectiva de prosperidad. Impresionado Barela examinó los lugares que el mismo Señor Alírez le indicara, decidiéndose hacer lo posible para trasladar su residencia en unión de sus padres á Colorado.

El jóven Barela se fué para el Fuerte Unión y habiendo entregado el maíz que llevaba, regresó á su casa con el firme propósito de convencer á sus padres para que se trasladaran á Colorado, cuyo convencimiento no le fué difícil lograr, pues su padre además de quererlo con predilección, tenía depositada en él toda su confianza.

EMIGRA AL TERRITORIO DE COLORADO.

ESTO pasaba al terminar el año de 1866, y en Enero de 1867 el intrépido jóven Casimiro Barela emigraba al Territorio de Colorado; pero no sólo, pues había logrado con sus consejos prudentes y con su fácil expresión, persuadir á varios ciudadanos para que con él y su padre vinieran á colonizar en el Condado de Las Animas, Territorio de Colorado, los entonces llamados Rito del Ahogadero y Rito Seco, los cuales se denominaron después, respectivamente, San Francisco y El Porvenir.

En el citado mes de Enero de 1867, el jóven Casimiro Barela con sus compañeros de empresa, Jesús María Barela, Vicente de Herrera, Esquipula Garduño, Juan Duran, Librado Barela, Antonio Bueno, Antonio Alírez, Diego Sandoval, Claudio Gallegos, José Cortez, Juan Vasquez, Albino Trujillo, Juan Argüello, Felipe Bueno, W. E. Bransford, Fernando Ortiz, Manuel Barela, hermano de Casimiro, en representación de su padre, José María Martínez, José Dolores Martínez y Juan Mora, llegaron al lugar donde iban á poblar, y desde luego procedieron á medir el terreno, usando de un cabestro á faltas de otros útiles. La medida se verificó tomándose ciento sesenta acres por cada persona.

De todos los individuos mencionados, cuatro ó cinco eran de las cercanías de Trinidad, los demás todos eran de Nuevo México y habían venido animados por Casimiro.

¡Hermoso pasaje de la vida de Casimiro! ¡Un jóven imberbe formándose un círculo y viniendo á poblar una región desierta!

De todos los pobladores referidos en la actualidad solo viven Albino Trujillo, Antonio Bueno y Juan Durán, además del Sr. Barela que más tarde fué dueño de lo que constituía el Rito Seco que fué llamado El Porvenir, y teniendo además propiedad en lo que formó el Rito del Ahogadero, después llamado San Francisco y hoy día Barela, de cuya propiedad el Senador Barela el 4 de Marzo, de 1911, vendió 100 acres de vega, 300 acres de alfalfa y 2000 acres de terrenos de pasteos, incluyendo las mejoras, útiles, carros y tiros, 100 bestias de primera clase y 750 reses, á un Señor John A. Carter, de Denver, Colorado, por la considerable suma de ($75,000) setenta y cinco mil pesos.

PRIMER NUPCIA DEL SENADOR CASIMIRO BARELA.

DESPUÉS de haberse establecido el jóven Barela en su nueva adquisición, regresó á casa de sus padres en Nuevo México y pasó á Sapelló, Nuevo México, donde solicitó la mano y corazón de la Srita. Josefita Ortiz, hija predilecta de Don Fernando Ortiz y Doña Salomé García. El éxito coronó la solicitud del jóven Casimiro siendo bien conocido de la familia Ortiz, y el día 4 de Marzo, del mismo año de 1867, contrajo matrimonio con la Srita. Ortiz, en Sapelló, Nuevo México, actuando como testigos del enlace Don Juan Bautista Bour y su señora esposa Doña Eugenia Guerin, hermana del Padre Guerin.

La familia Ortiz era de las más distinguidas en el territorio. La Srita. Ortiz fué educada en Santa Fé, Nuevo México, con las Hermanas de Loreto, y al verificarse su enlace matrimonial contaba diez y ocho años de edad. Era de un exquisito trato, de finas y distinguidas maneras y le adornaban bellísimas cualidades morales. El jóven Barela cumplía veinte años de edad precisamente el día en que contrajo matrimonio, lo que sucedió por una mera coincidencia, sin que se hubiera premeditado.

Mencionando al Padre Guerín, cabe aquí anotar que él fué el sucesor del Sacerdote Salpointe en el curato de Mora, cuando el Rev. Salpointe pasó como vicario al Territorio de Arizona. Pero antes de irse dejó una especial recomendación á su substituto el Padre Guerín en favor de su muy querido Casimiro. El Sacerdote Guerín, persona de alto criterio, tanto por la recomendación del Padre Salpointe cuanto por las cualidades que observó en Casimiro, le dispensó tambien su cariño y ayuda.

El jóven Casimiro, desde á primera vista se atraía las simpatías de cuantos lo conocían.

LOS BARELA ESTABLECIDOS EN COLORADO.

ESTABLECIDA la familia Barela definitivamente en Colorado en Mayo de 1867, en el lugar denominado San Francisco, el jóven Barela, aunque casado, continuó al lado de su padre, encargado de todos sus negocios, de los cuales se ocupaba con entera libertad, pues su padre tenía depositada en él toda su confianza, de lo que jamás se arrepintió.

Desde su establecimiento en Colorado el Sr. Barela se dedicó á la agricultura, á la cría de ganado mayor y menor y á fletear con carros á varios lugares, cuyo negocio era en extremo productivo como ya llevo dicho.

Permítaseme llamar la atención de mis lectores á los detalles municiosos acerca de los negocios á que se dedicaba el Sr. Barela, para que se vea de una manera tan clara como la luz meridional, que siendo de orígen humilde y sin haber jamás heredado, su capital y su posición se las ha formado á fuerza de talento, de laboriosidad, de honradez, de constancia y de una ordenada economía

Ejercitando los trabajos é industrias que dejo dicho, el Sr. Barela comenzó á captarse las simpatías de cuantas personas lo trataban, habiendo conquistado en muy corto tiempo relaciones excelentes.

En 1868 aumentó sus negocios con cien reses que al partido le dió Don Felipe Guerín, hermano del Padre Guerín, que tanto aprecio le había cobrado.

El día 22 de Octubre, de 1868, la Sra. Ortiz de Barela, presentó á su esposo con el primer fruto de su feliz unión, dando á luz una niña, la que para el mayor pesar de sus padres murió en la infancia.

En el año de 1869 el Sr. Barela siguió dedicado á los mismos negocios que había emprendido, con la excepción de que se había separado de los negocios de su padre, quedándose á trabajar independientemente, notándose que mejoraba notablemente en todos sentidos debido á su perspicacia, á su asiduidad y á su caracter emprendedor.

SU PRINCIPIO EN LA POLITICA.

PARA el año de 1869 ya el Sr. Barela se había formado un círculo de amigos que le estimaban y en general todos le querían, así fué que lo eligieron Juez de Paz del precinto de San Francisco, primera posición pública que ocupó, desempeñándola con agrado y satisfacción de los que le habían elegido.

Este fué el principio de su vida política.

UNA HEREDERA.

EL dia 4 de Noviembre del mismo año de 1869 su señora esposa dió á luz á su segunda hija, á la que dieron por nombre Leonor, siendo sus padrinos Don Jesús María García y su esposa Doña Rafaelita Alírez, celebrando los ritos religiosos el Rev. Padre P. J. Munnecom.

Este suceso alegró aún más el hogar del Juez Barela, (permítaseme ahora tratarlo de juez siendo que ha ascendido á esa categoría), y vino á comunicarle más energías para la lucha por la vida.

NOMBRADO ASESOR DEL CONDADO.

EL JUEZ BARELA era cada día más querido por sus amigos y conciudadanos, y en el año 1870 los comisionados de Condado lo nombraron Asesor por el Condado de Las Animas. Esto demuestra que los amigos del Sr. Barela iban comprendiendo las altas dotes que poseía, que iban conociendo su carácter, su índole, y que era el hombre, único tal vez, que procuraría el bien público por una parte y por otra sería el defensor decidido de su raza.

Aunque el Asesor Barela tenía muy poca edad y por primera vez desempeñaba puestos públicos, no por eso se vió cohibido, obraba desembarazadamente, con aptitudes, procediendo siempre con justicia, con seguridad y sin dar motivo á críticas ni á censuras, sino antes al contrario, sus procedimientos le granjeaban la estimación pública.

ELECTO REPRESENTANTE Á LA LEGISLATURA TERRITORIAL.

EL AÑO de 1871, dedicado el Sr. Barela á sus negocios personales, iba estudiando el carácter de sus conciudadanos, las necesidades de su condado y sus elementos y siendo Asesor todavía, fué nominado y electo ese mismo año por el voto popular, Representante á la Legislatura Territorial.

Había comenzado su carrera política como Juez de Paz en 1869 y ya para 1871 era proclamado por su pueblo para ocupar uno de los puestos más elevados en el Territorio, ya su pueblo lo elegía para que lo representara en el templo augusto de donde dimanan las leyes que deben regir al pueblo, ya ese mismo pueblo lo escogía para que velase por él. Caminaba y se elevaba rápidamente, como camina y se eleva el génio.

Casimiro Barela nació para ser un hombre ilustre, para ser un hombre esclarecido.

SU TERCERA HIJA.

EL DÍA 27 de Enero, de 1871, el hogar de los Barela vino á aumentarse con el arribo de una niña, la que fué presentada á las pilas del bautismo en la Parróquia de la Santísima Trinidad, en Trinidad, Colo., el día 13 de Febrero por sus abuelos maternos Don Fernando Ortiz y Doña Salomé García, dándole por nombre, Juana Crisóstoma.

SIGUE PROGRESANDO.

EL REPRESENTANTE BARELA examinaba cuanto emprendía y todo lo hacía con previsión. Como financiero demonstraba desde su juventud tener altas dotes naturales, y á medida que se iba introduciendo en sus negocios, esas dotes las iba desarrollando admirablemente. Aunque manejaba á la vez varios negocios particulares y desempeñaba los puestos públicos que se le encomendaban, todo lo hacía con regularidad, ordenadamente.

Nadie se quejaba de él y todos lo buscaban. Infatigable en los negocios, estricto en el cumplimiento de sus deberes, tenía como únicos ratos de soláz los que dedicaba á su familia. En esos ratos el hombre financiero se transformaba y era tierno cuanto cariñoso; sus ojos resplandecían de placer y de alegría. Las caricias tiernas de sus pequeñas hijitas, las atenciones de su esposa, le llenaban de felicidad.

Todas las almas grandes son sensibles y el Senador Barela tiene grande alma. Pasaban aquellos momentos de expansión, y volvía á ser el constante, el invencible hombre de trabajo; el émulo de la empresa.

Metódico en su manera de vivir y morigerado en sus costumbres, siempre gozaba de buena salud. Siempre estaba contento porque su conciencia siempre estaba tranquila, y su conciencia siempre estaba tranquila porque siempre obraba bien. Para con sus amigos y en general para con todos los que lo trataban, era la amabilidad, la finura, la atención, la afabilidad personificadas, y todas estas cualidades naturales en él, las usaba sin afectación y así día á día aumentaba hacia él el cariño de las personas que le conocían y conquistaba nuevos amigos; su popularidad crecía.

En su primer acceso á la Cámara de Representantes, desde luego se atrajo la estimación de sus correligionarios y su nombre se oyó con agrado, no solo en el Condado de Las Animas, sino en todo el Territorio de Colorado.

En el mismo año de 1871, ensanchó sus negocios con cuatrocientas ovejas que al partido le dió el Padre Munnecom, aquel sacerdote que tanto cariño y confianza le tomó desde que le refirió el descubrimiento del dinero que había en el carruaje.

En el año de 1872 siendo representante á la legislatura por el mismo periodo para que se le eligió el año anterior, recibió al partido 200 reses que le dió el Padre Mariano de Jesús Lucero, de Taos, N. M. Combinaba y ejecutaba sus trabajos y los hacía caminar con regularidad y orden.

En ese mismo año puso una casa de comercio en San Francisco y estableció un taller de herrería, sin que hubiera otro á grandísimas distancias; ambos negocios muy productivos, por la circunstancia de que en ese lugar se juntaban varios caminos carreteros, y servía como paraje de jornada.

A la penetración del Sr. Barela no podía escaparse la conveniencia del establecimiento de esos dos negocios en San Francisco, tanto por lo que pudieran producir, cuanto por el beneficio que resultaría á los transuentes.

Por las gestiones del Sr. Barela se fundó en San Francisco en el mismo año de 1872, una oficina postal, bajo el nombre de Barela, por lo que á San Francisco se le quitó el nombre y se le llamó: Barela, nombre que lleva hasta la fecha y llevará por siempre en memoria de su fundador.

El mismo Sr. Barela fué nombrado administrador de correos.

LOGRA QUE SE PUBLIQUEN LAS LEYES EN ESPAÑOL.

VOY refiriendo los sucesos del año 1872, y tenemos á nuestro biografiado el Señor Casimiro Barela en el seno de la Cámara de Representantes de Colorado, muy jóven aún, pues apénas cuenta 25 años de edad.

Los condados del Sur de Colorado que son: Las Animas, Huérfano, Costilla y Conejos, están habitados por raza nativa de habla español, contándose comparativamente muy pocos extranjeros en los cuatro condados. De la raza nativa la mayor parte no conocen el idioma inglés y las leyes están en ese idioma; de consiguiente no conocen las leyes que tienen que cumplir, que respetar y hacer que se respeten. El elemento americano en el congreso pretende que las leyes se publiquen sólo en el dioma inglés, por ser el idioma oficial del Territorio y de la nación. El Representante Señor Casimiro Barela vé todo esto y presenta á la cámara su primer proyecto para que las leyes del Territorio sean también impresas en el idioma español. Hubo gran oposición, pero el Representante Barela demuestra con la lógica de los hechos la necesidad de que se apruebe su proyecto y las utilidades que redundan, y su proyecto fué aprobado y pasó.

Fué el primer proyecto que presentó y fué el primer triunfo que obtuvo en un asunto de grandísimo interés y de incalculable beneficio para la raza nativa. Trabajaba, y trabajaba en bien de sus conciudadanos.

SU CUARTA NIÑA.

EL DIA 26 de Noviembre, de 1872, nació la cuarta niña de los esposos Barela, á la cual se le dió el nombre de Cleofas, bautizándola el Rev. P. J. Munnecom, actuando como sus padrinos el Sr. Joab M. Bernard y su señora esposa Doña Luisa Desmarais.

MÁS SOBRE SU VIDA PRIVADA.

HE RELATADO la vida del Hon. Casimiro Barela, tanto privada como pública, hasta el año de 1872, omitiendo intencionalmente muchos pequeños incidentes que distraerían la mente del lector, para ocuparme de los actos de verdadero interés ejecutados por el Señor Senador.

A fin de no interrumpir la narración de la vida política y de negocios del senador, trataré aquí sobre la vida de familia.

El día 29 de Enero de 1874 nació la quinta niña de los esposos Barela siendo bautizada por el Padre Munnecom, presentándole á la pila del bautismo Don Luis Maldonado y su esposa Doña Reyes Durán. Se le llamó: Sofía.

El día 4 de Abril de 1875 nació la sexta niña siendo también bautizada por el Padre Munnecom, siendo sus padrinos Don Manuel Barela y su esposa Doña Albina Córdova. A la niña se le puso por nombre Ambrosia.

Isabel, séptima y última hija del matrimonio Ortiz-Barela, nació el día 7 de Julio, de 1876, fué bautizada por el Rev. Alejandro Leone y tuvo como padrinos al Hon. Rafael Chacón y á su esposa Doña Juanita Paiz.

El Ser Supremo, el Gran Arquitecto del Universo, el Soberano Hacedor de las Naciones, concedió al Senador Barela dos hijos varones, Leo Francisco y Alipio Casimiro, los cuales murieron en edad muy tierna frustrándose las más lisonjeras esperanzas del Senador, de que su nombre, con sus hijos fuera transmitiéndose á la posteridad.

De las niñas murieron Cleofas, Ambrosia é Isabel, todas de tierna edad.

FALLECIMIENTO DE LOS PADRES DEL SENADOR.

EL SEÑOR Don José María Barela, padre del Senador, falleció el día 10 de Octubre, de 1878, á la edad de 68 años, 6 meses y 21 días. Murió en el seno de la religión católica y sus funerales se verificaron con asistencia de muchos de sus parientes, innumerables de sus amigos y gran número de las personas que le conocían, pues asistieron de muchas millas á la redonda del lugar de su residencia. Lo más selecto de la sociedad de Trinidad y poblaciones adyacentes asistieron al sepelio. El Senador Barela recibió infinitas muestras de condolencia personalmente, por cartas, por telegramas y por medio de la prensa del Estado de Colorado que casi toda se ocupó del acontecimiento infausto que privó de la vida al honrado y virtuoso autor de los días del Hon. Casimiro Barela.

El padre del Senador Barela fué como ya dije antes un hombre laborioso, industrioso, un hombre honrado; fué buen hijo, intachable esposo, amante y sabio padre; fué amigo fiel y sincero y un digno ciudadano.

Los periódicos "Daily Enterprise," "The Weekly Democrat," "News," de Denver, "La Crónica," y otros muchos, se ocuparon de la sentida muerte del Sr. José María Barela.

La Señora Doña María de Jesús Abeyta, madre del Senador, murió el día 13 de Mayo, de 1895, y como su vida fué un dechado de virtudes, su muerte fué tan sentida como lo fué la de su esposo.

FALLECIMIENTO DE DOÑA JOSEFITA ORTIZ DE BARELA.

LA SRA. Josefita Ortiz de Barela, esposa del Senador Casimiro Barela, bajó á la tumba el dia 7 de Octubre, de 1883, con la resignación de una verdadera cristiana, con la calma de los justos, con la paz de espíritu que no desampara al que tiene su conciencia tranquila.

Antes de separarse para siempre de este mundo, se despidió de los parientes y amigos que se hallaban presentes, dió un sentido y amante adiós á su querido esposo, y exhortando á sus hijas á las virtudes y bendiciéndolas, exhaló su último suspiro.

Doña Josefita supo conservar incólumes sus virtudes, comprendió los sentimientos de su esposo, á quien amó de corazón, y el entendimiento mutuo les dió una verdadera vida de felicidad.

Como madre Doña Josefita cumplió con sus deberes y dejó á sus hijas, con las acciones de su vida, un bello ejemplo que imitar.

Los niños del Senador Casimiro Barela, sus padres y su esposa, están sepultados en el Panteon de la familia en San Francisco, villa de Barela, donde se han erigido elegantes y artísticos mausoleos.

La Sra. Ortiz de Barela, en vida, regaló una campana para la torre de la capilla de San Francisco, cuya campana tiene la siguiente inscripción: *"Presentada por Josefa Ortiz, el 4 de Marzo de 1877."* Una buena prenda para guardar siempre en recuerdo este evento, y también ha servido de estímulo á sus descendientes.

En la Parróquia de la Santísima Trinidad, en la ciudad de Trinidad, hay una ventana cuyo fotograbado se verá en esta obra y la cual es lujosa y artística, regalo también de la Sra. Ortiz de Barela, en la cual se lee inscripto lo siguiente: *"Por Josefita O. Barela—Murió Oct. 7, 1883."*

De esta manera el nombre de la Sra. Josefita Ortiz de Barela queda transmitido á la posteridad, además de que su recuerdo existe en el alma de sus deudos y de las personas que la conocieron.

Todos estos golpes terribles, la muerte de sus hijos, la muerte de sus padres, la muerte de su esposa, los recibía el Senador Barela con dolor supremo, insuperable; pero con su natural filosofía buscaba la calma y la resignación. Sabía que la muerte como fin de la vida es el principio de la eternidad; sabía que la muerte no es otra cosa que el debido tributo que pagamos á la naturaleza, y por sí mismo adquiría la paz del espíritu y el consuelo de su alma, sin olvidar, porque no se olvida nunca, á los que se aman; su recuerdo es imperecedero y lo llevamos hasta la tumba, y por eso, él, al recordar esos séres que le son tan queridos, se enternece, su voz se altera, y aunque hace esfuerzos para disimular, no lo logra. La expresión de su dolor se trasluce en su mirada; es de nobles y grandes sentimientos. Mas él dice: *Sepelitur ut vivat*— Para vivir se sepulta.

ALGO SOBRE SUS HIJAS É HIJOS POLÍTICOS.

LEONOR, Juanita y Sofía, hijas del Senador Barela fueron educadas esmeradamente en las ciudades de Denver y Trinidad, Colorado, en los colegios y universidades de las Hermanas de Caridad. Herederas de las cualidades de sus padres, son virtuosas y modestas, sin que les enorgullesca la posición que guardan. No son vanidosas, tienen muy buen sentido común, y son de exquisitos y elevados sentimientos.

Son instruidas y educadas y poseen todos los conocimientos que debe tener la mujer para figurar en sociedad y para embellecer el hogar.

Doña Leonor contrajo matrimonio con el Señor Don Eugenio García, hijo del muy lamentado Don Jesús María García, de grata memoria en el condado de Las Animas y uno de los colegas del Senador Barela en la Convención Constitucional de Colorado, de su señora esposa Doña Rafaela Alirez, que también fueron padrinos de bautismo de Doña Leonor.

Don Eugenio García fué nacido en Trinidad, Colorado, y recibió su educación en la Universidad de Notre Dame, Indiana, E. U. A.

El Sr. García goza de gran reputación en el condado de Las Animas donde ha desempeñado con eficiencia los puestos públicos de Escribano y Asesor, y en la actualidad se dedica á varios negocios independientemente, siendo comisionista, principalmente en los de compra y venta de propiedad raíz, y además es intérprete de la corte de distrito.

A los esposos García les ha aumentado su hogar con tres hijos, Eugenio Leo, Zulema Consuelo, y Casimiro Emanuel.

Doña Juanita casó con Don Juan C. Martinez, del Condado de Unión, Territorio de Nuevo México, hijo de Don Rumualdo Martinez y de Doña Soledad Pacheco. Alegra su hogar un niño, Luís Celedonio.

El Sr. Martinez se dedica al comercio, en cuyo ramo es muy competente.

Doña Sofía contrajo matrimonio con el Licenciado Eusebio Chacón, hijo del Mayor Rafael Chacón y de Doña Juanita Paiz.

El Lic. Eusebio Chacón se graduó en la Universidad de Notre Dame, en Indiana, E. U. A., y ha sido admitido al foro de Colorado y Nuevo México, ejerciendo la profesión de Licenciado en Leyes en la que se distingue por su talento, por su vasta ilustración, por su actividad y por su honradez. Ha representado negocios complicados y de interés y ha obtenido verdaderos triunfos. Al tiempo de escribir esta obra ejerce la importante posición de Asistente Procurador de Distrito por el Tercer Distrito Judicial de Colorado que consiste de los Condados de Las Animas y Huerfano, donde ya se ha distinguido con honor.

Este feliz matrimonio cuenta con su mayor placer la bella existencia de cuatro herederos que responden á los nombres de Josefina Enriqueta, Ernestina, Casimiro Gustavo y Carmencita.

Los matrimonios de las tres hijas del Señor Senador Barela se han efectuado en la capilla de San Francisco, en la Villa de Barela, asistiendo á esos actos las más respetables y distinguidas familias de la ciudad de Trinidad, de otras poblaciones de Colorado y de muchas de Nuevo México. Las fiestas han sido espléndidas y los asistentes de todas las clases han quedado satisfechos y contentos, recibiendo los desposados innumerables y sinceras felicitaciones y valiosos regalos de boda de sus amistades.

SEGUNDAS NUPCIAS DEL SENADOR CASIMIRO BARELA.

EL DÍA 16 de Febrero de 1884, el Senador Casimiro Barela contrajo matrimonio en segundas nupcias con la Srita. Damiana Rivera, hija de Don Miguel Rivera y de Doña Paulita Trujillo. La ceremonia nupcial se celebró en la Parróquia de la Santísima Trinidad, en la ciudad de Trinidad, Colorado, oficiando el Rev. Padre Carlos Pinto, S. J., y actuando como padrinos Don Jesús García y su esposa Doña Manuelita Cortez.

Al elegir la segunda compañera de su vida el Senador Barela tuvo tacto exquisito.

La Sra. Rivera de Barela es descendiente de una de las familias más distinguidas del Territorio de Nuevo México, de una de las que vinieron á poblar Colorado. Recibió educación correspondiente, y se distingue por sus virtudes. Es de muy exquisito trato, afable, de amabilidad extremada, de correctas maneras; es apreciada y respetada en todos los círculos sociales.

Con suficientes recursos pecuniarios y teniendo servidumbre para todos los quehaceres domésticos, no desdeña ocuparse en algunos trabajos de la casa, no por economía como pudiera creerse, sino por placer y por la costumbre que tiene de llevar una vida activa.

Ella, con su amable carácter, con su finura, distrae, cuando es necesario, el ánimo del Senador Barela, de los negocios, lo hace que su imaginación divague, que su espíritu descanse y nuevos brillos recobre. Es sensible, ama á su prójimo y le favorece; es religiosa y caritativa; su mano siempre está tendida al menesteroso, sus puertas nunca están cerradas para el desheredado.

El Señor Senador Barela y la Sra. Damiana Rivera de Barela no han tenido sucesión, mas no por eso han carecido de familia, pues han recogido como hijos adoptivos á los siguientes:

Victor E. Alarid que, como de diez años de edad, se presentó sólo á la casa de los esposos Barela y que con toda magnanimidad fué recogido y educado, siendo en la actualidad un excelente pintor y decorador.

Alarid, como queda dicho, se presentó solo á la casa del Senador Barela, y más tarde, su madre Doña Reyes Rascón fué conforme con la adopción hecha por los esposos Barela.

Alarid casó en primeras nupcias con la Srita. Simodocea C. Cortez, finada, y en segundas nupcias con la Srita. Fulgencia Baca, de Albuquerque, Nuevo México, donde tienen su domicilio y propiedades.

Sofía Córdova, que á la edad de siete años fué entregada por su padre Don Juan Francisco Córdova como hija á los esposos Barela, de quienes recibió crianza y educación y acopio de excelentes consejos, contrajo matrimonio á los 22 años de edad con Daniel Lucero, pariente de la Sra. Rivera de Barela, y debido á los sanos consejos y buenos principios que le inculcaron sus padres adoptivos, así como á su buena índole, es hoy una buena esposa y excelente madre.

Margarito Abeyta que fué entregado por su padre á los esposos Barela como hijo y quien falleció en tierna edad.

Francisco Jordán entregado por su padre Don Inés Jordán, como á los doce años de edad.

Samuel Romero, hijo de Marcelina Valdez, quien sirviendo en la casa del Senador Barela, se les entregó y cedió como hijo.

Viola, que les fué entregada en el Orfanatorio del Estado de Colorado, en Denver, como de once años de edad y que sirve ahora al lado de Doña Sofía B. Chacón, hija del Senador.

Filiberto López, quien á la edad de 14 años ingresó al lado de los esposos Barela, habiéndoselo entregado su padre Don Higinio López.

Rean, niña que les fué cedida por el Orfanatorio del Estado, en Denver, á la edad de 7 años.

Estevan García, quien fué traido del orfanatorio y adoptado

como hijo. Su madre, Doña Encarnación Martinez, de Pagosa Springs, quedó conforme con la acción de los esposos Barela.

Estos dos últimos, Estevan y Rean, viven aún con la familia Barela, como hijos adoptivos según queda indicado y reciben esmerada educación.

El Señor Senador Barela y su buena y apreciable esposa la Sra. Damiana Rivera de Barela, se han constituido en benefactores de la humanidad.

¡Bellas acciones! ¡Nobles sentimientos! ¡Cualidades raras en estos tiempos de extremado positivismo!

¡Las bendiciones caerán sobre los esposos Barela como debido tributo, como justo homenaje á sus nobles y desinteresadas acciones en bien de la humanidad!

BREVES COMENTARIOS.

ACABO de ocuparme de la vida privada, de la vida íntima de familia, del Señor Senador Casimiro Barela, relatando exclusivamente los hechos, con muy débiles comentarios, porque los mismos hechos revelan la nobleza que ha existido en sus actos, sus filantrópicos sentimientos, su amor á sus semejantes, y se vé tambien que todas esas cualidades las ejercita sin ostentación.

En la vida íntima, en la vida de familia, puedo decir que el Senador ha sabido hacer de su hogar un jardín, siempre verde, siempre fresco, siempre hermoso, siempre aromático y vivificante.

En la familia del Senador Barela, ha centellado la virtud y la moral que ha encontrado ahí su ejemplo.

El Señor Senador Casimiro Barela hasta la época en que estuvo con el Rev. Padre Salpointe, no estudió el idioma inglés, pero desde que entró á la vida activa del trabajo, empezó á aprenderlo prácticamente, haciendo progresos rápidos debido á sus dotes naturales y á su empeño.

Después que casó con su primera esposa, como ella poseía el idioma á que aludimos, el cual estudió y practicó en el colegio de las hermanas en Santa Fé, el Senador Barela se dedicó á estudiarlo y á practicarlo á la vez, y ya cuando fué electo como representante á la legislatura del Territorio de Colorado, poseía dicho idioma, si no á la perfección, sí lo suficiente para hacerse entender y aún para sostener discusiones.

En su vida de político y legislador y en su vida de negocios ha tenido un campo vastísimo para practicar el habla inglesa y como es estudioso, puede decirse que en la actualidad posee el idioma inglés en alto grado.

En cuanto á los negocios, en su primera edad no tuvo ni las más ligeras nociones, sino hasta su juventud, en la edad en que separado del Padre Salpointe, comenzó á trabajar y entonces lo hizo con muy ligeras insinuaciones de parte de su padre; pero él, de por sí, con su natural talento, con su iniciativa, con su actividad.

con su penetración, y con su perspicacia, se introdujo solo en los negocios, entró de lleno en ellos, y ahora es instruic como financiero, conociendo desde el más sencillo hasta el más complicado de los negocios; desde el más insignificante negocio de campo, hasta las más arduas é intrincadas combinaciones mercantiles y bancarias. Cuando emprende un negocio lo tiene examinado bajo todos sus aspectos, en todas sus fases, y entra en él sin titubear, teniendo previstos los cambios y contratiempos que puedan presentarse. Jamás está desprevenido por falta de previsión y siempre está alerta.

Como hombre público su larga práctica entre hombres de ciencia y experimentados, le han hecho adquirir grandes y profundos conocimientos; ahora se le llama "el padre del senado," "el Nestor de Colorado," "el Décano de los Senadores," "el Senador Perpetuo," y más bien debiera llamársele: "El Maestro del Senado." No se sufriría equívoco en ese tratamiento, pues efectivamente tiene cualidades para ello, cualidades que ahora le son reconocidas y alabadas por los mismos que en la Cámara de Representantes y en el Senado lo vieron dar sus primeros pasos, y por infinidad de hombres políticos de varias nacionalidades que le han tratado.

Ahora es una de las figuras más notables que hayan ilustrado la historia del hombre público hispano-americano y los fastos de la cultura del Estado de Colorado en la última mitad del siglo pasado y en lo que de este va transcurrido.

De la biografía del Senador Casimiro Barela se desprende la palpable demostración de las dotes de talento y de férreo temple de alma que lo caracterizan, lo que ha de hacer su memoria imperecedera en el recuerdo de cuantos lo conocen y conocen su labor; ha tenido verdadero heroismo y mucha fuerza de voluntad para realizar sus empeños y para llevar á cabo sus beneficios á la civilización; ha matizado su notable carrera política con trabajos que han arrojado mucha luz sobre puntos interesantísimos.

En su cariño de hombre resplandecen las dotes de cultura y de amor á las cosas del pueblo.

Como miembro de la convención constitucional del Estado de Colorado, asistió y dió su más grande cooperación para la realización de una obra legislativa y social que había de reputarse extraordinaria, pues se trataba de un pueblo que nacía á la vida de su personalidad propia; se trataba de la formación del pacto social fundamental, de la base fundamental del gobierno libre y soberano de un estado; se trataba de la constitución política del Estado de Colorado, se trataba de la difusión de la cultura.

Su labor pública ha sido por espacio de cuarenta y dos años sin interrupción, y la carrera social y política de este hombre notable, es un éxito continuado.

Aficionado entusiasta á los asuntos literarios, ha fundado varios periódicos, y no hay escritor de capacidad y honradez que lo haya tratado, que no reconozca las altas dotes con que la naturaleza lo ha distinguido.

El Senador Barela es modesto; tiene una inteligencia de primera fuerza; posee un alma sana; su mente está cultivada; su apariencia es sencilla y abordable; su trato es de los más sugestivos y atrayentes; es un trabajador infatigable y de una voluntad firme; amable y sincero, se avalora su cultura y patriotismo y la elevación de mira de que tiene dadas sobradas pruebas.

En su larga y diaria práctica como hombre de negocios, son muchas las cosas que sabe y muchos los recuerdos que almacena.

Como hombre de estado y hombre de negocios, es razonable y sério en todos sus aspectos; pero sin orgullo, sin petulancia y sin despotismo.

En lo particular, el Senador Barela es del buen humor del hombre que necesita de hablar sobre muchas temas á la vez; tiene el buen humor del que necesita expansionarse, dar cierto desahogo á su alma y á su espíritu; tiene muchas ocurrencias que le bailan en la fantasía y es dado al chiste decente y á los *calembour*.

Su trato en sociedad es exquisito.

El Senador Barela no habrá acumulado espléndidos tesoros, pero en cambio ha enriquecido su espíritu y su inteligencia

EMPRESAS EN QUE SE OCUPÓ Y SE OCUPA EL SENADOR BARELA.

AHORA pasaré á la continuación de esta obra, ocupándome de relatar las empresas en que el Senador Barela ha tomado participio y los negocios que por sí sólo ha realizado.

Queda de manifiesto ya que el Señor Barela al separarse del lado del Arzobispo Salpointe, se dedicó á trabajar por cuenta de su padre, introduciéndose así en los negocios aunque de pequeña importancia; pero que hubieran amilanado á otro que no tuviera el firme carácter y la incontrastable energía de Don Casimiro.

Siendo aún muy jóven, separado de su padre, con familia, sin capital, sin elementos en fin, se lanzó al mar proceloso de la vida.

Cristobal Colón se lanzó á los mares en busca de un mundo desconocido, pero le acompañaban intrépidos navegantes, tenía la protección de los Reyes de España, Fernando é Isabel; contaba con una brújula que le marcara los rumbos y tenía sus conocimientos científicos que le daban fortaleza.

Napoleón Bonaparte, el génio de la guerra, se lanzaba á la conquista de los pueblos con su poder reconocido, con sus grandes, valientes, temidos y disciplinados ejércitos.

Casimiro Barela, de alma grande, de inteligencia clara, en medio de su humildad de niño, tuvo deseos de grandeza, las aspiraciones se despertaron en él impetuosas, y se lanzó á la lucha para satisfacer los anhelos de su alma, sólo, con su talento, con su honradez, con su energía, y sobre todo, con la fé en Dios.

Hemos visto el principio de sus trabajos, hemos visto que á medida que caminaba el mejor éxito coronaba sus esfuerzos; hemos visto como la ayuda de los hombres de valer le venía sin dificultad, y hemos visto que para el año de 1872 contaba con un capital pequeño, pero propio.

Hemos visto como se inició en la carrera del hombre público en el condado de su residencia, y como el pueblo lo escogió, no obstante su juventud, para encomendarle un puesto de los de mayor confianza é importancia, eligiéndolo Representante á la Legislatura, esto es, representante y defensor de los derechos del pueblo.

Desde el año de 1872 en adelante, fué mayor el impulso que dió á sus negocios en todos los ramos. La cría de grana lo mayor y menor, la compra y venta de cereales, la agricultura, los fué aumentando al grado de podérseles llamar negocios de suma importancia. Después de la casa de comercio que estableció en San Francisco, fundó otra en el pueblo llamado El Moro, y después otra en Trinidad.

Para 1882, compró un rancho en Texas, al Padre Guerin, compuesto de 8000 ovejas y 1200 reses, y en esa misma época compró 18,000 ovejas á Don Juan Santistevan, de Taos, Nuevo México.

Además de formentar por sí sólo varios negocios, formó parte de las siguientes importantes empresas:

Fué socio de la casa mercantil que giró bajo la razón social de Barela y Chacón.

Fué socio del American Savings Bank, de Trinidad, Colorado.

Fué socio y director del Trinidad and San Luis Valley Railroad.

Socio del Trinidad National Bank.

Formó sociedad con los Sres. William Hall, Col. Scruggs, de Kansas City, y el Mayor Deering, de Liberty, Missouri, afamados capitalistas, para explotar en grande escala los negocios de ganadería. Esta sociedad duró mucho tiempo y fué disuelta de toda conformidad entre los socios. El Senador Barela además de ser socio capitalista de esta importante negociación, fué tesorero de ella y el Sr. Hall, actualmente uno de los millonarios de Kansas City, es uno de los más íntimos amigos del Senador.

Compró un rancho en el Estado de Durango, México, compuesto de quinientos acres de terreno.

Fué socio de la negociación Barela Brothers Cattle Co., cuya compañía fué disuelta en 1887.

Estableció una tipografía en Denver, "Las Dos Repúblicas," y otra en Trinidad, Colorado, "El Progreso," que existe todavía.

Fué socio y presidente de la Trinidad Publishing Co. Sería demasiado extenso relatar uno por uno y pormenorizadamente los negocios que ha establecido por sí sólo y los en que ha tomado participio.

Si he emprendido la tarea desde un principio de dar á conocer las empresas á que se ha dedicado el Senador, ha sido, como ya se dijo, con el objeto de que se vea que su capital es adquirido por medio del trabajo, de la honradez, de la economía y de la constancia, sin que haya tenido necesidad de los puestos públicos para labrar su patrimonio.

En la actualidad posee varias fincas en la ciudad de Trinidad, Colorado, todas muy buenas construcciones, principalmente el edificio denominado Barela Block, que es magnífico y puede considerarse como modelo de arte arquitectónico.

Tiene tambien propiedades en otras poblaciones de Colorado y en algunas del Territorio de Nuevo México.

Es propietario del Rancho de Rivera, distante como unas seis millas de la ciudad de Trinidad, Colorado, pasando por en frente de la casa principal la linea del ferrocarril Colorado & Southern, donde hace parada el tren sin haber estación, por concesión hecha en favor del Senador por la compañía ferrea.

El rancho de Rivera, como ya queda dicho, está ubicado como á seis millas de la Ciudad de Trinidad, en un alto que forma una mesa y domina á varias millas en el contorno, divisándose muy bien otros ranchos circunvecinos y plazas pequeñas que hay cercanas, así como tambien se divisa parte de la ciudad de Trinidad, teniendo además la circunstancia de que, las vías carreteras que van á Trinidad y á otros lugares, están casi cubiertas de casas habitadas y el camino es de lo más excelente para automóviles y demás vehículos, lo que hace que se camine como si se fuera de paseo en una población.

La casa principal del rancho que es donde habitualmente reside ahora el Senador, es una especie de Quinta, de magnífica construcción, con todas las comodidades modernas, incluyendo una planta de luz, única, tal vez, en el condado fuera de Trinidad. El aspecto de la Quinta de Rivera es alegre, risueño y un tanto cuanto poético. Es un parque, mejor dicho, un jardín. Hay bastante agua, buenas arboledas, terrenos agrícolas al derredor, buenos terrenos pastales, y montañas que, aunque no muy cerca, se divisan majestuosas como indestructibles murallas que á los tiempos desafían.

A menos de media milla de distancia pasan las lineas de los ferrocarriles: Denver & Rio Grande, y Atchison, Topeka & Santa Fé. En esta propiedad se explota la agricultura en terrenos de regadío, y hay ganado vacuno y lanar.

El rancho de Rivera, mejor dicho, la Quinta, puede decirse que es la más hermosa y mejor atendida en el condado. Nos ha cabido la oportunidad de observar varios extranjeros que han demostrado admiración al divisar la quinta de paso en el ferrocarril Colorado & Southern, no sabiendo que creer que sea si algún jardín especial ó una quinta privada.

El Senador Barela además posee propiedades en la Villa de Barela. En el trayecto de Rivera á Barela está el rancho llamado de García, más comunmente llamado "Los Frijoles," propiedad también del Senador, en cuyas cercanías están los lavaderos ó baños para los ganados del Senador.

El rancho El Porvenir, está situado á la terminación de una llanura y al pié de una pequeña montaña en cuyas cumbres hay una laguna y está adornada por un hermoso bosque.

Caminando por la carretera y á corta distancia de El Porvenir, se divisa la otra posesión, simulando uno de aquellos castillos de las leyendas, con sus vastos jardines y sus estanques, con sus torres almenadas y sus puentes levadizos, y con sus miradores, azotehuelas y atalayas; pero esa vista que se presenta confusa y como esfumándose, se convierte al llegar en una agradable realidad.

La casa principal en el exterior presenta la forma de una "H," y las líneas paralelas con la horizontal constituyen las habitaciones, y la horizontal, por sus dos lados está reguardada por pasillo en forma de portal.

Adelante están los jardines con sus artísticas barandillas.

El estilo de la casa es parte gótico y parte renacimiento.

En el centro hay una torresilla desde la cual se divisan hermosos paisajes que recrean la vista y la imaginación. Se vé desde allí la Villa de Barela, donde está la estación del ferrocarril, y un valle extenso que forma bajío hasta el pueblo de San Miguel.

Al lado izquierdo de la casa hay una pequeña pero hermosa laguna formada artificialmente, hasta cuyos bordes llegan los jardines.

La lagunita es navegable por pequeños botes y lanchas.

En una loma cercana está el panteón de la familia Barela, circundado por una barandilla de madera, con sus monumentos de mármol, cincelados elegante y artísticamente.

Estas obras conmemorativas, si es verdad que son tristes, lo es también que son satisfactorias, con la satisfacción de un deber cumplido, cuya satisfacción experimentará el Senador.

Esos monumentos son para el Senador Barela el recuerdo de los que le dieron el sér; le recuerdan á su primera esposa; le recuerdan á sus hijos que allí descansan, y le recuerdan que allí en aquel mismo lugar será donde, tal vez, él vaya á descansar el último sueño.

Al costado izquierdo de la casa hay una cuadrilla de viviendas para los trabajadores, las que forman una calleja enfilada, al frente de la cual están las cuadras y cocheras, y los talleres de herrería y carpintería. A la espalda de estos talleres están los corrales y toriles, formados de pedruscos y guijarros, de esa sólida construcción de adobe, con partes también de tablazón.

Los techos de las casas y los cobertizos son de madera y de onduladas láminas de zinc.

El interior de la casa es elegante á la vez que confortable.

Al lado izquierdo de la casa y entre la calleja que forman las viviendas de la servidumbre, está el Oratorio que reune todas las condiciones que se requieren para el culto católico que es al que se le tiene destinado, y al que pertenece toda la familia del Senador.

Toda la construcción del rancho El Porvenir demuestra orden de pensamiento, elegancia y solidez.

Sus terrenos que son bastante extensos, tienen bosques, llanos, cerranías, abundancia de agua y acueductos construidos con la suficiencia necesaria.

Esta propiedad cultivada y atendida es de los más ricos tesoros.

Fértiles tierras para el cultivo de todo aquello que no sea de climas tropicales; clima benigno; agua abundante, pastos, todo tiene el rancho de El Porvenir, y para el Senador Barela tiene aún más que todo esto: tiene los recuerdos de toda su vida.

SUCESOS QUE DEMUESTRAN PREVISIÓN.

HOY á dar á conocer ciertos sucesos ocurridos al Senador Barela, que á la simple vista parece que no son de tenerse en cuenta y que apareciendo como una simulada diversión, una mera humorada, analizándolos entrañan en el fondo una gran previsión.

En los tiempos en que la parte sur del Estado de Colorado aún estaba poco poblada, celebró el Senador Barela una venta de ganados al Sr. F. D. Wight, acaudalado señor quien falleció el día 23 de Mayo, 1911, en un lugar algo distante de la ciudad de Trinidad, de cuya venta recibió la considerable suma de veinte mil pesos en efectivo, y como tuviera que caminar por tierra, á fin de no inspirar sospechas hizo la travesía en un asno, llegando á su destino sin contratiempo ninguno. A las personas que conocen al Senador, y que lo hubieran visto caminar en un pollino, hubiérales parecido esa acción una extravagancia, una genialidad, una diversión, y á los que no lo conocen, ni siquiera se hubieran fijado, mas ninguno hubiera sospechado jamás el móvil que lo impulsara.

¿Pudiera alguien haberse imaginado que hacía su viaje en un pollino para asegurar una buena suma de dinero efectivo?

En otra ocasión venía el Senador de Kansas City trayendo consigo la cantidad no muy despreciable de veinte y ocho mil pesos que había realizado en otra venta de ganados, cuya suma consistía de billetes y libranzas para varias instituciones bancarias. Era un día del estío y como hiciera un calor excesivo, deteniéndose el tren en una estación rural, bajó para comprar una bebida refrescante y ordenó *ginger ale*. En el apuro que había para que no le dejara el tren, el dependiente, por equívoco, tal vez, le sirvió un vaso de aguardiente. Creyendo él que era lo que había pedido, y como el tren estaba para partir, tomó apresuradamente tres ó cuatro buenos tragos antes de notar que le habían engañado, cuando solo dirigió algunos reproches al mozo y le pagó.

Examinémos el caso: el Senador, cuando recibió el dinero, lo colocó sobre su cuerpo, debajo de las ropas interiores, vulgarmente hablando, en el seno, es así, pues, que cuando por un equívoco tomó el licor, pudo muy bien haberse embriagado, y como venía entre gente desconocida, al haber perdido el conocimiento á causa del licor, fácil era que le hubieran extraido los valores que portaba, si no hubiese sido por la precaución que tomó para colocarse el dinero como lo había hecho.

Para todo ha sido precavido y esa precaución le ha salvado en muchas ocasiones.

La referencia de estos hechos no es una simpleza, son actos que nos ponen de manifiesto cuan necesaria es la prudencia y la previsión.

¡CUÁNTO SE LE DEBE!

DESEMPEÑANDO el honroso y elevado cargo de representante á la legislatura del Territorio de Colorado, dejé á mi biografiado en la última mención sobre su vida pública; ahora seguiré relatando los hechos que han constituido esa vida, los más sobresalientes y de que tengo conocimiento, procurando dar una idea de sus alcances, de sus merecimientos y de lo que el Estado de Colorado le debe en su progreso y en su civilización.

Y en efecto, el Estado de Colorado, principalmente la parte Sur, debe mucho al Senador Barela. El fué de sus primeros pobladores en esa parte, fué de los primeros que figuraron como autoridades, fué de los primeros que lucharon por la paz; él puso sus esfuerzos por el progreso, por la instrucción del pueblo; él, en los altos círculos de la política, puso todas las energías para que el territorio se adoptase como estado; él fué de los que formaron la primera constitución política del mismo, y él ha sido el que después de la creación del Estado de Colorado, lo ha seguido paso por paso en su desarrollo grandioso siempre como senador. Prueba del gran desarrollo de Colorado es el caso de que en la primera sesión legislativa del Estado á duras penas se apropiaron cinco mil pesos y en la sesión de 1911 se apropiaron once millones de pesos.

Una madre que cría á su hijo, que lo educa, que lo instruye, que le inculca las ideas de órden, de virtud y de moralidad, y que al morir lo deja próspero y feliz, debe morir tranquila, satisfecha y orgullosa. Así el Senador Barela respecto del Estado de Colorado: él fué de los pobladores, él fué de los constituyentes, el fué de los que lucharon por hacerlo estado, y él lo ha seguido como senador paso por paso, presenciando su engrandecimiento para lo cual él ha puesto todas sus fuerzas, para lo cual no ha omitido ningún esfuerzo, ningún sacrificio.

Debe de estar tranquilo, satisfecho y orgulloso, y, ¿cómo no estarlo?

¿Quién de todos los hombres públicos que han figurado pueden decir como él, que fué de sus primeros pobladores, que fué de los que formaron su constitución, que trabajó para hacerlo estado, y que durante cuarenta y dos años ha consagrado su vida al servicio del mismo, para engrandecerlo y elevarlo?

¿Quién puede decir que cuenta un periodo de tiempo igual dedicado sin interrupción al servicio del público?

Bien merece el Senador Barela los honores del Estado de Colorado, y por eso su imagen queda grabada y colocada en la cúpula del capitolio del estado en Denver, cuyo fotograbado se hallará en esta obra.

Los beneficios generosos de parte del Senador Barela no consisten solamente en sus promociones en la cámara, no consisten solamente en sus actos como senador y en sus defensas de los intereses del pueblo; consisten también en las obras que ejerce privadamente aconsejando á sus conciudadanos y compatriotas el respeto á las leyes, guiándolos por el camino del progreso, protegiéndolos con justicia, levantando la instrucción pública, haciendo que el espíritu del pueblo se levante inspirado en las ideas del más puro patriotismo, de la mayor cultura y del más grande amor á la civilización; y el pueblo conoce sus ideas, y el pueblo lo proclama, y el pueblo lo pone para que lo represente y se encargue de sus destinos, y él cumple á satisfacción con el pueblo.

REPRESENTANTE Y ALGUACIL MAYOR.

EN EL otoño de 1873, fué re-electo el Hon. Casimiro Barela para un nuevo periodo de dos años como Representante á la Legislatura del Territorio de Colorado, y ocupando ese puesto lo eligieron Alguacil Mayor del Condado de Las Animas el año de 1874, y en 1875, desempeñando los dos referidos cargos, fué electo como delegado para la Convención Constitucional que debía tener su verificativo en Denver, principiando el lunes, 20 de Diciembre, A. D. 1875, á las 2 de la tarde.

¿Porqué el pueblo lo distinguía dándole su sufragio para los cargos más difíciles y de los cuales dependía su prosperidad y su felicidad?

Pórque veía en él, el hombre de talento, de honradez y de energías. El pueblo veía en el Sr. Barela su decidido y empeñoso defensor.

Desempeñando el difícil y peligroso cargo de Alguacil Mayor del Condado de Las Animas, ocurrió que Sr. Barela recibió instrucciones para la captura de un americano llamado Ike Stockton, un bandido, á quien se perseguía de dos distintas partes por homicidios. Dicho americano hacía varios días que estaba en Trinidad y había sido ya observado por el Sr. Barela, notando que ocurría á su establecimiento mercantil y procuraba que en él se fijara la atención, y el Sr. Barela aunque nada sabía del americano, extrañaba su empeño en hacerse notar.

El día que el Sr. Barela recibió la órden para capturar al referido americano, tocó la casualidad de que lo habían arrestado por embriaguez, y ya libre, reclamaba que se le entregaran unas monedas que decía le habían recogido, con cuya queja ocurrió al Sr. Barela, quien trató de ejecutar la órden de arresto que tenía, mas el americano caminaba en dirección del juzgado de paz, por lo cual el Sr. Barela lo dejaba andar, seguro de que por ese rumbo encontraría auxiliares, mas sin saber que en frente del juzgado estaba el caballo del americano, quien habiendo llegado montó precipitadamente, sacando la pistola y amartillándola, apuntó con ella al alguacil quien pretendió sujetar el caballo por las bridas, sin lograrlo, y el americano sin disparar su arma, pero con ella en la mano, echó á correr á todo escape, abriéndose paso por entre la multitud.

El Sr. Barela, sin pérdida de tiempo, organizó auxiliares y salió en persecución del americano fugitivo, siguiéndole muy de cerca hasta llegar á una montaña que trepó el americano y estrechado por sus perseguidores echó pié á tierra, subiéndose á unas peñas acantiladas, desde donde comenzó á hacer disparos sin resultado. A fin de saber el Sr. Barela, la situación que guardaba el americano, mandó á un muchacho que examinara el terreno, y como este llegara por la espalda del perseguido, éste se sorprendió y creyéndose sitiado, en su deseo de salvación se dejó ir por un despeñadero, sin que se le pudiera encontrar sino hasta el día siguiente que por casualidad lo halló un pastor, sin poderse mover por haber sufrido sérias lesiones cuando se descolgó por el despeñadero. Llevado á Trinidad y curado, al poco tiempo se le remitió á disposición de las autoridades que lo habían pedido. Este individuo todavía en los momentos de salir para la parte de su destino, juró matar al Senador Barela si recobraba su libertad, y escribió su juramento en las paredes de la pieza donde se le había tenido.

El cumplimiento de la ley y de su deber, hasta con peligro de su vida, le acarreó al Sr. Barela que el elemento americano de Trinidad quisiera hacerlo responsable de la vida del criminal antes de que se le hallara, después de que se dejó caer del barranco, suponiendo de la manera más gratuita y sin fundamento, que por su órden se le habría dado muerte, y aún quisieron obrar con violencia; violencia que supo evitar el Sr. Barela con su serenidad, con su diplomacia y con su firmeza de carácter.

En otra ocasión, los habitantes de uno de los pequeños lugares cercanos á la ciudad de Trinidad, fueron á quejarse con el Alguacil, Sr. Barela, de que unos vaqueros americanos, en número de diez ó más, habíanles ultrajado entrando á caballo, disparando armas de fuego y matándoles algunos cerdos, haciendo notar que los injuriantes iban en estado de ebriedad. El Sr. Barela organizó entre los vecinos una pequeña fuerza de hombres armados, y salió en persecución de los trastornadores del órden público, á los que hallaron en el rancho del patrón de ellos, armados y á caballo. El Sr. Barela, obrando con precaución respecto á la gente que le acompañaba, y con temeridad respecto á él, luego que los divisó á cierta distancia, ordenó á su gente que hiciera alto, y se adelantó sólo hasta el lugar donde estaban los americanos, hoscos y ceñudos. Los americanos le preguntaron que si aquella gente los iba persiguiendo, y quién era él. Barela permaneció impasible y preguntándoles cuál era su patrón, á él se dirigió y le hizo saber que era el alguacil mayor, que se habían quejado contra sus sirvientes y que sería bueno que arreglaran antes de que se diera ningún otro paso. Los americanos obraban aún con altanería; pero al fin fueron convencidos y el mismo patrón facilitó el dinero para el pago de los marranos y todo quedó en buena órden, contentos los que habían causado el escándalo y satisfechos los quejosos.

El Sr. Barela obró con mucha temeridad al introducirse entre la gente que perseguía; pero él quería á todo trance evitar comprometer á los ciudadanos; sabía que caminando con ellos á donde estaban los revoltosos, estos harían oposición y habría derramamiento de sangre, lo cual evitó avanzando sólo, con riesgo própio. Y en este caso también su sangre fría, su valor y su astucia lo hicieron triunfar.

Por todos estos actos los mismos que querían ser sus enemigos tenían que hacerse sus amigos, y después se constituían en sus admiradores.

Estos mismos americanos, después de quedar contentos y satisfechos y en los terrenos donde trabajaban, dispararon sus armas en son de alegría, y vitorearon al Sr. Barela.

CONVENCIÓN CONSTITUCIONAL DE COLORADO

EN CONFORMIDAD con una Acta del Congreso Nacional en Washington, fechado el 3 de Marzo de 1875, titulado Una Acta para Proporcionar al Pueblo de Colorado que forme una Constitución y Gobierno de Estado y para la Admisión de dicho Estado á la Unión bajo la misma Base que los Estados Originales, elecciones de delegados fueron tenidas en los diferentes condados del estado para elegir los miembros que debían formular tan importante Carta Magna, el lunes 25 de Octubre, 1875.

El pueblo del condado de Las Animas nominó sus candidatos de uno y otro partido. El Col. Swallow y Don A. C. Gutierrez fueron los candidatos en el boleto republicano, y en el boleto demócrata postulaban para delegados el Hon. Casimiro Barela, Don Jesús María García, y George Boyles.

Como en aquel tiempo el partido demócrata estaba en fuerza en el condado de Las Animas, los candidatos demócratas fueron electos por grandes mayorías.

Los delegados se reunieron en conformidad con la acta de habilitación en la sala de Odd Fellows, en el edificio del Primer Banco Nacional en la ciudad de Denver, á las 2 de la tarde, el lunes, día 20 de Diciembre, A. D. 1875, cuya convención se componía de 39 miembros, de los cuales solamente tres eran hispano americanos, Casimiro Barela y Jesús Ma. García, del distrito 18vo., del Condado de Las Animas, y Agapito Vigil, del distrito 19no., Las Animas y Huérfano. De los 39 delegados, al tiempo de escribir esta obra, sólo viven seis: Casimiro Barela, C. P. Elder, John S. Hough, Wm. H. Meyer, Wilbur F. Stone y E. T. Wells.

Allí en esa convención para formar la Constitución política que debería regir en Colorado, próximo á elevarse á la categoría de estado, está el Sr. Casimiro Barela. Entre otros muchos hombres de ciencia, hombres cultos y políticos, va él en representación de la parte sur del territorio. Hacía cinco años que trabajaba como legislador, ahora iba á tomar parte para la formación de la Carta Magna, para la formación del primer pacto social y fundamental de un pueblo que entraría al libre uso de sus libertades y derechos.

La preparación de la Carta Magna del pueblo del Territorio de Colorado, fué una tarea nada agradable y de muy grande responsabilidad, que sólo hombres de talento y verdaderos génios podían determinarse á desempeñar.

La Convención Constitucional comenzó su trabajo bajo circunstancias y condiciones muchísimo más embarazosas y dificultosas que lo que la mayoría de nuestro pueblo puede imaginarse. Entre estas se pueden anotar las siguientes: la populación del territorio no excedía de cien mil almas, las más de estas, emigrantes de escasos medios; la falta de caminos entre las poblaciones, haciendo el tráfico en extremo dificultoso, los efectos del gran pánico de 1873 todavía estaban frescos en el territorio, la depresión en negocios era grandísima. La propiedad raíz tenía muy poco valor. Otra, tal vez, la más grande causa de los infortunios y reveses fué la epidemia del cigarrón, vulgarmente llamado *el chapulin*, que como se dijo tres mil años pasados, "antes que llegaran la Tierra estaba como el Jardín de Eden y después era sólo un desierto desolado." Esta epidemia acabó con la agricultura.

Pero á pesar de todas estas contrariedades los grandes hombres del estado se reunieron y formaron la Constitución después de 86 días de discusiones importantes.

Transcribir aquí los proyectos presentados y las discusiones científicamente erúditas habidas, sería un trabajo extenso. Básteme decir que el delegado Sr. Barela tomó participación en 135 ocasiones, con sus elocuentes razones filosóficas, ó con su aprobación en lo que merecía ser aprobado, ó no conformándose con lo que á su juicio no correspondía para el aseguramiento de los derechos de sus constituyentes.

En esta convención desempeñó varias difíciles comisiones.

Ya hemos dicho que en el primer período que desempeñó el Senador Barela como representante, se pretendía que las leyes fueran publicadas en el idioma inglés solamente, y hemos dicho también que por mociones del Sr. Barela y por sus reñidas defensas en favor de la raza nativa del Territorio, se dispuso que fueran publicadas también en el idioma español. Cada término legislativo tenía que suscitarse esta cuestión en la Cámara de Representantes y el día que allí faltara quien saliera en su defensa, los habitantes de la parte Sur de Colorado tendrían que quedarse sin que las leyes se publicaran en su idioma.

El Territorio de Colorado como ya he dicho estaba habitado en su parte sur por la raza nativa pobladora, de habla español, y de estos habitantes podía decirse que ni siquiera el uno por ciento conociera el idioma inglés.

Si las leyes del territorio y sus disposiciones gubernamentales se hubiesen publicado sólo en el idioma inglés, toda esa parte del territorio compuesta de los Condados de Huérfano, Costilla, Conejos y Las Animas, hubiera quedado ignorante de sus derechos y de sus deberes y si esos derechos y esos deberes procuraban ocultárseles, ó no hacérseles saber, claro es que se quería tener en esa clase del pueblo unos párias é ignorantes que no supieran lo que tenían derecho á exigir, pero que estarían obligados á responder ante la ley aunque la ignoraran, condenándoseles con el principio de derecho universalmente reconocido de que "la ignorancia de la ley á nadie aprovecha." Sin haberse publicado las leyes en español, único idioma conocido de los habitantes del sur de Colorado, estos tendrían que ser juzgados á ciegas. Los tribunales establecidos en Colorado hubieran sido un remedo exacto de los no muy antiguos y de espeluzantes recuerdos, *Tribunales de la Santa Inquisición*.

El Sr. Barela que antes había conseguido la publicación de las leyes en español, y que veía que en cada término de la legislatura tenía que estarse promoviendo esa cuestión y que en cada término tendría que acceder en algo con sus compañeros legisladores, para que ellos accedieran también con él; cuando se trató de elevar el Territorio de Colorado á estado, aprovechó la coyuntura para desbaratar esa especie de servilismo que habían establecido, y con la mejor buena fé y las más nobles miras y contando con el soporte de sus colegas connacionales en la convención constitucional, los Sres. Jesús María García y Agapito Vigil, introdujo en la sesión del día 18 de Enero, 1876, una resolución proveyendo la impresión en español de la constitución y leyes.

Hablando con sus colegas arriba mencionados les dijo: "Si Colorado se hace Estado, su progreso es incuestionable; es bueno pues que lo sea, mas para ello necesitan de los habitantes de la parte Sur de Colorado; estos habitantes necesitan de la publicación de las leyes en español por un tiempo suficiente para que, si no ellos, á lo ménos sus hijos, conozcan el idioma inglés. Si no podemos conseguir más, que se publiquen por el término de veinte y cinco años las leyes en español, y el pueblo de la parte sur de Colorado presta su contingente para que el Territorio se eleve á estado."

Dice el Senador Barela ahora: "En aquel tiempo tenía uno la oportunidad de que si no admitían los provistos que les sugería con respecto á mejorar ó cuidar por mis paisanos, les amenazaba con que estos votarían en contra de la admisión del estado, y como estaban ansiosos por la admisión tenían que acceder, y como yo consideré que tan pronto como se volviera á reunir la legislatura tratarían de enmendar aquella parte por lo tanto hice el provisto de que no se pudiera enmendar hasta cumplidos los 25 años."

Y así fué: Colorado fué estado y sus leyes se publicaron por 25 años en español. Y ¿porqué? Porque el representante del pueblo nativo de Colorado tuvo esa grandiosa idea y la virilidad suficiente para ponerla en planta, y habilidad para hacerla que triunfara.

Y un hombre así, de ideas tan profundas, de pensamientos tan elevados, de tanta penetración, es del que me ocupo, pero me ocupo con placer, porque al estar refiriendo sus benéficos y civilizadores actos, casi lo penetro y veo en él las irradiaciones del génio

¿Cómo sus compatriotas no han de depositar en él su confianza?

En él veían más que su representante, veían su redentor. Y en verdad, luchaba y ha luchado por redimir á su pueblo de la obscuridad, de la ignorancia, en que los han querido sumergir.

Durante la convención constitucional ya he dicho que mi biografiado desempeñó varias comisiones de importancia, tal como miembro de la comisión de corporaciones públicas y privadas; miembro de la comisión de cuentas y gastos de la convención; miembro de la comisión que debía preparar el manifiesto al público de un resumen de la constitución. En estas sirvió como miembro permanente y también fué nombrado en varias otras comisiones especiales

Siempre velador por su querido pueblo introdujo también un provisto para que no hubiese calificaciones de educación á los votantes, también por el término de 25 años, asegurando de este modo el sufragio de su pueblo, el que indudablemente hubiera sido desfranquiciado sólo Dios sabe desde cuando. Y á pesar de estas provisiones en la Carta Magna muchos de mis lectores habrán sabido los muchos esfuerzos que se han hecho para desfranquiciar á todo aquel que no sepa hablar, leer y escribir el idioma inglés.

Cuando por medio de introducir el boleto australense para votar se trató otra vez de una manera muy simple de desfranquiciar á los que no entendían el inglés el intrépido Senador Barela otra vez con su tacto y diplomacia les salvó.

Permítaseme desertar un poco de mi tema para dar una pequeña explicación con respecto al boleto australense para la inteligencia de algunos de mis lectores que no lo entiendan por completo. El boleto es, mejor dicho, un boleto sin cabeza, un boleto sin partidos, que no tiene más que los nombres de los candidatos postulados, sin que se designe cuales sean de un partido y cuales sean de otro. El votante tiene que marcar aquellos que prefiera, uno por uno, y no puede votar por todos los de un partido político, porque el nombre del partido no aparece tras los nombres de los candidatos. Supongamos á un votante en la butaca con un boleto de estos para una elección presidencial, de estado, de condado y de precinto, donde aparezcan siquiera unos 150 nombres, sin las designaciones de partido y que tenga que votar uno por uno, la mayor parte sin conocerlos, consecuentemente no sabe si está votando por los candidatos de su partido ó nó. Además de esto la ley requiere que no se tome más tiempo que cinco minutos para preparar el boleto.

¿Qué haría el pobre votante? Tal vez, lo que me dijo un amigo íntimo mío durante la última campaña cuando me preguntó sobre el boleto sin cabeza y le dí la explicación antedicha. Le pregunté que haría él en tal caso y me respondió. "Yo leo, hablo y escribo el inglés, pero me sería imposible recordar todos los candidatos de mi partido y creo que lo que haría si se me cumplían los cinco minutos, era que en vez de votar, botaría el boleto al "waste basket."

Volveré á mi narración para hacerles saber que cuando se introdujo el proyecto para introducir el boleto australense, el Senador Barela se desvelaba pensando como derrotar ó alterar el sentido de aquel proyecto. Hizo comprender á sus colegas lo injusto de aquel proyecto, pero notando que sin duda pasaría porque la mayoría estaba en favor buscó otro modo de proteger á sus constituyentes en retener el sagrado sufragio y tuvo suceso al conseguir que en este se pusieran ilustraciones para cada partido, por ejemplo: el partido republicano estaba representado por el águila, el demócrata por el gallo, el populista por la cabaña, etc., etc. De este modo el votante aunque no supiera leer sabía en qué cuadrito debía de poner su marca para votar su partido.

Esto trae á mi memoria un suceso que todavía se cuenta durante las campañas y que tuvo su orígen en tiempo en que estos boletos estaban usándose, siendo el autor de la expresión el finado Jesús María García, á quien deploro no haber tenido el honor de conocer personalmente, pero bien conozco su historia que es imperecedera, como lo es la de todos los hombres grandes. El Sr.

García fué oficial público en este condado por muchos años y en diferentes posiciones, pero más continuamente en la oficina del escribano. Él, como el Senador Barela en aquel tiempo, era demócrata, y se dice que el Sr. García, quien también fué gran favorito del pueblo, decía al concluir su argumento y antes de darles las gracias á la audiencia: "Pónganle la cruz al gallo y piérdase quien se perdiere."

Esto explica muy bien que nuestro héroe tenía una penetración extraordinaria, pues siempre su pueblo siguió votando aunque no supiesen leer ni escribir en inglés.

Pero esto no es todo, los magazines y periódicos del oriente comenzaron á criticar á Colorado, diciendo que había adoptado el boleto australense, pero que usaba retratos ilustrativos para que los que fueran miopes supieran como votar sus favoritos, comparándole con el aprendiz del pintor que habiendo pintado algo en un cuadro puso el nombre abajo para que se supiera que era. Que el Estado de Colorado se consideraba uno de los más adelantados en la Unión, y sin embargo que sus electores necesitaban de ilustraciones para sólo poner su marca.

Otra vez se emprendió dentro de pocos años la tarea de adoptar el boleto original australense, pero otra vez el Senador Barela logró ponerle alguna adición por medio de la cual se pudiera votar aunque el votante no supiese leer y escribir el inglés. En esta vez se logró dejar el blanco para que el votante ponga el nombre del partido por el cual desee votar además de poder tener el privilegio de soportar aquellas personas que prefiriese del partido contrario.

El Senador Casimiro Barela, como dije antes fué nombrado miembro de la comisión que tendría que preparar el manifiesto de la constitución escrita para que el pueblo supiese lo que se había hecho.

Sería muy extenso ocuparnos aquí del manifiesto, del cual el fué uno de los dignos autores, pero reproduciré aquellas cláusulas que más interesaban al pueblo nativo en aquel tiempo, que fueron los provistos para que las leyes se publicaran en español por 25 años y que no hubiera calificación educacional por el mismo período de tiempo en los votantes.

Bajo el título de "Sufragio y Elecciones," el manifiesto al pueblo lee así: "Por medio de este artículo hemos dado el derecho de sufragio á todo varón que pase de veinte y un años de edad, imponiendo solamente tales restricciones como son requeridas por la Constitución de los Estados Unidos, y sobre cuestiones que pertenezcan á las escuelas en los varios distritos del Estado á ninguna persona se le negará el derecho de votar por calificación de sexo. Siendo que la cuestión del sufragio femenil ha sido urgida fuertemente en esta convención por medio de numerosas peticiones y de otro modo, y la convención considerando impropio arriesgar la adopción de la constitución sobre la decisión de esta cuestión, pero reconociendo el derecho del pueblo en expresar su voluntad, hemos requerido de la Asamblea General, que en su primer sesión, sometan la cuestión á un voto directo del pueblo en la siguiente elección general. También se provee que no haya calificación educacional para los electores por el término de 25 años, como también que se imprimieran la Constitución y leyes en español por el mismo término, para que el pueblo de habla español de Colorado tuviera igual oportunidad de estar bien informado sobre las provisiones de la ley fundamental, así como de todas las leyes que se pasaran." El manifiesto fué firmado: William M. Clark, presidente; Casimiro Barela, William E. Beck, Robert Douglas, Jesús Ma. García, William R. Kennedy, E. T. Wells, John S. Wheeler, George E. Pease, Wilbur F. Stone.

Casimiro Barela no había podido cursar en las universidades, las aulas habían sido desconocidas para el; pero estudiaba y aprendía en el mundo. El mundo se le aparecía como su escuela, le abría sus puertas y lo convidaba á alumbrarse, y él guiado de su deseo de saber y siendo escudriñador por naturaleza, entraba á esa escuela bañándose en su luz. Y ha sido su escuela por casi medio siglo.

Pasó la convención constitucional, quedó fundado el pacto social fundamental de Colorado, y Casimiro Barela quedó reconocido como político consciente. La convención se prorogó el día 15 de Marzo, 1876. Pero mi biografiado no descansó un momento y después de manifestarles lo que había podido pactar para su beneficio siguió su tarea como alguacil mayor y atendiendo á sus muchos negocios personales. La elección para aprobar ó rechazar la constitución tomó lugar el día 1ro. de Julio, 1876, y resultó como sigue:

Voto total, 19,505. En favor de la Constitución, 15,443; en contra, 4,062; desperdiciados 18. Mayoría en favor de la Constitución, 11,381.

El Gob. John L. Routt de Colorado y su secretario John Taffe, mandaron los credenciales necesarios al Presidente de los Estados Unidos, U. S. Grant, el 24 del mismo mes. Por lo cual el Presidente Ulysses S. Grant, el 1ro. de Agosto, 1876, por medio de una convocatoria, certificada por el secretario de Estado, Hamilton Fish, anunció que Colorado había sido admitido á la Unión.

El día 31 de Agosto del mismo año de 1876 el secretario de estado, John Taffe pasó aviso á los diferentes alguaciles del Estado de que el 3 de Octubre se tendría la primera elección de oficiales del estado, lo que pasaron los alguaciles á sus diferentes precintos, y como esta era la elección para elegir senadores, el héroe de esta obra fué nominado para la posición, á pesar de estar sirviendo en la capacidad de alguacil mayor, y así fué electo senador por la primera vez bajo el régimen de estado.

EN EL SENADO.

EN LOS PUNTOS limítrofes del Estado de Colorado y el Territorio de Nuevo México, con frecuencia se cometían desmanes y crímenes por los indios y por los merodeadores, y el Senador Barela en la primera sesión en 1877, presentó ante el Senado un memorial pidiendo al Gobierno Nacional que entre el fuerte Lyon, de Colorado, y el fuerte Unión de Nuevo México, es estableciera una posta ó destacamento militar, proyecto benéfico para ambos pueblos de Colorado y Nuevo México, pues así se evitaban infinidad de tropelías y depredaciones.

De las resoluciones que con este objeto se introdujeron y presentaron, se mandaron copias al secretario de guerra y al Delegado de Nuevo México en el Congreso de los Estados Unidos en Washington.

Tal proyecto fué considerado de gran importancia y utilidad.

Durante la primera sesión legislativa, se revisaron todas las leyes territoriales, estando la legislatura en sesión por 140 días, no habiéndosele puesto límite á aquella sesión. Los procedimientos de esta sesión son los únicos que no han sido impresos y son de los más importantes, como se verá que lo manifestó el Senador Barela en un proyecto que presentó al senado en la sesión de 1911, así como en otras sesiones anteriores.

Ya mis lectores saben que el Senador Barela ha sido llamado el "Senador Perpetuo," y ahora voy á explicarles el porqué de esta calificación.

En la primera elección de estado el Senador Casimiro Barela y el ahora Mayor Daniel L. Taylor fueron electos senadores por el condado de Las Animas. En algunas revistas donde se dá á conocer la biografía del Senador Barela se notara que dicen que fué electo para el término largo y ahora les explicaré como fué. Ambos el Sr. Barela y el Sr. Taylor fueron electos en 1876, pero no se sabia quien tendría que servir el término largo. Para ello debía tenerse una elección en el mismo senado para escoger los senadores que deberían retenerse por el primer término de cuatro años, siendo que se tienen que elegir cada dos años alternativamente. Cuando ya estaba para terminar la sesión de la Primer Asamblea General, se tuvo la elección de los que debían quedarse por los siguientes dos años. La elección se tomó por un voto de los senadores. El Sr. Taylor hizo lo posible porque le retuvieran á él, pero los senadores que habían ya experimentado á ambos y conociendo las aptitudes de cada uno eligieron al Senador Barela para el término largo.

Esta fué una gran victoria para el Senador Barela siendo que había derrotado al Sr. Taylor en una asamblea donde todos los que depositaron sus votos eran de la misma nacionalidad que el Sr. Taylor y con todo prefirieron al Senador Barela.

Desde aquel tiempo todas las elecciones de senadores se tienen cada dos años y cada uno es electo por cuatro años y también desde entonces el Senador Barela ha sido electo cada cuatro años.

Si en esa sola ocasión el Senador Barela hubiera fracasado en ser elegido no se le podría llamar "el Senador Perpetuo," pero tuvo buen éxito y su carrera no ha sido interrumpida en lo más mínimo durante 40 años, que es lo que hace que su nombre sea aún más admirado.

Cuantas personas no han atribuido esto sino á que es afortunado, pero yo lo atribuyo á que se ha sabido conducir de un modo inequivocable para demostrar á los suyos y á los extraños que es merecedor de su confianza y por eso se la ha conquistado.

En 1879, el Representante por el condado de Bent presentó un proyecto en la Cámara para que se exigiera á los criadores ó dueños de ganado mayor á que tuvieran toros finos. Este proyecto tuvo marcada oposición, siendo uno de los más acérrimos opositores el Senador Barela, quien presentó el siguiente discurso:

"Sr. presidente y caballeros del senado:

"Permítaseme decir que la Cámara de Representantes en el pasaje de este proyecto ha lastimado duramente mis sentimientos, cuando he visto que los únicos votos en contra del proyecto han sido los seis débiles votos de los seis mexicanos que ocupan asientos allí.

"¿Qué significa esto?

"Resolver este problema me hará ocupar esta vez la atención de Vds. con más seguridad de lo que quisiera; pero en este caso pido vuestra indulgencia.

"El pueblo que por medio de sus representantes se opone al pasaje de este proyecto, es el pueblo á que yo pertenezco, y es parte del pueblo que he tenido el honor de representar desde el año de 1871 en que fuí elegido por primera vez para ocupar un curul en la cámara legislativa.

"En aquella época todavía no habíamos entrado á disfrutar de la soberanía política de que hoy gozamos en esta gran república.

"Entonces por primera vez fué introducido un proyecto con las pretenciones del que hoy me ocupa. Los representantes del norte apoyaban su aprobación; pero había una ley orgánica que concedía el privilegio de legislar especialmente, y así fué que al apoyarse tal proyecto, no se incluyeron en sus disposiciones los condados del sur que quedaron exceptuados.

"En 1874 el Hon. John W. Prowers, de Bent, dueño de miles de reses y quizá uno de los mejores criadores del estado, introdujo un proyecto semejante; pero el efecto se limitó á ser aplicado á aquellos condados donde sus respectivos representantes lo desearen. Esto dió por resultado que no se forzara á nadie á aceptar una ley, la cual ciertas localidades no estaban preparadas para adoptar, pues la falta de recursos suficientes era, y lo es actualmente, el obstáculo á la aprobación del proyecto.

"Más tarde la constitución vino á prohibir la expedición de leyes privativas ó especiales, quitando ese recurso para evitar otros males.

"La derogada ley orgánica concedía leyes especiales para ciertos condados, exceptuando otros; pero hoy que no hay esa ley hay que proceder con equidad y justicia para no dañar á unas localidades para favorecer á otras.

"En la primera Asamblea General en este Estado en 1877, el Hon. J. D. Wilson, introdujo una acta sobre la misma materia. La acción de ambas cámaras fué dejar esa acta que ya había sido parte de nuestros estatutos, en la misma forma en que antes había estado en fuerza; esto es, aplicable á los condados que lo desearen y exceptuando los que la consideraran inconveniente.

"Esta fué una decisión sabia y justa; por lo tanto, pido á Vds., respetables caballeros, que hoy hagamos la misma acción.

"El caballero de Bent que introdujo esta acta en la cámara, parece que fué movido más por preocupaciones que por sanos deseos.

"Voy á explicarme.

"Tengo informes positivos de que dicho caballero de Bent tiene en su propias vacas toros de muy mala sangre, en primer lugar, y en segundo, la ley que introduce está en vigor en su condado.

"¿Cuál es entonces su deseo?

"¿Quiere imponer sobre la voluntad del pueblo de los condados que él no representa, una ley que les es perjudicial?

"El no tiene por esos condados ninguna responsabilidad y en esos condados los dueños de pequeñas y grandes haciendas, están conformes con la ley en el estado en que se halla.

"Mi colega, el Sr. John, y yo, representamos uno de los condados del sur más ricos en haciendas, y ninguna recomendación ni á él ni á mí nos ha sido sugerida por ninguno de nuestros conciudadanos para que se cambie la ley actual en esa materia. Y sin embargo, en nuestro condado hay hombres que poseen toros que valen cada uno quinientos pesos, de cuyo precio estoy seguro que no posee el caballero de Bent.

"Yo estoy listo para cooperar en la aprobación de las leyes que den tanto como sea posible satisfacción general; que protejan los derechos de los ricos sin atropellar los del pobre, y si hemos de dejar que la balanza se incline más hacia un lado que al otro, que sea siempre en favor del pobre, que es, por su misma condición, más merecedor á los beneficios desde el momento que tiene mayores privaciones.

"A mí personalmente, me sería favorable el proyecto que combato; pero no he venido aquí para ver por mis intereses; he venido, señores, para velar por los intereses del pueblo, de ese pueblo que deposita en mí su confianza; he venido á velar por los intereses de mis conciudadanos, y en lo limitado de mi capacidad, me esforzaré por cumplir con mis deberes.

"Yo creo, señores, que el proyecto presentado por el caballero de Bent es injusto en su esencia y es opresor.

"¿Con qué derecho podemos legislar forzando á los ciudadanos á que establezcan sus negociaciones con materias finas ó corrientes?

"¿Con qué derecho les imponemos penas porque no pueden tener materias ó artículos de primera calidad?

"Eso equivaldría á multarlos por su pobreza, y esos pobres, caballeros, ¿con qué satisfacían la multa que se les impusiera? Con prisión, con encarcelamiento y lo que es más, con el sufrimiento de sus familias.

"¡Eso es injusto, horriblemente cruel!

"¡Eso es digno de los tiempos de barbarie y salvajismo!

"¡Eso se opone con la civilización y repugna en el siglo de las luces!

"Cuando á mi arribo por primera vez á la cámara de representantes reclamé los derechos de mi pueblo y de mis compatriotas para tener en el idioma español las leyes que deberían regirnos, el número de legisladores mexicanos, entonces como hoy, era pequeño, y si nuestros esfuerzos hubieran tenido solamente este pequeño sostén, hubieran sido infructuosos y no hubiéramos tenido leyes en español.

"Cuando en 1875 se reunieron los escogidos del pueblo para redactar la Constitución del naciente estado de Colorado, mi humilde persona ocupaba un puesto en aquel cuerpo de hombres ilustres. Había también otros dos mexicanos más, y si hubiésemos quedado atenidos á nuestros únicos votos, no hubiéramos alcanzado ningún privilegio.

"Verdad es que en aquel tiempo teníamos el poder de amenazar con oponernos á la constitución de estado si no se nos concedía lo que en justicia pedíamos; mas no por esto se crea que lo que se nos concedió fuera por temor á nuestras amenazas, nó. La aprobación de la constitución se veía como un hecho consumado, porque la marcha del progreso de Colorado lo llamaba á añadir una estrella más al pabellón americano.

"Este período de tiempo quedó grabado en mi mente con carácteres indelebles, es un período de tiempo de gratos recuerdos para mí, porque entonces se escogieron para aquel acto grandioso, hombres de verdaderos sentimientos, filántropos, desposeidos de pasiones ruines, sabios, amantes de la justicia y de la libertad, y que pudieran ser el sostén de las instituciones.

"Por eso nada se negó de los justos reclamos que el pueblo mexicano hizo por medio de sus representantes.

"Se les concedió lo siguiente:

"La publicación de las leyes en español por espacio de 25 años.

"Que ningún ciudadano en el goce de sus derechos sería inhabilitado de ellos por mera ignorancia.

"Que durante el lapso de tiempo de 25 años, la constitución se podría reformar mejorándola, en conformidad como los sabios consejos de la experiencia fueran demostrando la necesidad.

"Estas garantías constituyen un dique formidable contra las ideas tiránicas de hombres mal prevenidos contra nuestro pueblo; hombres mal intencionados que no faltan desgraciadamente, y para probarlo presento como ejemplo al editor de The Chieftain, en cuyo periódico Vds. habrán notado tal vez, en un artículo publicado el 16 del corriente, el alarde que hace criticando á la asamblea por la publicación de varios documentos en el idioma español, y descendiendo á los más groceros ataques al pueblo mexicano, usando ruines y descaradas mentiras y cometiendo el atropello de comparar á los mexicanos con los chinos.

"En esos actos, además de una crasa ignorante se vé una malvada preocupación.

"Los mexicanos eran los dueños legítimos de este país que les vino por herencia de sus antepasados.

"Hernán Cortéz y sus aguerridos compañeros conquistaron esta parte del continente americano, peleando noble y valientemente para destruir el barbarismo, y con sus esfuerzos iniciaron la civilización é introdujeron la luz del cristianismo en la más apartada y escondida mezquita.

"Bajo la corona de España estuvo nuestra cara y querida patria; pero las naciones como los individuos, cuando llegan á cierto grado de cultura y de civilización, reclaman su libertad y así fué que México, sintiéndose penetrada de las más grandes y penetradoras ideas, proclamó su independencia y con sagrado heroismo y cruentos sacrificios, sacudió el yugo de la orgullosa Iberia, viendo brillar en el suelo, esplendoroso y divino, el SOL REFULGENTE DE LA LIBERTAD.

"La historia de la libertad de México está fuertemente ligada con la libertad de los Estados Unidos, y por eso deberían llamarse "Repúblicas Hermanas."

"Pero, ¿á qué narrar aquí hechos históricos?

"Con el transcurso del tiempo, el destino ó la fatalidad hicieron que la paz se alterara entre estas dos naciones teniendo que ocurrir al desastroso y destructor recurso de la guerra que concluyó con el tratado que se celebró en Guadalupe Hidalgo, por el que este territorio queda anexado á los Estados Unidos y sus habitantes voluntariamente hemos venido á llamarnos sus hijos adoptivos, jurando defender su constitución y sus leyes."

El discurso que precede demuestra muy á las claras que las ideas constantes del Senador Barela son las de la equidad y de la justicia, el adelanto y la prosperidad, y deja vislumbrar también el amor y el orgullo que siente por su raza, y que por ella sacrifica sus propios intereses.

El Senador Barela poseía en el tiempo en que fué introducido el proyecto por el caballero de Bent, el mejor ganado fino en su condado, como lo posee en la actualidad, y nadie como él podía haberse aprovechado del proyecto para vender toros; pero como él dice: "primero está el cumplimento de mi deber," primero están las afecciones de su alma, que sus intereses pecuniarios. Mira que los capitalistas quieren prosperar á costa del pobre, y se revela y los defiende. Se trata de menospreciar su raza y aparece en todo su ser el amor que le tiene sin que intente ocultarlo, dejando que se desborde.

VISITA DEL GENERAL GRANT Á TRINIDAD.

En 1880 estuvo el General Ulysses S. Grant en la ciudad de Trinidad, en donde fué recibido con todos los honores que su rango y las simpatías que se le tenían imponían, y habiéndosele obsequiado con un espléndido banquete, á él asistió lo más aristocrático de la ciudad, estando por consiguiente presente el Senador Barela, que era notado en la concurrencia como uno de los de mayor sociedad y de más finas maneras y recibía las distinciones del General. A la hora de los bríndis, el Senador hizo uso de la palabra y en términos expresivos y elocuentes, aunque sencillamente elegantes, dió la bien venida al General, recibiendo nutridos aplausos, así como una respuesta grata y simpática de parte del General, quien se felicitó por tener amistad con un hispano americano de las altas prendas del Senador Barela.

BARELA COMO DELEGADO Á LA CONVENCIÓN NACIONAL.

En el mismo año de 1880 había en los Estados Unidos gran conmosión política y social, pues se trataba nada menos que de una elección presidencial. Por todas partes del país se aprestaban á la lucha; en todas partes se celebraban juntas; los diversos partidos trabajaban sin descanso en favor de sus candidatos y llegado el tiempo de las convenciones para nominar los delegados que debieran representar los diferentes estados en la Convención Nacional que debía tomar lugar en Cincinnati, Ohio, el partido demócrata de Colorado mandó al Hon. Casimiro Barela como su representante.

En esta gran Convención Nacional se nominó por el partido demócrata, para Presidente, al General Winfield S. Hancock, y para Vice Presidente á William H. English.

El hecho de que el Senador Barela fuera distinguido con estos honores prueba que sabía merecerselos. En esta vez como en todas las en que se le ha encomendado algo por sus conciudadanos, cumplió su cometido debidamente y honrando á su raza.

OTRAS POSICIONES.

En el mismo año en que asistió como delegado á la convención de Cincinnati, hubo una famosa excursión de personas prominentes de varios lugares al Gran Cañon del Rio Arkansas, y fué nombrado vice-presidente del cuerpo que se organizó, habiendo prestado muchos servicios á los excursionistas como intérprete de los idiomas español é inglés, y siendo grandemente estimado por su porte.

En 1882 redactaba el Trinidad Daily Democrat, diario muy apreciado y de gran circulación.

En el mismo año fué nombrado tesorero del condado de Las Animas.

Al siguiente año figuró como uno de los principales asociados de la Great Mutual Aid Association de Denver. También continuó como tesorero del Condado de Las Animas, puesto honorifico y delicado que desempeñó satisfactoriamente para sus conciudadanos.

En el mismo año de 1883 lo postularon nuevamente para reelegirlo tesorero, mas como surgió el Mayor D. L. Taylor nominado para el mismo empleo y ambos eran de los miembros más prominentes del mismo partido, de comun acuerdo para no introducir la discordia y desmoralización, ambos hicieron su renuncia y dejaron el puesto.

Los dos obraron como caballeros y como ciudadanos patriotas.

COMO ELECTOR PRESIDENCIAL.

El día 24 de Septiembre de 1884 tomó lugar la convención democrática del estado en Denver.

Al Senador Barela se le tendió la nominación de Teniente Gobernador, la cual declinó en favor de Andrew D. Wilson, de Arapahoe, y para aceptar la nominación para elector presidencial, la cual recibió por aclamación. Sobre este punto la prensa del estado y de algunas otras partes del país se ocupó favorablemente por el Senador Barela, reconociéndole aptitudes y méritos para ello.

Permítaseme citar solamente en breve lo que el Trinidad Daily News, del día 7 de Octubre, 1884, dice:

"El Denver News tiene la siguiente noticia complimentaria de nuestro vecino, el Hon. Casimiro Barela, uno de los electores en el boleto demócrata:

"El Hon. Casimiro Barela no es solamente eminente por sus aptitudes y hazañas, su lealtad á la democracia y sus servicios al estado, sino porque es el principal representante de la populación mexicana de todo el Suroeste.

"El merecido reconocimiento que se le ha hecho á él será apreciado del modo más sincero como una gran honra hacia ellos por los hombres patriotas é inteligentes de su raza.

"Los jefes republicanos de este estado han seducido muchos mexicanos á sus filas, pero jamás les han otorgado ningún reconocimiento oficial. No hace más que unos cuantos días que el Hon. William H. Meyer fué derrotado en la convención republicana de estado para gobernador porque su esposa era mexicana.

"Por lo tanto no hay que admirar que en la elevación del Hon. Casimiro Barela todos los mexicanos honestos consideren como un acto de patriotismo y civismo hacia su nacionalidad y como un agradable deber de justicia el depositar su sufragio por todo el boleto demócrata."

ARBITRARIA ACCIÓN DEL JUEZ CALDWELL YEAMAN.

EN LA SESIÓN de Septiembre de 1883 del Tribunal del Tercer Distrito Judicial una órden fué promulgada por el juez de dicho distrito al efecto de que en la elección de jurados para dicho tribunal, la calificación indispensable que se habría de considerar en su escogimiento, será que puedan hablar y entender el idioma inglés; sin esta calificación excluyendo toda cuestión cualquiera de aptitud y capacidad.

El pueblo entero del Sur de Colorado compuesto casi en su totalidad de raza mexicana, y que desconocía el idioma inglés, protestó desde luego contra la disposición del Juez Yeaman.

El Senador Barela levantó el estandarte con una enérgica protesta; convocó al pueblo y celebraron reuniones; se pronunciaron discursos; todo en orden y sin escándalos; todo encaminado á la defensa de sus derechos, sin la más leve violencia.

El día 23 de Febrero de 1884 se celebró una reunión para tomar los primeros pasos para obtener una protesta general de todo el pueblo hispano americano y sus simpatizadores contra la actitud del Juez Yeaman, con respecto á los hispano americanos que no sabían el inglés, en privarlos de sus derechos de representación en los juzgados públicos; y para prevenir el remedio que el pueblo juzgase prudente contra tal ultraje.

Se nombró una comisión de cinco miembros compuesta de los Sres. Casimiro Barela, Rafael Chacón, Jesús María García, Lorenzo A. Abeyta y Pedro C. Chacón, para que redactase resoluciones que fueran presentadas á la junta en masa que se proponían convocar. El Senador Barela hizo moción de que se nombrara una comisión de doce miembros para hacer la convocatoria al pueblo del Condado de Las Animas y á sus simpatizadores para una junta en masa que se tendría en la casa de cortes el Sábado, día 1ro. de Marzo, 1884, con el fin de protestar contra la acción del

Juez Yeaman. La moción fué aprobada y se nombraron á instancias del Senador Barela, los Sres. Nicanor D. Jaramillo, José A. Salazar, Feliciano Dominguez, Federico Benitez, Francisco Vigil, Lorenzo A. Abeyta, Serafin Vigil, Manuel Rodriguez, Inés Alíres, Demetrio Guerra, Felipe Gurulé, Victor Gallegos. El Mayor Rafael Chacón movió que se levantara una colecta entre los presentes para sufragar los gastos para la reunión en masa y se colectaron $107.00.

Se hicieron los preparativos necesarios para la dicha junta en masa y fué tenida, siendo muy entusiasta. Allí se nombró una mesa directiva para protestar ante los tribunales correspondientes contra la resolución del Juez Yeaman y para defenderse como fuera necesario, sosteniendo los derechos del pueblo mexicano.

El Senador Barela fué electo para formar parte como miembro principal de esa comisión. El pueblo lo quería tener en todas partes porque sabía que en él podía confiar. De aquí que á la vez lo querían tener en varios puestos y lo postulaban para todos.

A continuación daré una reproducción de lo que dice la edición español del News con respecto á la reunión del pueblo mexicano el 1ro. de Marzo, 1884:

"La casa de cortes que puede contener como mil personas de pié, no fué bastante para dar cabida á toda la muchedumbre que de los diferentes rumbos del condado, acudió á la reunión popular de mejicanos ocurrida en Trinidad, el sábado, 1ro. de Marzo. Afuera quedaron como quinientas personas. La reunión fué cabalmente todo lo que cabía desear. El pueblo mejicano se hizo honor á sí mismo en esta calurosa demostración pública contra las medidas arbitrarias que el juez de distrito y los comisionados de condado han introducido en la elección de jurados en detrimento de los más vitales intereses de la raza mejicana, los intereses de la ley y justicia pública.

"Aquel concurso inmenso que atestó las calles de Trinidad el día 1ro. de Marzo prueba muy ampliamente que todavía hay sangre que fecunde en las venas del pueblo mejicano la idea sublime del patriotismo. A continuación damos los procedimientos habidos en esta ocasión. A las 2 de la tarde Don José A. Salazar llamó la junta al orden.

"El Sr. Rafael Chacón fué nombrado presidente, G. W. Thompson y José A. Salazar, vice presidentes, y A. W. Archibald y Pedro C. Chacón, secretarios.

"Los siguientes caballeros hicieron hábiles discursos tocante al asunto de que fué objeto esta reunión: Hon. Casimiro Barela, Rafael Chacón, Jesús Ma. García, José A. Salazar, José R. Córdova, José Luis Torres, Alberto W. Archibald, George W. Thompson, el Juez Salisbury, Pedro García y Lorenzo Abeyta. Todos se abstuvieron de cargos y recriminaciones injustas, y trataron la cuestión con palabras moderadas y prudentes, aunque expresivas del agravio popular.

"Las siguientes resoluciones fueron unánimemente adoptadas:

" '*Por cuanto*, en la sesión del Tribunal de Distrito por el Tercer Distrito Judicial, celebrada en Septiembre de 1883, en y por el condado de Las Animas, una orden fué promulgada, por el juez de dicho tribunal, al efecto de que, en la elección de jurados para dicho tribunal, la calificación indispensable que se habrá de considerar en su escogimiento será que puedan hablar y entender la lengua inglesa; sin esta calificación excluyendo toda calificación cualquiera de aptitud y capacidad. Y

" '*Por cuanto*, el móvil de los de dicha orden, fué evidentemente impulsado por el deseo de exclusión totalmente del servicio de jurados, á toda aquella parte del pueblo del condado conocida como *mejicanos*, quienes comprenden una mayoría incuestionable sobre todas las demás nacionalidades, y quienes están igualmente interesados en la propia administración de la justicia, y

" '*Por cuanto*, el espíritu en que dicha orden fué interpretada por la junta de comisionados de condado, fué intencional y manifiestamente injusto y parcial, respecto á los derechos de este numeroso elemento de los ciudadanos del Condado de Las Animas; puesto que en el escogimiento de nombres y personas ese cuerpo ignoró casi completamente al pueblo mejicano, por lo tanto, sea resuelto:

"'1ro. Que nosotros protestamos solemnemente contra la acción del Sr. Caldwell Yeaman, juez del tribunal de distrito, y especialmente contra la manera en que su orden fué promulgada y adoptada, y la injusta interpretación que fué dada á la misma por el Cuerpo de Comisionados del condado.

"'2do. Que mientras concedemos, que ninguna persona ó clase de personas debe estimar el servicio de jurado como un *derecho*, sino considerarlo más bien como un *deber* impuesto por el gobierno; sinembargo contendemos que cualquiera orden promulgada por un juez, que tienda á descalificar á alguna particular. clase de ciudadanos para el servicio de jurados es imprudente, impolítica y contraria á la ley y á la justicia.

"'3ro. Que estamos listos para ser llamados á cuenta por los protocolos y archivos de los tribunales pasados, los cuales deseamos si fuese necesario que fuesen examinados y escudriñados; y sobre esta prueba nos atrevemos á aseverar, sin temor de ser fallidos en nuestro aserto, que por lo que concierne á inteligencia, espíritu de honradez, deferencia á las instrucciones de los jueces, los hechos de los llamados jurados mexicanos, cotejan bien cuando menos, con la conducta y decisiones de jurados compuestos de aquellos que se arrogan á sí mismos el nombre de americanos.

"'4to. Que deploramos altamente cualquier acto ó esfuerzo por quienquiera que sea, que tienda en lo más mínimo á incitar animosidades de casta ó raza, especialmente en conexión con los tribunales y la administración de la justicia; seamos, si quiera, todos iguales ante la ley.

"'5to. Que demandaremos en todo tiempo nuestros justos derechos, los privilegios é inmunidades comunes á todos los ciudadanos de esta república, la cual fué fundada sobre la idea sublime de justicia é igualdad. Tampoco olvidaremos ni dejaremos de exigir aquellos otros derechos garantizados á nosotros como un pueblo por el solemne compacto y tratado entre el Gobierno de los

Estados Unidos y el de la República de México conocido como el Tratado de Guadalupe Hidalgo.

" '6to. Que los Mejicanos somos nativos del suelo en que vivimos, y no extranjeros; que en todo tiempo los principios del derecho universal han sido reconocidos por nuestro pueblo, y hemos tratado con hospitalidad y deferencia á los pobladores de habla inglesa que vinieron á compartir con nosotros las vicisitudes de la primera población de este suelo; que nos adherimos firmemente á la creencia de una justicia universal, que es el complemento de la ley natural; y la cual demanda que nadie sea excluido del goce de todos aquellos derechos y privilegios acordados á los más favorecidos ciudadanos de un gobierno.

" 'Que muy respetuosamente apelamos al juicio de un público desinteresado, si la acción del Juez Yeaman y la de los comisionados de condado, son, ó nó, una infracción directa, no solamente del tratado internacional, sino de las mismas leyes que gobiernan á los ciudadanos de esta Gran República.

" 'Que una comisión sea nombrada en este día para tomar aquellas medidas que se juzguen propias para ventilar ante los tribunales, si fuere posible, la legalidad del acto del juez de distrito, como también cualquier otra intervención en nuestros derechos, ya sea por tribunales ó juntas de comisionados.' "

Hasta aquí mi querido lector podrá juzgar la legalidad y el justo sentimiento del pueblo nativo, mas es el deber del historiador, dar á conocer los hechos tal cual son.

Fué el caso que se necesitaban fondos para sufragar los gastos por licenciados, etc., ante los tribunales á que se llevara la cuestión pendiente y resultó que no se pudo contribuir la suma necesaria, así que casi por algún tiempo se perdieron las esperanzas de corregir tan grande ultraje.

Todavía al tiempo de las convenciones de estado y condado este asunto no se había resuelto. Ya he dicho que el Senador Barela recibió la nominación para elector presidencial en el boleto democrático del estado. Cuando se llegó la convención de condado había que hacerse la nominación para Senador de estado por su condado, y él un tanto sentido por la acción del juez de distrito contra sus queridos constituyentes, no quería hacer la carrera para la posición de senador, la cual le tendió la delegación unánime y que al principio declinó. Pero sus constituyentes sabían que él era el hombre propio y le rogaron hiciese la carrera. Mientras se hacían argumentos sugiriéndole que aceptase, una sublime idea cruzó por su pensamiento pero no la manifestó inmediatamente y la cual no se supo hasta que se hallaba otra vez en el senado. Aceptó la nominación y fué electo senador. En su condado su nombre aparecía dos veces en el boleto, como elector presidencial y como senador por el Cuarto Distrito Senatorial.

Una vez en el senado, el Senador Barela, inspirado en los principios de la justicia y de la razón, y en su más constante y vehemente deseo de proteger á su raza, presentó un proyecto para que se nulificara la disposición del Juez Caldwell Yeaman. Este proyecto lo defendió el Senador Barela en el senado con ahinco y con energía, y en sus defensas usó de razones filosóficas de mucho peso, que le hicieron obtener un triunfo que le confirmó aún más en el cariño y la confianza que el pueblo le ha tenido depositada.

En breve citaré algunas de las palabras que el Senador Barela usó para apoyar el pasaje de su proyecto, dijo:

"¿Cuáles son las razones en que el Juez Yeaman apoyaba su disposición?

"¿La necesidad de intérprete?

"El intérprete de todas maneras tenía que haberlo, porque siempre hay causas contra personas que no hablan el inglés.

"¿Un poco más de trabajo para el juez?

"Esa no es razón, pues para que trabaje se le paga.

"El pueblo hispano americano del Estado de Colorado por su misma constitución, tiene todos los derechos de ciudadanía, como tenerlos pueda un ciudadano americano en el sentido más lato de la palabra.

"El pueblo hispano americano en el Estado de Colorado, tiene más prerogativas que otro pueblo, porque es el verdaderamente dueño del territorio conquistado á fuerza de sangre y de sacrificios por sus antepasados.

"Por eso la misma constitución les ha concedido que por 25 años se publiquen las leyes en español para que las entiendan, y por eso la misma constitución los ampara previniendo que ninguno durante esos veinte y cinco años pueda ser inhabilitado en sus derechos de ciudadanía por mera ignorancia.

"Entónces, ¿cómo quiere el Juez Yeaman despojar de los derechos que para ser jurados tienen, á los hispano americanos, porque ignoran el inglés?

"La disposición del Juez Yeaman es á todas luces falta de sentido común, y está además en abierta pugna con los principios constitucionales, y por lo tanto, los hispano americanos, aún cuando no hablen el inglés, pueden y deben ser jurados.

"Ser jurado es para los hispano americanos un deber y un derecho.

"Es un deber, porque son ciudadanos y la ley impone á los ciudadanos el deber de ser jurados.

"Es un derecho, porque son ciudadanos y la ley concede á los ciudadanos el derecho de ser jurados.

"Estando pues, los hispano americanos, en el pleno goce de sus derechos de ciudadanos, en cuyos derechos no se les puede suspender ni inhabilitar, ni aún por ignorancia, es inconcuso que la disposición del Juez Yeaman carece de sentido común, es anti-constitucional, y ataca inconsideradamente los derechos del pueblo hispano americano.

"Por otra parte, los mismos jueces americanos alaban el proceder de los jurados de raza hispano americano por su manera de obrar y así lo dice el Juez Hallet: 'Los hispano americanos como jurados son los más convenientes, porque no se corrompen, obran con toda imparcialidad, conforme al dictado de su conciencia, y teniendo en cuenta las consideraciones de la corte.'

"Si esto dice el Juez Hallett, hombre de vasta ilustración, de reconocida honradez y de gran práctica en la judicatura, ¿cómo el Juez Yeaman, sin más razón que su capricho, pretende despojar á los hispano americanos de sus derechos constitucionales?

"La disposición del Juez Yeaman, tantas veces repetida, no podía ni debía subsistir ni por un momento, por su arbitrariedad y por su anticonstitucionalidad.

"El intérprete tiene que ponerse de todas maneras, y para la persona que tiene el cargo de jurado no es necesario el conocimiento del idioma inglés para obrar con conciencia, con rectitud, con equidad y con justicia: la conciencia no tiene idioma, ni el sentido común tampoco.

"Por otra parte," agregó el Senador Barela, "yo soy de la raza hispano americana y hablo el idioma inglés, no puede pues, la disposición del Juez Yeaman atacarme personalmente; pero tengo á mis padres, tengo á mis hermanos, tengo á mis parientes, y tengo esa inmensa mayoría de hispano americanos honrados que son mis compatriotas, que son de mi misma raza, y que tienen mis mismos derechos y prerogativas, y no puedo permitir que se les despoje de ellos.

"Además, por lo general, los hispano americanos que hablan el idioma inglés, ó la mayor parte de ellos, lo han aprendido en las tabernas y entre los tahúres, y en otros lugares que no son de un carácter recomendable. El elemento de la gente hispano americana que es sobrio, firme y que comanda el respeto, no frecuentan tales lugares y se ocupan de sus hogares y quehaceres, y el darles acceso á que sirvan como jurados sería un estímulo para que se instruyeran en el idioma inglés."

La oposición al proyecto fué grande, pero los razonamientos expuestos por el Senador Barela fueron tan poderosos, sus esfuerzos tan persistentes y sus razones tan convincentes que su proyecto pasó y la disposición del Juez Yeaman quedó sin efecto y el Juez en ridículo.

El Senador Barela por su actitud enérgica, por su dignidad y su talento en sus defensas, fué muy aplaudido y la prensa de ambos idiomas hizo grandes comentarios favorables.

EXPOSICIÓN EN DENVER, COLORADO.

Con motivo de una exposición que se iba á verificar en Denver, el Senador Casimiro Barela, quien formaba parte en su preparación, por sí y á nombre de los miembros de la Cámara del Comercio y el Cuerpo de Comisionados del Tráfico, invitó para que asistiera al Exmo. Señor General de División Porfirio Diaz, Presidente de la República Mexicana, quien le mandó la siguiente carta:

"México, Agosto 12, de 1884.

"Señor Don Casimiro Barela,
  "Trinidad, Estado de Colorado.

"Estimado señor:

"Con positiva pena me veo obligado á renunciar al verdadero placer que me causaría concurrir al interesante Certámen de Denver, al cual tiene Vd. la bondad de invitarme en su nombre y en el de los apreciables miembros de la Cámara de Comercio y el Cuerpo de los Comisionados de Tráfico. Me lo impide el cúmulo de atenciones que me rodean, y que exigen mi presencia en esta Capital.

"Doy á Vd. las más sinceras gracias por tan señalada muestra de consideración, que estimo en cuánto vale, y deseando á Vds. el mejor éxito en la Gran Fiesta del Progreso, quedo de Vd. afectísimo y seguro servidor,

    (Firmado)   "PORFIRIO DIAZ."

"LA ADRISTA INFANTERÍA DE BARELA."

EN EL MES de Agosto de 1884 se organizó una compañia militar en la ciudad de Trinidad y por algunos días los jóvenes estuvieron discutiendo el nombre que debía de llevar. Se celebró una reunión de los milicianos la noche del día 11 de Agosto y decidieron nombrarla "La Adrista Infantería de Barela," pero antes de esto suplicar al Senador Barela que le diera nombre.

Así fué que se pusieron en camino para la residencia del Teniente Wooton, precedidos por el Capitán Sturges, y el Senador Barela fué invitado para que inspeccionara la parada. El Teniente Wooton en un breve pero elocuente discurso informó al Senador Barela de la acción de la compañía, y concluyó diciéndole que era el unánime deseo de sus reclutas que él eligiera el nombre por el cual la compañía debiera ser conocida, diciéndole además que aquella milicia deseaba ser reconocida con el nombre de La Adrista Infantería de Barela.

El Senador Barela reconoció el cumplimiento que se le hacía y dijo que si el nombre se le dejaba á él escogerlo, no sería aquel que se había sugerido, pero que sugeriría uno satisfactorio á la compañía y á todos los que se interesaban por ella y que para ello requería algún tiempo. Los jovenes insistieron en que el nombre se debía de dar de una vez y como el Senador no pudiera hacerlo dejó á ellos que escogieran el nombre. Poniéndose la cuestión á voto se decidió unánimemente que se le llamara la Adrista Infantería de Barela. El Senador Barela les dió las gracias por el honor y les dijo que más tarde les daría una recepción y mejor les manifestaría su aprecio por el cumplimiento.

El News, de Trinidad, dijo:

"El News cree que los muchachos actuaron con verdadero tino. El Sr. Barela es uno de los hombres de más civismo y liberalidad en el estado. Es bien conocido en todas partes de

Colorado y es tenido en general estima. El nombre es muy conciso y lacónico y la compañía no se avergonzará de él, ni del caballero que lo lleva, no importa á donde vaya."

El Anunciador, periódico que en aquel tiempo se publicaba también en Trinidad, dijo:

"La compañía militar de Trinidad ha sido nombrada "La Adrista Infantería de Barela," en honor de su patrón el Hon. Casimiro Barela, quien ha asegurado hacerla igual á las mejores del estado, si está en su poder hacerlo así. No hay duda que el Señor Barela verá cumplidos sus deseos y premiada su liberalidad. Con este hecho él se ha granjeado el más acendrado aprecio de la milicia de Trinidad, y distinguiéndose así mismo sobre otros ricachones que hacen alarde de su liberalidad, pero que cuando se buscan no se hallan."

Después el Senador Barela donó á los reclutas la suma de quinientos pesos para que pagasen por sus uniformes que recibieron el 30 del mismo mes de Agosto.

Después de haberla uniformado y haberle prestado su apoyo obrando con toda liberalidad, asistió á una gran parada que tuvo lugar en Denver, distinguiéndose por su elegancia, por su armamento, por su aire verdaderamente marcial y por su disciplina. En esta parada el Senador Barela concurrió como Ayudante Auxiliar del General Jones.

Todos estos actos, todas estas distinciones, todos estos honores, hacen ver el aprecio y la alta estima en que se ha tenido al Senador Barela.

Se ha atraido la estimación y el cariño del pueblo, y el aprecio y distinción de los grandes hombres que han comprendido sus méritos y sus cualidades.

Mexicano de nacimiento y mexicano de corazón como lo tiene demostrado por sus actos, la raza americana lo respeta y lo quiere y busca su apoyo.

ASOCIACIÓN DE MUTUO ADELANTAMIENTO.

El domingo, 24 de Agosto, de 1884, fué tenida en Trinidad, Condado de Las Animas, Estado de Colorado, una junta pública, la cual se reunió en el Salon de García y Rodriguez. La junta fué llamada al orden y se nombraron los siguientes oficiales: Juan Gutierrez, presidente; Manuel Rodriguez, vice presidente; Tomás Gurulé y Francisco Rivera, secretarios.

Habiéndose explicado que el objeto de la misma era establecer y organizar una Asociación de Debates, se hizo una moción por el Sr. Jesús María García que la silla nombrara una comisión de cinco miembros á fin de redactar el Reglamento que debiera de regir la asociación proyectada. Para la dicha comisión se nombraron los Sres. Casimiro Barela, Jesús Ma. García, Tomás Gurulé, Severino Trujillo y Juan Pablo Romero. La dicha comisión reportó en debido tiempo el documento titulado: Constitución, Leyes Particulares y Reglas de Orden de la Asociación de Mutuo Adelantamiento del Condado de Las Animas, Estado de Colorado.

Después de muchos elocuentes discursos por el Senador Barela, el Hon. Rafael Romero, de Mora, N. M., Don Jesús María García, Don Seferino Trujillo, Don Juan Gutierrez é infinidad de otros, se prosiguió á poner en lista á aquellos que deseaban pertenecer á la dicha associación, alistándose todos los que estaban presentes.

Luego se prosiguió á nombrar los oficiales de la misma y el Hon. Casimiro Barela fué electo Presidente de la misma por aclamación.

CANDIDATO PARA AUDITOR DEL ESTADO DE COLORADO.

El pueblo que hubiera querido que todos los cargos estuvieran representados por el Senador Barela, lo postuló para Auditor de Estado en la Convención Democrática de Estado tenida en Denver el día 5 de Octubre, de 1886. El estado en aquel tiempo estaba republicano y el Senador Barela fué derrotado en su carrera para auditor, pero no sin haber demostrado una carrera legítima, habiendo sido la pluralidad de su oponente comparativamente pequeña en comparación de los otros candidatos de su partido, con excepción del gobernador.

EN EL SENADO.

ESTANDO aún en el senado en virtud de la elección de 1884 y siempre vigilante del bien de sus representados, amante de la instrucción y propagandista del progreso, introdujo un proyecto para que en los condados del Sur del Estado de Colorado, se impartiera la instrucción elemental en el idioma español por ser de esa habla la mayoría de los habitantes. El proyecto, no pudiendo desecharlo de plano, fué reservado para discusión.

Este mismo año de 1886 fué elegido para Juez del Condado de Las Animas.

En 1887 ingresó como miembro del Club Español, siguió como Juez del Condado de Las Animas, y, como Senador, continuó la defensa de su proyecto para que en los condados del Sur se impartiera en español la instrucción elemental.

Sus razones en defensa de este proyecto fueron: que siendo que los habitantes de la parte sur de Colorado eran casi todos de raza mexicana, y desconociendo el idioma inglés, podía dárseles la instrucción elemental en español, y así les sería fácil adquirirla en breve tiempo, estudiando á la vez el idioma inglés, lo que daría por resultado que cuando aprendieran el inglés, estarían ya instruidos elementalmente.

La fuerte lógica de este razonamiento salta á la vista con todo su poder.

Además el pueblo mexicano de Colorado no quería perder su idioma, sino antes bien, quería conservarlo y cultivarlo, porque el idioma castellano es para ellos una reliquia sagrada, un monumento admirable; es el idioma de sus antepasados, es el idioma de sus padres, por ese idioma se oyeron llamar hijos, y en él pronunciaron por vez primera el nombre de padre; ese idioma lo escuchan como el más suave trino, como el más dulce canto; en ese idioma recibieron la fé del cristianismo, y en ese idioma aprendieron á alabar á Dios.

¿Quién no estima como verdaderas y grandes las razones expuestas por el Senador Barela?

En todos sus actos se vé la claridad de su inteligencia, la grandeza de sus pensamientos y la sublimidad de su alma.

Ninguno de los que han conocido al Senador Barela íntimamente podrá negar estas humildes palabras del autor, porque no son hijas de la adulación; las dicta la verdad y son inspiraciones nacidas del trato mismo que íntimamente ha tenido con su biografiado, trato que lo ha hecho conocer sus méritos, comprenderlo y penetrar su noble y grande alma. Sí, comprenderlo tal como es y no como la adulación lo pinta. Como lo ha conocido el pueblo que lo ha honrado, lo honra y le honrará, porque su nombre es imperecedero.

NOMBRADO AYUDANTE DE CAMPO CON EL GRADO DE CORONEL.

Los merecimientos del Senador Barela iban en aumento cada día, cada día se le apreciaba y se le distinguía más, y como una recompensa y gracia de honor por sus servicios al estado, el Gobernador Adams lo nombró Ayudante de Campo, Auxiliar suyo, con el grado de Coronel.

Veamos la carta que se le escribió dándole aviso de su honroso nombramiento:

"Estado de Colorado,
   "Oficina del Ayudante General.
"Denver, Colorado, Abril 15, 1887.
"Hon. Casimiro Barela:
   "Trinidad, Colorado.
"Muy señor mío:

"Tengo el honor de informar á Vd. que ha sido nombrado Edecán, Auxiliar del Gobernador Adams, con el rango de Coronel, á contar del día 6 de Abril de 1887.

"Las leyes del Estado de Colorado requieren tenga Vd. uniforme en el término de sesenta días, desde la fecha designada.

"Sírvase ejecutar lo dispuesto y dar aviso á esta oficina, donde se le extenderá su despacho.

"De Vd. muy respetuosamente,
(Firmado) "GEORGE WEST."

EN LA CONVENCIÓN DE ST. LOUIS.

En 1888 habiendo sido otra vez nombrado para delegado á la convención de Estado para nombrar delegados á la Convención Nacional, otra vez fué honrado siendo elegido delegado á la Convención Nacional que tuvo lugar en Saint Louis, Missouri, en el mes de Junio, á cuya convención ocurrió.

La convención nombró como su candidato para Presidente de los Estados Unidos de América al Hon. Grover Cleveland, y para Vice Presidente al Hon. Allen G. Thurman. El delegado Barela fué elegido miembro de la comisión para notificar á los nominados, cuyas notificaciones se hicieron personalmente por los delegados que se comisionaron.

Al Hon. Grover Cleveland se le notificó el día 26 de Junio en Washington y al Hon. Allen G. Thurman el día 28 en Columbus, Ohio.

SU VIAJE Á MÉXICO.

En el mismo año de 1888 el Senador Barela, acompañado de su estimada esposa, la Sra. Damiana Rivera, hizo un viaje á la República Mexicana, donde visitó las principales ciudades y conoció personalmente al Presidente Porfirio Diaz, á su esposa Doña Cármen Rubio, y á otras personas de representación, en el mundo político, de las letras y de la bolsa.

No descuidó estudiar las costumbres de aquella nación, y pudo estimar en mucho su gran cultura, su riqueza, su rápido desarrollo y su efectiva civilización.

MEMORIAL EN FAVOR DE NUEVO MÉXICO.

EL DÍA 3 de Febrero de 1889, inspirado como siempre el Senador Barela en su patriotismo, y procurando el bien de sus compatriotas y el progreso de su país natal, introdujo en la Cámara del Senado de Colorado un proyecto para que se elevara al Congreso Nacional un Memorial favoreciendo la admisión del Territorio de Nuevo México como Estado.

Los señores senadores apoyaron la petición de su correligionario, sin réplica ninguna, porque no era solamente un acto de orgullo, sino que entrañaba un bien para el pueblo, y un bien para la Nación Americana. Al aceptar el proyecto propuesto por el Senador Barela, no se hizo más que un acto de justicia.

El Senador Barela en defensa de su resolución hizo un discurso el que fué ordenado que se imprimiera juntamente con las resoluciones que se pasaron en la legislatura de Nuevo México haciendo reconocer su gratitud por su loable acción.

Antes de presentarles el discurso y las resoluciones mencionadas es mi deber presentar á mis lectores el Memorial tal como fué introducido y aprobado por ambas camaras de la legislatura de Colorado.

"MEMORIAL EN CONJUNTO DEL SENADO
"Núm. 7.

"*Un Memorial en Conjunto del Senado y Cámara de Representantes del Estado de Colorado, al Presidente y Congreso de los Estados Unidos.*

"Al Presidente y Congreso de los Estados Unidos:

"Sus memorialistas, el Senado y Cámara de Representantes del Estado de Colorado, muy respetuosamente les sugieren que los ciudadanos del Estado de Colorado tienen un grande, patriótico y material interés en el bienestar del Territorio de Nuevo México.

"Aquel Territorio fué anexado á los Estados Unidos por el Tratado de Guadalupe Hidalgo en el año 1848.

"Fué organizado como territorio bajo las leyes de los Estados Unidos en el año de 1850. Según los términos del tratado por el cual fué cedido á este Gobierno, al pueblo de aquel territorio que renunciara de ser ciudadanos de la República Mexicana se le garantizó que serían incorporados á la unión de Estados y serían admitidos á la Unión al tiempo propio, al goce de todos los derechos de ciudadanos de los Estados Unidos, en conformidad con los principios de la Constitución Federal.

"Consta en la historia pública, que el pueblo de aquel territorio frecuentemente ha demandado y solicitado cumplimiento del Gobierno General de estas promesas, tan solemnemente hechas, creyendo que sus intereses estarían mejor resguardados, y el bienestar sería promovido por la admisión del Territorio á la Unión como Estado.

"Sus peticiones han estado ante el Congreso en diferentes ocasiones, y en 1874, la Cámara de Representantes de los Estados Unidos pasó un proyecto admitiendo el Territorio como Estado, cuyo proyecto fué subsecuentemente pasado por el Senado con una enmienda, cuya enmienda no fué considerada por la Cámara por falta de un voto de dos terceras partes (habiéndose necesitado seis votos) para suspender las reglas y considerar la enmienda.

"Este fué el mismo Congreso en que la Acta de Habilitación para la admisión de Colorado á la Unión como Estado fué pasada. Los proyectos para la admisión de Nuevo México y Colorado fueron preparados é introducidos al mismo tiempo; pasaron la Cámara de Representantes practicamente por el mismo voto, fueron al Senado y ambos pasaron el Senado, á cada uno de los proyectos haciéndoseles enmiendas, y sólo fué más afortunado Colorado que su hermano el Territorio de Nuevo México en que tuvo suceso en conseguir el voto necesario de dos terceras partes para suspender las reglas de la Cámara de Representantes para considerar la enmienda, mientras Nuevo México fracasó por unos cuantos votos en conseguir el mismo resultado.

"Estando, como está Colorado, inmediatamente al norte de Nuevo México, y mezclándose recíprocamente el pueblo de ambos, y estando íntimamente aliados en intereses y comercio, podemos asegurar que los ciudadanos de Nuevo México, desde la anexión del territorio á los Estados Unidos, han sido devotamente dedicados al Gobierno General y leales á sus principios é instituciones, sin exceptuar en tiempo de la guerra civil, durante toda la cual se sostuvieron firmes por la Unión, y en cuyo tiempo varios miles de los milicianos del territorio fueron mandados al frente y lucharon en el servicio de los Estados Unidos; y todo esto fué hecho sin pago ni compensación del Gobierno General, el pueblo del Territorio sometiéndose á tasación para levantar el dinero necesario para sufragar los costos del servicio.

"La populación del Territorio de Nuevo México al tiempo presente es más de 150,000 personas, excluyendo á los indios, que ni votan, ni tienen el derecho de votar bajo sus leyes. Aquel Territorio no está retrazado de los otros territorios de los Estados Unidos en cuanto á progreso; sino que en verdad está adelante de muchos de sus vecinos en muchos respectos.

"Está atravesado por lineas de telégrafo y de ferrocarriles en varias direcciones, dándole á todos sus puntos pronta y fácil comunicación con todos los puntos de los Estados Unidos. Allí hay más que 1,400 millas de ferrocarril dentro de sus límites, y debido á su construcción ha emigrado allí de diferentes estados en la Unión una gran, rica y empresaria imigración.

"El número de esta clase de sus ciudadanos aumentada á su populación desde el comienzo de la construcción de su sistema de ferrocarriles es igual al de la populación que había en el Territorio antes del advento de sus ferrocarriles. Los campos de oro y plata en Nuevo México son vastos y de inmenso valor, y con el capital y empresa que su independencia como estado induciría, pronto se desarrollarían á modo que no tuvieran segundo en la Unión.

"Su sistema de escuelas públicas está cimentado en principios extensos y liberales, con apropiaciones muy liberales para sufragar todos los gastos de la misma. El registro total de estudiantes en las escuelas públicas por el año de 1887 fué más que 13,000, y el promedio de su atendencia diaria á las escuelas durante el mismo periodo fué más que 11,000; y durante el año de 1888, hubo un aumento grande sobre los números del año anterior.

"El pueblo del Territorio en una reunión reciente en Santa Fé, se expresó enfáticamente en favor de la admisión de su territorio como Estado al momento más pronto y práctico.

"Esta convención fué compuesta de los hombres más principales y más prominentes del Territorio, de todos los partidos políticos.

"Simpatizando como estamos, con los más fervientes y patrióticos esfuerzos de los ciudadanos de Nuevo México en que su territorio sea admitido á la Unión como Estado, nosotros, al presentar este Memorial, damos expresión á nuestros propios, más fervientes y fraternales sentimientos en favor del mismo evento. Nosotros, por lo tanto, apelamos al Presidente y al Congreso por una favorable consideración de la apelación del pueblo de Nuevo

México, así como por una temprana acción en la misma; por la que quedamos suplicando.

"Aprobado Febrero 28, de 1889.

(Firmados)   "JOB A. COOPER,
"Gobernador.
"H. H. EDDY,
"Presidente de la Cámara.
"WM. G. SMITH,
"Presidente del Senado."

ESTADO PARA NUEVO MÉXICO.

Lo que sigue es el texto completo del discurso del Hon. Casimiro Barela, pronunciado en el Senado del Estado de Colorado, el Viérnes, 8 de Febrero de 1889.

"Sr. Presidente: Deseo expresar unas cuantas razones por lo que, en mi juicio, el memorial en conjunto por ambas cámaras de la legislatura de Colorado al Presidente y Congreso de los Estados Unidos, en favor de la admisión de Nuevo México á la Unión como estado soberano, debiera de adoptarse por este cuerpo.

"Cuando, en 1848, el Gobierno de México, á resultas de la guerra con los Estados Unidos, por el Tratado de Guadalupe Hidalgo, cedió los Territorios de Nuevo México y California á este Gobierno, los Estados Unidos solemnemente comprometieron su honra en que los mexicanos que estaban en el Territorio de Nuevo México y que no preservaran el carácter de ciudadanos de la República Mexicana deberían ser incorporados en la Unión de los Estados Unidos, y ser admitidos al tiempo propio al goce de todos sus derechos de ciudadanos de los Estados Unidos, en conformidad con los principios de la Constitución.

"No es más que natural que yo sienta la más profunda simpatía hacia los ciudadanos de aquel Territorio en su lucha para que se les cedan por el Congreso Americano los privilegios de ciudadanía. Yo nací dentro del Territorio de Nuevo México.

Mis padres fueron de los que, debido al compromiso de este gran gobierno, cesaron de preservar el carácter de ciudadanos de la República Mexicana al promulgarse este tratado, y quienes, juntamente con todos los otros que renunciaron el gobierno de su infancia y juventud, han esperado en vano hasta el presente momento la redención de la promesa tan solemnemente hecha, que los guió á tal hecho. Estoy satisfecho que los enemigos de la admisión de Nuevo México reclaman que su populación nativa, no está aún calificada para asumir los cargos, los deberes y las obligaciones de ciudadanía; declaran que la populación mexicana es ignorante y que puede facilmente ser manejada por talentosos pero desesperados aventureros americanos quienes han infestado el territorio, y quienes tratan de usar á la populación mexicana como instrumentos de sus tretas corruptas. Yo resiento la acusación con el más ferviente desdén. Yo podría, si tuviera tiempo, demostrar su fenomenal falsedad con hechos de la historia. Pero comoquiera que fuera el pueblo mexicano en 1848, ha avanzado desde entonces en educación, en independencia, en intelecto y en determinación, y en lealtad sincera á los principios del gobierno americano; y á pesar de todo en 1848, cuando los Estados Unidos deseaban la adquisición del vasto imperio rebosante de oro y plata, carbón y hierro, con todos los granos en los campos y las frutas en los huertos, este gobierno no prometió á los ciudadanos de aquel territorio, soberanía bajo la condición de que aumentaran en sabiduría y virtud, sino que según yo he leido el tratado, y como toda persona inteligente puede construirlo, con la condición solamente, que poseyese en número una populación que pudiera entitular á cualquier otra división territorial á ser admitida como estado. Que esto es cierto, lo prueban ampliamente, las expresiones del General Taylor, quien fué escogido Presidente de los Estados Unidos, á causa de su suceso en aquella guerra, en su mensaje anual al Congreso solamente un año después de la proclama de aquel tratado, porque declaró allí 'que el pueblo de Nuevo México también, se creía, que en período no muy distante, se presentaría para admisión'; y dos años antes del tratado, en 1846, el General Kearney, quien regía uno de los tres grandes ejércitos de esa guerra en una proclama al pueblo de Nuevo México, con el fin de atraerlos al lado de los Estados Unidos en la lucha, declaró: 'Es el deseo é intención de los Estados Unidos de proveer á Nuevo México un gobierno libre y soberano, con la menor dilación posible, semejante á aquel de los Estados Unidos, y el pueblo de Nuevo México entonces será llamado para que ejerza los derechos de libres ciudadanos en elegir sus propios representantes en la legislatura.' Confiando en tan sagradas promesas, tan temprano como 1850 el pueblo de Nuevo México buscó admisión á la Unión. En Junio de ese año adoptaron una constitución de Estado con una cláusula prohibiendo la esclavitud. Al adoptar una constitución contra la esclavitud, en aquellos años en que se denominaba que el 'poder de la esclavitud estaba en su ascendencia,' y pedir admisión sin una sola mancha de esclavitud en su escudo, el pueblo de Nuevo México inmediatamente al aceptar la ciudadanía de los Estados Unidos, demostró la independencia de su espíritu y las exaltadas ideas de los derechos humanos.

"PRIMERA APLICACIÓN PARA ADMISIÓN.

"En esta vez tomaron todos los pasos necesarios y esenciales para la operación de un Gobierno de Estado; eligieron un Gobernador, un delegado al congreso y legislatura y dos senadores de los Estados Unidos; pero su solicitud para admisión les fué negada, y no es más que razonable creer que su prohibición constitucional hacia la esclavitud fué la causa. Por doce años se conservaron en servitud territorial, creyendo que los Estados Unidos eran faltos á sus promesas; y á pesar de todo al iniciarse la guerra civil, y en el tiempo en que su populación se componía casi por completo de mexicanos nativos, estos con toda voluntad y alegremente se pusieron al soporte de la Unión y suplieron más tropas al Gobierno Federal que los territorios que entonces existían, incluyendo Nebraska, Nevada y Colorado. ¿Quién puede decir, al ver tal registro, que la populación mexicana de ese territorio no es capaz en alguna proporción para ejercer todos los derechos de soberanía y ciudadanía americana? ¿Quién puede decir que no son capaces para confiarles que hagan sus propias leyes, la elección de sus propios oficiales, la administración de sus propios negocios y hacer su parte en proteger el gobierno americano, en caso que su integridad sea acometida, interna ó externamente?

"Luego, en 1874, Nuevo México renovó sus esfuerzos para entrar á la Unión con los otros estados. Los incidentes son demasiado frescos en la memoria de la mayoría de los que estamos aquí para que sea necesario repetirlos; con todo el hecho de que en cada paso tomado en el Congreso Nacional para asegurar la admisión de Colorado, Nuevo México estuvo á su lado, los delegados Elkins y Chafee trabajaron juntos hombro á hombro, pasando ambos proyectos la cámara de representantes al mismo tiempo, y luego pasando el Senado ambos proyectos fueran mandados á la cámara para que las enmiendas puestas en ellos por el senado fueran aceptadas, el proyecto para la admisión de Colorado recibiendo apenas los votos necesarios de dos terceras partes del congreso, mientras que el proyecto para la admisión de Nuevo México fracasó por un número igualmente insignificante en unir á las dos divisiones territoriales y á su pueblo en historia, en simpatía y en interés, así es que nosotros los de Colorado debemos siempre simpatizar con el pueblo de Nuevo México en cualquiera esfuerzo que hagan para el mejoramiento de su condición.

"Que los nombres de aquellos en el congreso quienes en 1874 declararon por medio de sus votos que Nuevo México era capaz para ser un Estado de la Unión hagan enrojecer las mejillas de los que en 1889 se declaren á lo contrario. Hallo que el registro de sus amigos congresionales está iluminado con tales nombres como los del Presidente Garfield, el Senador Allison, el Senador Ingalls; el Hon. John A. Kasson, el distinguido republicano de Iowa, quien ha representado nuestro gobierno en Austria con distinguida habilidad; el Hon. Hannibal Hamlin, el gran Senador de Maine, quien fué candidato del partido republicano para la vice-presidencia cuando el gran y lamentado Lincoln fué elegido la primera vez; William R. Morrison y el Senador William P. Frye, y aquel intrépido soldado y amado estadista, John A. Logan. Con estos hombres á la vanguardia, tres cuartos de ambas cámaras en el congreso declararon en 1874 que Nuevo México estaba intitulado y capaz para admisión á la Unión. Si todo lo que se le ha aumentado en cuanto á riquezas y población desde entonces, con un desarrollo que no tiene precedente en sus metales y minerales—oro, plata, plomo, cobre, carbón y hierro—con una población en 1874 que no llegaba á 100,000, con su población ahora que pasa de 175,000; la mayoría de ellos anglo-sajones y nativos americanos; con escuelas é iglesias en todas las poblaciones; con las inclinaciones sectarias desarrolladas en todos lugares; con casi 2,000 millas de ferrocarriles construidos; con sus campos cultivados con todos los útiles mecánicos modernos, ¿quién puede tener la temeridad de creer que todavía no está intitulado, ó que no está adaptado para su lugar en la hermandad de estados?

"OPOSICIÓN INJUSTA.

"Señor, no puedo menos que sentirme indignado cuando pienso de la injusticia de hacerle más oposición á su más justa y equitativa demanda. La oposición es un simple pretexto. Esta no la anima el amor patrio, ó un deseo de buen gobierno; con algunos es simplemente capricho político; con otros, y creo que es la gran mayoría, se levanta de un deseo de continuar los perversos modos de los aventureros que han emigrado al Territorio, y quienes para enriquecerse despojando á los ciudadanos de terrenos y dinero, deben privarlos de que elijan sus propios oficiales y ejecuten sus propias leyes. La administración federal de los negocios en Nuevo México ha sido una serie de rapiña y raterías por los últimos doce años—los representantes de una administración manejando sus negocios ha sido su derroche por medio de cortes corruptas y corrompidas; con los representantes de otra administración no ha sido más que opresión, por medio de una política de limitada capacidad y nada liberal, basada en la suposición de que no hay un sólo hombre honesto dentro del territorio.

"Déjeme darle brevemente algunos datos incuestionables, tocando la área, la populación, los productos y el desarrollo de este gran Territorio. Contiene una área de más de 122,000 millas cuadradas—18,000 millas más que nuestro propio estado. Su populación es completamente 180,000, y en conección con esto hago la asombrosa, aunque sin embargo, veráz declaración, de que ningún otro estado durante el siglo de nuestra historia poseía al tiempo de su admisión á la Unión tan grande populación como este. Su populación es permanente. Los grandes números añadidos á esta durante los últimos cinco años ha sido del todo dedicada á la agricultura, y la maravillosa variedad en el producto del terreno, las frutas de los árboles y las viñas, con su trigo y avena, su maíz y cebada, asegura no solamente la continuación de su rápido crecimiento, sino que las adiciones á su populación han sido de la gente más agradable y digna en el terreno. Dudo si en otra área semejante dentro de los límites de los Estados Unidos puede demostrar tan grande variedad de recursos naturales como se pueden hallar dentro de los límites de Nuevo México. Con su desarrollo mineral, agrícolo y horticultural, con sus vastas venas de carbón, bituminoso y antrácito, con sus frutas de todas clases, inmensas en tamaño y dulces en sabor, con sus minas de oro y plata, produciendo de estas solamente casi $5,000,000 cada un año, ningún estado asegura un futuro más brillante y feliz á su populación que este. Yo no niego que el grado de iliteratos entre la populación nativa era grande cuando Nuevo México se hizo parte del territorio americano, pero esta ha cambiado rápidamente. Los reportes oficiales demuestran que el grado se redujo 20 por ciento en cinco años, y su presente Gobernador en una carta muy reciente al Presidente, le asegura que 'en ninguna otra comunidad se han inaugurado esfuerzos más persistentes y prósperos para la promoción de la educación pública que en Nuevo México durante los últimos cinco años.' En conformidad de la declaración de un hombre de incuestionable veracidad y según información más tarde publicada en el Tribune de Nueva York, tiene más que 150 escuelas públicas, y un por ciento más grande de sus tasaciones es apropiado para fines educacionales que en ningún otro estado ó territorio en la Unión; y esto es cierto, aunque tiene un fondo escolar limitado, á causa de que no puede añadir los ingresos de dos secciones de cada distrito de tierra en el territorio, ni, los ingresos de otras donaciones liberales de terrenos públicos hechas por el gobierno á los otros estados cuando han sido admitidos á la Unión. Por supuesto, que con su admisión á la Unión esto quedará remediado, porque los terrenos públicos que han hecho posible el gran sistema escolar de Colorado entonces será suyo, y de que hará buen uso de estos el presente y el pasado de su historia nos lo asegura.

"LOS ELEMENTOS NATIVOS.

"Cuando hablo del carácter de su populación, estoy inclinado, aunque me limito yo mismo, á resentir todos los insultos gratuitos que se le hacen por sus enemigos; por ejemplo, se ha declarado que cuatro quintas partes de su populación son indios Peon-Aztecas. La verdad es, según los últimos reportes verídicos, como 10,000 son indios de pueblo, mientras que como 100,000 son nativos mexicanos, y 70,000 son americanos, los más de los cuales se han establecido en el territorio dentro de los últimos diez años. Los indios de Pueblo no votan. Mientras que el volúmen de mexicanos nativos no sean tan prósperos, agresivos y empresarios como sus hermanos anglo-sajones, son conservativos y concienzudos, y darán á Nuevo México la ventaja especial que los ciudadanos conservativos dan á una populación agresiva y empresaria, á un país occidental para una municipalidad que se gobierne de por sí. Este mismo conservatismo, asegurado por su populación nativa mexicana, asegurará para Nuevo México, cuando sea un estado en la Unión, de los desastrosos reveses financieros que tan á menudo atacan á las municipalidades occidentales en sus primeros pasos de gobierno propio. Este se pondrá como un escudo contra la tasación excesiva y la deuda; sus varias comunidades no serán cargadas con bonos con grandes intereses, y las muchas otras tretas para poner deudas sobre comunidades pobres y luchadoras en nombre y bajo pretexto de mejoras públicas.

"Sr. Presidente, no puedo tomar más tiempo del Senado para exponer más los reclamos de Nuevo México sobre el gobierno general y las simpatías del pueblo de este estado. Hay todos los estímulos para que Colorado desee la admisión de Nuevo México á la Unión. Enlazados juntos como Colorado y Nuevo México están en la historia, en recursos, en populación y desarrollo, lo que engrandece los beneficios del uno debe dar iguales ventajas y beneficios al otro. El pueblo de Nuevo México es agradecido y sabe apreciar. Si se les hacía realizar que el pueblo de Colorado por medio de sus cuerpos representativos, les había sido útil en darles su lugar que desean en la Unión, de gratitud é interés serían inducidos á ensanchar el volúmen del trato de Colorado, haciéndose consumidores de los muchos necesarios y lujurias que se producen dentro de nuestros límites. Con lineas ferreas que se extienden desde esta magnificente capital del Estado Centenial á muchas secciones de Nuevo México, dondequiera que se pueden alcanzar por la populación de Nuevo México, serán utilizadas para el mutuo cambio de amenidades y la transportación de nuestros productos. Nos haremos como miembros de la misma familia, y mientras que Nuevo México poseerá su propia independencia de estado, mirará á Colorado como una jóven y confiada hermanita admira y respeta á un fuerte, magnánimo y protector hermano. Démos al pueblo de Nuevo México esta muestra de nuestra amistad y buena voluntad, y el resultado será estrechar los dos pueblos en más estrechos lazos de amistad y comercio."

Habiéndose tomado el voto se decidió unánimemente la adopción del memorial que ya conocen mis lectores. La prensa se ocupó del suceso y la Asamblea legislativa de Nuevo México adoptó resoluciones en justo tributo como la manifiesta la siguiente correspondencia del Col. J. Francisco Chavez, Presidente del Consejo, la que se explica de por sí:

"*28th Legislative Assembly,*
"*Territory of New Mexico.*
                    "Santa Fé, Febrero de 1889.
"Hon. Casimiro Barela,
    "Senado del Estado de Colorado,
        "Denver, Colorado.
"Honorable señor y estimado amigo:

"Con esta misma fecha le despacho á Vd. las Resoluciones de ambas Cámaras de este Territorio, las que fueron pasadas unánimemente por la Asamblea en el mismo día en el cual fueron introducidas, como tributo justo, aunque muy leve, debídole á Vd. por el Memorial dirigido al Congreso de los Estados Unidos, del cual Vd. fué el digno autor, en la Legislatura del grande y glorioso Estado Centenial de Colorado, y de cuyo cuerpo Vd. es uno, entre muchos, de sus más distinguidos y honrados miembros.

"Las resoluciones están ahora engrosándose y al momento que esto sea concluido, será muchísimo mayor mi placer cumplir con mi deber oficial, despachándole á Vd. una copia, propiamente autenticada, como una muestra muy pequeña y leve del aprecio, afecto, cariño y gratitud que el pueblo le tiene á Vd. en vista de las memorias tan afectuosas y tiernas que se encierran en su pecho, cuanto á aquel pueblo cuya historia tan grandiosa, romántica y honorable en lo pasado y de cuyo pueblo Vd. perpetua en persona las grandes virtudes de valor, honradez, patriotismo y empresa.

"Deseándole á Vd. todo suceso en su honorable carrera y prosperidad sin límites, soy
        "Su obediente y humilde servidor y amigo,

(Firmado)   "J. FRANCISCO CHAVEZ,
                        "Presidente del Consejo."

"RESOLUCIONES Á LA LEGISLATURA DE COLORADO.

"Santa Fé, Nuevo México, 13 de Febrero de 1889.—Una resolución en conjunto introducida por el Col. J. Francisco Chavez, Presidente del Consejo, pasó ambas cámaras de la Asamblea Legislativa, en respuesta al memorial de la Legislatura de Colorado advocando la admisión de Nuevo México como estado soberano:

"*Por cuanto*, Más de cuarenta años pasados los Estados Unidos adquirieron de la República de México un vasto dominio ahora incluido dentro de los Estados de Colorado, California y Nevada y los Territorios de Nuevo México, Arizona y Utah, y por las condiciones del tratado de cesión comprometieron la fé Nacional en acordar á los ciudadanos de México que, renunciando su alianza á su anterior gobierno, determinaran quedarse en el terreno cedido, todos los derechos y privilegios de ciudadanos de los Estados Unidos; y,

Por cuanto, Nuevo México al tiempo de dicha cesión era la parte más populosa y desarrollada del terreno cedido, y que por un período de 25 años ó más había estado bajo un gobierno constitucional modelado de la Constitución de los Estados Unidos, y sus habitantes se habían adherido á los principios republicanos y eran celosos en defenderlos, y,

"*Por cuanto*, El presente Territorio de Nuevo México contiene tan grande proporción de ciudadanos nacidos y criados bajo el pabellón americano como ningún otro Territorio ó estado del norte en la Unión; y,

"*Por cuanto*, En devoción á la libertad constitucional y fidelidad sacrificada á las obligaciones de la ciudadanía americana impuesta en ellos por el dicho tratado su pueblo durante la última guerra civil se sostuvo como un baluarte contra los atentados de las fuerzas armadas hostiles á la Unión americana, y heróicamente derramó su sangre y liberalmente cedió sus tesoros para sostener la bandera americana, en esta veneración sacrificando más hombres y más dinero que todos los otros territorios juntos que entonces existían; y,

"*Por cuanto,* Antes y después de la guerra civil, así como durante su progreso, sus ciudadanos, que se quedaron con sus recursos, compitieron victoriosamente con las partidas de indios bárbaros que acometieron y desolaron sus hogares, y los cuales el gobierno general no parecía poder subyugar; y,

"*Por cuanto,* No obstante la expresada determinación de una gran mayoría del Congreso de los Estados Unidos manifestado en varias ocasiones y especialmente en el año 1876, de enforzar el espíritu de dicho tratado y para demostrar grato aprecio de los patrióticos esfuerzos de Nuevo México en la causa de libertad y civilización, admitiéndole como estado á la Unión, pero últimamente diversa gente ignorante y mal dispuesta se han esforzado por vituperación y falsedad causar deshonra sobre nuestra gente, y por lo tanto inducir al Congreso de los Estados Unidos que vea con repugnancia el proyecto pendiente para la admisión de Nuevo México á la Unión; y,

"*Por cuanto,* Nuestro vecino, el Estado de Colorado, una gran parte de cuyo territorio fué tomado de Nuevo México y adquirido en el mismo tratado, ha, por medio de resolución de ambas cámaras de su legislatura, noblemente presentádose á la ayuda de Nuevo México en vindicarle de las calumnias de sus enemigos y en urgir con argumento convincente y persuación elocuente sus reclamos á la soberanía de estados, Por lo tanto,

"*Resuélvase* por la Asamblea Legislativa del Territorio de Nuevo México. Que este cuerpo en nombre del mismo y de sus constituyentes, tienden al Senado y Cámara de Representantes del Estado de Colorado, en unión é individualmente, y al pueblo de ese estado tan bien representado, la más profunda y sincera gratitud por su ferviente, enfático, capaz é impresivo memorial recientemente pasado por la Legislatura de Colorado en favor de la admisión de Nuevo México á la Unión.

"*Resuélvase,* Que por el juicio de esta Asamblea el Estado de Colorado de por sí presenta á la cándida mente la prueba más convincente de la propiedad de inmediatamente elevar á Nuevo México á la dignidad de Estado. Los grandes recursos naturales de Nuevo México son los mismos en clase y grado que los que el Estado Centenial desde su admisión ha desarrollado hasta que se ha hecho la maravilla del mundo, el término favorito de la imigración inteligente y empresaria de otros estados, y el más fuerte atráctivo del capital que busca inversión. El pueblo nativo de Nuevo México que primero se incorporó en el Territorio y luego en el Estado de Colorado, y sus descendientes, han probado por su co-operación enérgica é inteligente con los ciudadanos procedidos de otros estados, que el desarrollo y protección de las instituciones americanas é intereses americanos jamás podrán sufrir en sus manos, y que son en hecho y en ley verdaderos ciudadanos americanos. El Hon. Casimiro Barela, uno de los ciudadanos de habla española, quien, en cumplimiento de la fé Nacional ha obtenido, y poseido el derecho y dignidad de ciudadanía americana por virtud de ese tratado, ilustra en su propia carrera como ciudadano privado y como legislador del Estado de Colorado, y en el respeto que cobra de sus conciudadanos, y en la habilidad y fervor con que ha discutido y promovido la reciente resolución por la Legislatura de su estado en nuestro favor, la verdad tan bien conocida aquí como en Colorado, que los intereses públicos pueden con toda confianza ser confiados á nuestro pueblo de habla española, y que las oportunidades cedidas á un estado pero negadas á un territorio, son todo lo que se necesita para estimular en más beneficente actividad las energías y fuerzas desarrolladoras que en su mayoría están ocultas por la condición de tutela y dependencia incidente á un territorio.

"*Resuélvase*, Que una copia de estas resoluciones sea debidamente transmitida al Senado así como á la Cámara de Representantes del Estado de Colorado, y también al Hon. Casimiro Barela."

COMENTARIOS DE LA PRENSA.

Con motivo de tan heróico esfuerzo de parte del Senador Casimiro Barela por hacer cuanto en su poder estaba para apoyar los justos reclamos de los ciudadanos del suelo que lo vió nacer, donde por primera vez vió la luz del día; siendo aquella la misma tierra que viera nacer á sus padres y que amante les cobijara, muy justo y natural era que abrigara una tierna simpatía hacia aquel territorio y hacia sus ciudadanos y que se adunara á sus esfuerzos para que se les concediera lo que justamente reclamaban, la prensa, tanto de este estado como del Territorio se ocupó en dar favorables comentarios sobre sus esfuerzos y su éxito, reproduciendo detalladamente tanto el memorial como el discurso pronunciado por el Senador Barela.

Sería prolijo dar en detalle los comentarios de la prensa y solo me contentaré con hacer mención de "The Daily New Mexican," diario de Santa Fé y "La Voz del Pueblo," semanario publicado en Santa Fé por Salazar y Montoya.

"The Daily New Mexican," dijo con fecha 4 de Febrero, 1889:

"El Senador Barela ha introducido en el Senado del Estado de Colorado un memorial en conjunto, el que muy enérgicamente llama la atención del Congreso Nacional á los reclamos de Nuevo México para admisión como estado.

"El memorial recita cómo por un infausto accidente, el hermano territorio de Colorado no alcanzó el voto requerido en la Cámara de Representantes cuando aquel fué admitido; presenta sus reclamos en materia de populación y minerales y declara la simpatía de aquel estado hacia el aspirante por la misma posición en la hermandad de estados."

En seguida publica el memorial integro así como el discurso del Senador Barela. Al final da al Senador Barela las gracias en nombre del pueblo de Nuevo México.

"La Voz del Pueblo," de Santa Fé, en su entrega del 9 de Febrero, 1889, bajo el rubro de "El Honorable Casimiro Barela," dice lo siguiente:

"Hemos visto por los últimos telegramas recibidos de Denver, Colorado, que el Senador y noble patriota Don Casimiro Barela, de Trinidad, Colorado, ha introducido ante aquel cuerpo un solícito y fuerte memorial en pro de las demandas de nuestro Territorio para ser admitido como estado.

"No podía haberse esperado de otra manera de un amigo tan fiel á sus hermanos del Nuevo Méjico, el Hon. Casimiro Barela es uno de aquellos carácteres raros y nobles que tan escasos son en estos tiempos del egoismo y de la ambición. Reconociendo él nuestros justos reclamos y viendo la gran oposición que tenemos que sobrepujar aún con muchos de nuestros propios ciudadanos, magnánimamente dirige su irresistible elocuencia pidiendo para nosotros y recomendando en nombre de la honorable Legislatura de nuestro vecino estado el que seamos admitidos á la unión de estados.

"El pueblo de Nuevo México jamás olvidará á tan generoso amigo y siempre abrigará un sentimiento de gratitud hacia aquel que desea y se esfuerza en conseguir para nosotros lo que justamente nos pertenece."

OPINIONES PERSONALES DEL SENADOR BARELA.

EL SENADOR BARELA, conversando con el autor de esta obra sobre el asunto de Nuevo México, ha expresado sus opiniones, más ó ménos, en la siguiente forma:

"No deseo," dijo el Senador Barela, "externar mi opinión acerca de la justicia ó injusticia que hubiera para la guerra entre México y los Estados Unidos. Dejo eso como cosa pasada, en autoridad de cosa juzgada, y me ocuparé del Territorio de Nuevo México desde el momento en que, por el tratado de Guadalupe Hidalgo, dejó de pertenecer á la República Mexicana y fué anexado á los Estados Unidos de América.

"El gobierno de los Estados Unidos Mexicanos en la imposibilidad de dar otra solución á la guerra, debido á las circunstancias por que atravezaba, se vió precisado á ceder parte de su territorio, en el cual quedó incluido Nuevo México. Mas al hacer tal cesión, pensó en sus propios hijos, que en su propia tierra, en su propio país, iban á quedar como extranjeros y entregados á manos mercenarias, y así es que no queriendo entregar el territorio, ni á sus habitantes, como conquistados, ni en calidad de esclavos, sino como gente que tenía y merecía derechos civiles, se ocupó de ellos en los artículos VIII. y IX. del Tratado, consertándose en el primero la plena libertad de radicación y traslación, y de conservación y enajenación de sus bienes, y de conservar ó dejar en el término de un año la nacionalidad mexicana, y en este segundo caso, serían incorporados lo más proximamente posible á los Estados Unidos con el goce de la plenitud de derechos políticos, y mientras tanto, existiría para dichos habitantes la vigencia de sus derechos civiles según las leyes mexicanas, asegurándoseles también el libre ejercicio de su religión, sin restricción alguna. En el artículo X. del mismo tratado de Guadalupe Hidalgo, quedó declarada la validez de las concesiones de terrenos que en tiempo hábil hubiera hecho el gobierno mexicano.

"México aseguraba con esto, las personas, las creencias, las propiedades y los derechos civiles de aquellos mismos que voluntariamente le abandonarían.

"Pues bien, otros territorios han sido incorporados ya á la Unión Americana sin que hayan tenido los elementos que tiene Nuevo México; ni en número de habitantes, ni en instrucción, ni en comercio, ni en agricultura, ni en ganadería, ni en minería, ni en industrias, ni en las naturales riquezas de su suelo. Luego, si Nuevo México es superior en todos sentidos á otros territorios cuando se les ha admitido, incuestionable es su derecho para pedir y exigir por medio de la razón y de la justicia, que se le admita como Estado, cumpliéndose así con la obligación contraida bajo su honor por los Estados Unidos de América.

"Por lo que respecta á sus derechos civiles conforme á las leyes mexicanas para los habitantes de Nuevo México, mientras no sean incorporados como estado, ni los Estados Unidos han hecho mérito respecto de eso, ni los habitantes de Nuevo México lo han pedido, y no parece sino que los últimos no se han fijado en ese privilegio, mientras que los primeros han procurado su olvido por propia conveniencia.

"Por lo que hace al respeto de las concesiones de terrenos, hechas por México en tiempo hábil, practicando un exámen, aunque no sea municioso, aparecerá perfectamente claro que no se ha procurado ordenar los títulos de esas concesiones, y que á muchos de los dueños de ellas, se les ha despojado por medio de ardides malvados y á algunos hasta por la fuerza.

"Los habitantes nativos del Territorio de Nuevo México," dijo el Senador Barela, "tienen sagrados derechos y sagrados privilegios que adquirieron por el Tratado de Guadalupe Hidalgo, cuyos derechos se les han negado, y se les niegan, procediéndose hasta con ingratitud con ellos, desde el momento en que no se les toman en cuenta ni siquiera los grandísimos servicios que los Neo Mexicanos han prestado á los Estados Unidos en tiempo de guerra, siendo que ellos han contribuido con un poderoso contingente de hombres leales, intrépidos y aguerridos.

"Yo veo dos cosas por las cuales se retarda Nuevo México en ser admitido como estado, y son: la primera, que hay algunos que bajo el pretexto de ser políticos están medrando en el territorio, lo cual no harán cuando se admita como estado; y segunda, algo así como odio de raza.

"Los Neo Mexicanos tienen sobrada razón en lo que piden, sus derechos están plenamente garantizados por el Tratado de Guadalupe Hidalgo, que viene á ser para ellos el testamento de su madre que les dejó amparados sus derechos de gente, sus propiedades, sus garantías y su libertad; y ese testamento tiene toda la fuerza y validez necesaria, desde que se le canjeó entre las dos naciones contratantes."

Si como piensa el Senador Barela, y si como él es enérgico, y si como él defiende sus ideas, son y piensan los neo mexicanos, es inconcuso que el Territorio de Nuevo Mxico, al llegar á ser Estado, sería una de las entidades de los Estados Unidos de mayor importancia.

Antes de concluir con esta parte de mi narración me es preciso presentar á mis lectores una correspondencia que mi biografiado recibió en aquel tiempo del Hon. Antonio Joseph que actuaba como delegado del Territorio de Nuevo México en Washington.

CORRESPONDENCIA DEL HON. ANTONIO JOSEPH.

"*Cámara de Representantes, E. U. A.*,
"Washington, D. C.
"Febrero 16, de 1889.
"Hon. Casimiro Barela,
"Denver, Colo.
"Muy señor mío:

"Una copia del muy enérgico y capáz discurso pronunciado por Vd. ante el senado del Estado de Colorado, con respecto al Memorial para la admisión de Nuevo México como estado, ha llegado á mi poder; por cuyos bondadosos esfuerzos deseo extenderle las más sinceras gracias en nombre del pueblo de Nuevo México, á quien tengo la honra de representar en el Congreso.

"Los republicanos en el senado están en contra de la admisión de Nuevo México, pero estoy moviendo cielos y tierra para pasar dicho Acta de Habilitación antes de la proroga final del Congreso.

"Con mis más sinceros recuerdos, quedo de Vd.,

"Muy respetuosamente,
(Firmado) "A. Joseph."

EL NUEVO CONDADO DE BACA.

En el mismo año de 1889 se introdujo un proyecto por el Senador Barela, formando el Condado de Baca, en honra y memoria de Don Felipe Baca, uno de los primeros pobladores en estas partes del país, el cual fué aprobado por la asamblea, quedando inmortalizado el nombre de la familia Baca.

En seguida presento á mis caros lectores una correspondencia que se refiere á este hecho:

"Trinidad, Colo., Marzo 21, de 1889.
"Hon. Casimiro Barela,
"Denver, Colo.
"Caro señor:

"Desde que ví los anuncios sobre un acta relativa al establecimiento de los Condados Tioga y Baca, he sentido en mi pecho aplaudir el propósito que ha tomado en honrar el nombre de nuestra familia.

"Por esta circunstancia admito que tal es el obsequio de su memoria para con nosotros que exige mi gratitud.

"El aprecio que una nación debe á los talentos, se ha de graduar en la suma del bien que se recibe; cuya consideración refiero á los justos acreedores de nuestra nacionalidad, que brilla en el santuario del patriotismo.

"Vd. ha invocado memorias para honrar el nombre de los primeros moradores, que animaron el progreso de estas regiones antes no conocidas, cuyo celo y heroismo facilitaba á no conocer desvío en su camino, ni causa en su detrimento, cuyas dificultades entonces eran al tamaño de los intentos.

"Mi amado padre y otros señores que no ignoramos, fueron los que abrieron el camino para los demás.

"En sus tiempos, presentando un explote heróico que yo bien creo se fundaron con feliz acierto sobre alguna razón aparente, llevando á cabo las concepciones purísimas de las inteligencias privilegiadas.

"Por esta razón es que mi espíritu cobra nuevo aliento para aplaudir á los ilustres héroes que han coronado á nuestras sesiones; el último recuerdo de este presagio me ayuda á fabricar con mayor fortaleza una profunda idea de la ingenuidad de nuestros héroes en tan ilustre empresa y acreditando el aprecio y la recomendación del verdadero mérito á la virtud de nuestros amigos.

"Un recuerdo al honorable cuerpo del senado de este estado; se han dignado acercar á los mayores talentos de esta época, como se vé manifestado por los ardientes discursos y conyuntas resoluciones, por lo cual han procurado levantar al Territorio de nuestra nación, al puesto más ilustre que puede enajenar, lo cual las numerosas calificaciones que el susodicho territorio hoy posea, con igual medida es digno del mérito de su objeto y también es el infinito deseo que existe en el pecho de la 'Nación Iberia' en general. Este fué un paso dotado de un entendimiento exacto y profundo, y de una imaginación fecunda y brillante.

"Con esto concluyo, con la más distinguida consideración.

"Su Servidor,
(Firmado)   "Luis Baca."

FERROCARRIL COLORADO Y PACIFICO.

El 19 de Febrero, de 1889, según consta en los registros del Secretario del Estado de Colorado, se registraron los Articulos de Incorporación de un Ferrocarril denominado "The Colorado & Pacific."

Los incorporadores según los dichos registros fueron el Hon. Casimiro Barela y E. D. Wright, de Trinidad, Colorado, y Charles J. Hughes, Jr., George M. Dunn y George E. Ross-Lewin, de Denver.

La prensa de todo el estado se ocupó de esta transacción y se infería que sería una parte del ferrocarril Rock Island.

CAMINO CARRETERO PARA STONEWALL.

En este mismo tiempo el Senador Barela introdujo un proyecto en la legislatura apropiando la suma de $20,000 para la construcción de un camino real de la ciudad de Trinidad á Stonewall.

Manifestó que había gran necesidad de que se estableciera dicho camino por la razón que el tráfico que había entre los dos lugares era mucho y cada día estaba aumentando más, y que como este atravesara por lugares montañosos el condado de por sí no podía sufragar los gastos para la construcción.

El pueblo del condado de Las Animas conociendo la justicia de tal camino hizo peticiones recomendando á la legislatura que se pasara tal proyecto, y hasta hoy los residentes de aquellos lugares y de todo el Rio de Las Animas no olvidan á quien deben que se explotaran los productos de aquel lugar habiendo llegado á ser hasta el resorte favorito para los turistas que visitan estas partes del estado.

SE URGIÓ EL ESTABLECIMIENTO DE UNA CORTE DE TERRENOS POR EL CONGRESO NACIONAL.

EN LA SESIÓN legislativa de 1891, el Senador Casimiro Barela presentó un memorial á ambas cámaras pidiendo al Congreso Nacional el establecimiento de una Corte de Terrenos para el arreglo de los negocios de terrenos relativos á las concesiones que hizo el Gobierno Mexicano cuando tenía el dominio de estos territorios.

En apoyo para que se pasara este memorial para establecerse la corte para reclamos de terrenos privados, el Senador Barela hizo el siguiente discurso ante el senado de Colorado.

"Sr. Presidente:

"Estoy al tanto de que muchas de las resoluciones y memoriales de ambas cámaras, introducidas y pasadas por Cuerpos Legislativos, dirigidos á nuestros representantes en el Congreso Nacional, son simplemente materia de forma, dimanadas de ciertos manantiales para el fomento de alguna industria especial, etc., y deseo llamar la atención al hecho de que el memorial que hoy presento sobrepuja y se eleva sobre cualquier otro de interés local ó personal.

En cierto modo es una cuestión nacional.

"Llamo la atención de nuestros legisladores nacionales acerca de una necesidad urgente y sensible del pueblo en diferentes partes de nuestro país, así como á la negligencia de nuestro gobierno en suministrar el alivio que se reclama y que se debe proporcionar bajo el tratado con México en 1848.

"Como especifico en el memorial que presento, hay millones de acres de tierra dentro de los confines de Colorado y Nuevo México que fueron cedidos al Gobierno de los Estados Unidos bajo el tratado de Guadalupe Hidalgo y el Congreso se comprometió á confirmar todas esas mercedes, como es de verse en los convenios y pactos habidos en aquel tiempo. Esta promesa no se ha verificado, si no es en casos muy excepcionales, y aún entonces en una manera muy inoportuna Estas mercedes comprendían al momento del tratado, dentro de los límites de Colorado y Nuevo México, el número de 1350, y hasta la presente, como lo demuestran los registros oficiales, sólo se ha determinado la legalidad de 130, y esto en el transcurso de cuarenta y dos años.

"Los terrenos varían en carácter, comprendiéndose mineros, agrícolas, de madera y de pasteos, y todos son más ó menos apetecibles á los pobladores; siendo el hecho que estas concesiones cubrían generalmente los mejores terrenos del país, y ahora, con el apresuramiento de cautivar el dominio público, se poblarían, si la cuestión de títulos á los mismos se arreglara.

"Los actuales ocupantes de estas tierras no hallan que hacer. Están inermes, no tienen estímulo alguno ni para mejorar, ni para extender sus posesiones.

"Hablo de las mercedes de Nuevo México enlazadas con las de Colorado, pues son de la misma forma y se encuentran en idénticas condiciones, por lo que respecta á lo que propongo en mi memorial. Sé que el pueblo de Nuevo México está muy ansioso porque el Congreso resuelva lo más pronto sobre este asunto; sé que está á la expectación y sé que abriga la esperanza de la ayuda de la legislatura de Colorado en el asunto.

"Nosotros tenemos una delegación completa en el Congreso mientras que ellos tienen que representar todos sus asuntos por medio de un representante.

"Las agrimensuras y otros documentos oficiales, demuestran que estos terrenos son de valor, y esta impresión existe en el ánimo del público, y el acto de no legalizar estos títulos se considera ya como una injusticia tan clara, que en el mensaje del Señor Presidente hallamos que dice:

" 'Los Estados Unidos deben una obligación á México, de confirmar á sus ciudadanos aquellas mercedes válidas que fueran protegidas por el tratado, y la dilación en cumplir este deber, dá justamente motivos de reproche. La comunidad entera donde existen estos grandes reclamos, está interesada en el pronto y final arreglo de ellos.

"'Ningún estorbo más grande puede pesar sobre las energías de un pueblo, ó el desarrollo de un nuevo país, que el que dimana del desarreglo de los títulos de sus terrenos. La necesidad de legalización es tan exigente y urge tanto, que me permito abrigar la esperanza de que en la próxima sesión del Congreso se ponga el remedio correspondiente.'

"En esta parte de su mensaje, el Presidente confiesa claramente que se debe el cumplimiento de un deber y que se tiene la imprescindible obligación de confirmar á los ciudadanos aquellos títulos válidos conforme al tratado á que me he referido. Habla además del hecho de que nada retarda más el adelanto de un pueblo, y dificulta su progreso, como los títulos dudosos é inciertos de sus propiedades. Esto lo sabemos y es una verdad reconocida dondequiera.

"Si vemos los campos mineros encontramos muchas propiedades abandonadas y sin explotarse, por causa de sus títulos cuya legalidad es incierta, y si estuvieran esos títulos arreglados, estarían dando sus tesoros al mundo.

"La parte interesante del tratado de los Estados Unidos con la República de México, con respecto á las mercedes, es el Artículo X., sobre el cual llamo especialmente la atención de vosotros.

"Por ese artículo se vé que es una obligación por parte de los Estados Unidos arreglar los títulos de esas mercedes, y que es necesario que esto se haga á la mayor brevedad.

"Ustedes verán, pues, que mi memorial no es un proyecto para que se decrete ninguna ley, se reduce á recordar á los Estados Unidos el cumplimiento de un deber, que es en bien del país y en bien de los ciudadanos, y al recordarlo, pido que se cumpla cuanto antes, porque al retardar el cumplimiento de ese deber, se traerían, indefectiblemente, grandes perjuicios y grandes rémoras para el desarrollo de las riquezas y del progreso.

"Creo, por todo lo expuesto, que con el establecimiento de una Corte que tuviera por exclusivo objeto ocuparse de esos asuntos de terrenos mercedarios, pronto se remediaría el mal que ahora existe y los Estados Unidos tendrían la satisfacción de proteger y aliviar á sus ciudadanos, y la más grande, la de cumplir una obligación contraida solemnemente.

"Esta es una necesidad que los pobladores de estos terrenos ansian quitarse.

"Mi memorial no propone nada nuevo. Se concreta simplemente á llamar la atención á una necesidad urgente y á pedir que se proceda imperiosamente á cortar un mal que es de fatales consecuencias.

"El lenguaje del memorial está en armonía con las frases del mensaje del Presidente.

"Pido que las obligaciones del tratado se efectúen y que á los pobladores honestos de estos terrenos se les proporcione la legalización de sus títulos á fin de que no se les despoje, y se les obligue, aún por la fuerza muchas veces á desocuparlos como muchas ocasiones se ha verificado.

"Además llamaré la atención acerca de que la Legislatura de Nuevo México, creyendo de mucha trascendencia el asunto de que me ocupo, ha autorizado al Gobernador de Nuevo México para que nombre una comisión de seis personas para que pasen á Washington á gestionar el pasaje del acta de la Cámara, Núm. 9798, relativo á la autorización de todos los reclamos privados de terrenos en Utah, Nuevo México, Colorado, Nevada, Wyoming y California.

"Este asunto se está considerando por el Congreso y ha progresado á tal grado, que la Cámara ha pasado una ley acerca de que es nuestro deber insistir de todas maneras, y yo no hallo un modo más eficaz y directo para efectuarlo, que el que esta asamblea general pase un memorial en ambas cámaras."

La lectura de lo que acabo de transcribir manifiesta sin lugar á duda los deseos constantes del Senador Barela en beneficio del público. No se vé ninguna mira particular, todo se dirige á afianzar los derechos de sus conciudadanos, el bien, la honra y el desarrollo de su país.

Hombres que tengan la vista puesta constantemente en el bien público, hombres que no quitan su imaginación de buscar las soluciones de los problemas sociales y que con asiduidad y empeño traten de ensanchar el camino del progreso, buscando á la vez el alivio de sus semejantes, se ven muy pocos, son muy raros; pero uno de esos hombres lo tenemos en el Senador Barela.

Para demostrar la justicia del Senador Barela en esforzarse por la solución de estos títulos y las injusticias que se hacían con los dueños de ellas, daré á conocer los datos de una de estas transacciones de que yo he sido sabedor.

En los límites del Estado de Colorado existe una porción de terreno rico en varias materias, y era conocido con el nombre de "La Merced de Nolán."

Uno de los hijos de Nolán, el fundador de esa merced, había vendido una propiedad en años anteriores á Don José María Barela, padre del Senador Casimiro Barela, para irse del territorio, y le otorgó un documento por lo que le hacía cesión plena de todo lo que tenía y pudiera tener en lo sucesivo, por herencia ó de cualquiera otra manera.

El vendedor Nolán, lo mismo que el comprador Don José María Barela, ignoraban los derechos que existieran en la Merced de Nolán. El vendedor se fué sin que jamás volvieran á tenerse noticias de él, y después Don José María vendió la propiedad que había comprado, traspasándola con los mismos derechos y acciones que á él le habían cedido. Siendo ya poseedora la Compañía Colorado Fuel & Iron de la expresada tierra llamada la Merced de Nolán, se descubrió que los fundadores de ella ó sus herederos legítimos tenían derecho á esa porción de tierra, y la compañía poseedora hizo una convocatoria para que ocurrieran los interesados á tener algún arreglo, mas como Don José María Barela no se acordaba del documento que se le había extendido, y en el que el heredero Nolán le hacía cesión, no se presentó para nada, teniendo en virtud del documento en referencia transferidos á su favor los derechos de un heredero legítimo. Pasó tiempo, y habiendo descubierto el Senador Barela que en poder de su padre había existido el documento de que hemos hecho mención, y considerándose como legítimo heredero, en unión de su madre la Sra. María de Jesús Abeyta y de Elfego Argüello, Ramon Argüello, Melitón Barela, Salomé Dominguez, María Rita de Herrera, Albina Córdova Ortiz, Refugio Córdova Bueno y Juan Argüello, que también consideraban tener derechos legítimos como sucesores, promovieron causa contra la citada compañía, en Pueblo, Colorado, teniendo la principal representación el Senador Barela y siendo sus defensores los abogados M. C. Gerry, Chas. S. Thomas y J. W. Taylor.

La causa fué tramitada y los derechos de los promoventes han quedado ilusorios, no obstante de que son indiscutibles, pero los subterfugios jurídicos de mala ley, y las excepciones y recursos para el que obra de mala fé, sostuvieron á la compañía en la posesión que ha tenido.

En este caso, como en todos los en que interviene el Senador Barela, demostró su lucidez de talento, su gran sentido común y su energía para defender la justicia. Todos los gastos fueron hechos por su cuenta, hasta la publicación de su lucida defensa, hecha por los abogados que hemos referido.

SOBRE LA MUERTE DEL SENADOR CHILCOTT.

Después de haberse instalado el senado la mañana del día 8 de Marzo, de 1891, el Senador Betts se levantó de su silla y dijo:

"Sr. Presidente, se nos informa por los periódicos de la mañana de la muerte del Ex-Senador George M. Chilcott, anteriormente miembro distinguido de este cuerpo. Colorado habrá tenido hombres más grandes intelectualmente, pero jamás de un corazón más amable, de una valentía más sincera ni de una honestidad más pura que el Hon. George M. Chilcott, por lo tanto muevo que una comisión de tres sea nombrada para que redacte resoluciones sobre su muerte."

El Presidente Story nombró á los Senadores Barela, Betts y

Carpenter miembros de dicha comisión, el Senador Barela como presidente.

Después de breve tiempo el Senador Barela se levantó y dijo:

"Sr. Presidente, la comisión sobre resoluciones en la muerte del ex-Senador George M. Chilcott, pide se le permita reportar las siguientes resoluciones que el secretario se servirá leer."

Después de la lectura de las resoluciones el Senador Barela dijo:

"Al presentar estas resoluciones, Sr. Presidente, deseo decir unas cuantas palabras. Cuatro años pasados tuve la honra de levantarme de mi asiento en este cuerpo sobre una cuestión de privilegio personal. Se habían arrojado algunos cargos viles y sin fundamento sobre mi amigo y asociado, el Hon. George M. Chilcott. En aquel tiempo estaba enfermo en cama, sin poder responder á los ataques que se le hacían, ni poder aún estar presente en este cuerpo.

"Lo consideré como mi deber, Sr. Presidente, levantarme en aquella ocasión y defenderlo, porque sabía que era honesto, digno y en todos respectos un caballero. Así lo hice. Como resultado el periódico que había procurado denigrar el carácter de aquel hombre, cuya reputación siempre se ha conservado sin mancha, volvió sus armas de terrible ódio y aversión hacia mí, se rebajó al extento de tirar reflecciones contra mi nacionalidad, y no perdonó medio para insultarme.

"Cualquier pesar que aquello me causara, Sr. Presidente, cualquier inconveniencia ó desagrado que siguiera, no tuve porque me pesara, porque se había incurrido en defensa de un caballero de honor.

"Sr. Presidente, quisiera pronunciar un encomio sobre el Senador Chilcott. No ha habido un hombre que mi raza respetara y amara más que á él, y no ha habido uno que merezca más su veneración, porque siempre fué considerado por su bienestar y por su felicidad. Su nombre y su ejemplo siempre se mantendrá fresco en sus memorias."

El Senador Barela habló con crecida emoción lo que causó un silencio sepulcral en la cámara, un silencio que demostraba respeto, veneración.

Las resoluciones fueron adoptadas unánimemente y el senado se prorogó hasta el siguiente lunes.

LA CAMPAÑA DE 1892.

EL DÍA 3 de Octubre de 1892, se reunieron en la sala de Lynch, en Trinidad, Colo., los delegados á la convencion democrática del Condado de Las Animas, para nominar sus candidatos.

El Hon. S. S. Wallace se levantó y puso en nominación para Senador del Estado al Hon. Casimiro Barela. Su discurso fué breve pero muy elocuente, siendo interrumpido numerosas veces por estrepitosos aplausos. Habiendo sido su nominación debidamente secundada, el Hon. J. J. Hendrick movió que la nominación fuese por aclamación, la cual fué aceptada.

El Senador Barela, con un corazón rebosante de gratitud, dió las gracias á sus amigos y constituyentes por el repetido honor que le habían conferido y se comprometió á hacer todo lo que estaba en su poder para que jamás les pesara su acción. Con respecto á las corporaciones y á los trabajadores el Senador tuvo mucho que decir. Algunas personas maliciosas y de malas inclinaciones habían procurado crear la impresión de que él había trabajado en contra de los intereses de los trabajadores y en favor del monopolio. El senador probó que esto era falso y al hacerlo demostró que sus esfuerzos se habían dedicado á conseguir los justos derechos de los trabajadores. El citó los registros de la legislatura como la mejor evidencia del modo en que él había votado con respecto á dichas medidas.

En esta campaña se le hizo una fuerte oposición al Senador Barela por sus enemigos políticos, valiéndose de los métodos más vergonzantes para derrotarlo. Aún se formó una asociación amalgamada denominada: "Amalgamated Association," cuyo fin fué circular "Pledges" (Compromisos) entre los votantes para que fueran firmados de que se opondrían á la elección del Senador Barela.

No obstante estos esfuerzos, el Senador Barela probó su actitud en las diferentes cuestiones con hechos verídicos y de registro.

En ese mismo tiempo los amigos americanos del Senador Barela, en el Senado, sabedores de la oposición que injustamente se le hacía al Senador Barela, publicaron un folleto en inglés, dando á conocer al público las aptitudes del Senador, su inteligencia, sus dotes como hombre público así como ligeros rasgos biográficos de nuestro personaje.

Para la mayor inteligencia de mis lectores, lo copio integro:

"*Hon. Casimiro Barela.*

"El Senador Barela nació en El Embudo, condado de Rio Arriba, Nuevo México, Marzo 4, de 1847. Fué educado en Mora, Nuevo Mexico, por el Padre Salpointe, ahora Arzobispo de Nuevo México. Sus padres fueron José María Barela y María de Jesús Abeyta. Las familias Barela y Abeyta era de orígen netamente español, las cuales vinieron á America con los conquistadores. El Senador Barela nació casi en el tiempo que Nuevo México fué cedido á los Estados Unidos, y consecuentemente no ha reconocido otro país sino á este, y todas sus relaciones han sido con su gobierno y sus leyes. Fué criado bajo instituciones americanas y completamente realiza su valor y las oportunidades que prestan para conquistar un nombre y una fortuna en esta república libre. Su padre del senador fué un hombre enérgico como negociante y se ocupó de la cría de ganados y fletes. El senador siendo el mayor de sus hijos, tuvo que soportar grandes responsabilidades como jóven, y todavía muy jóven tomó cargo del tren de su padre, que acarreaba fletes para el gobierno y para otros, entre unos y otros puntos de los territorios de Nuevo México y Colorado. Soportó sus responsabilidades con valor y fortaleza y con gran suceso y muy satisfactoriamente descargaba sus deberes. En la primavera de 1867 se cambió con su familia para Colorado y se establecieron en un punto á 16 millas de Trinidad, que ahora se llama Barela, donde todavía reside. El día 4 de Marzo del mismo año, y al celebrar su vigésimo día onomástico, se unió en matrimonio con la Srita. Josefita Ortiz, de Sapelló, Nuevo México. Se ocupó de fletar de Denver á Trinidad y de Kit Carson á Trinidad y el Fuerte Unión y otros lugares.

"No es de importancia por ahora entrar en detalles sobre la vida de negocios del Senador Barela, y para ello baste decir que en adición á los fletes se ocupó en negocios mercantiles en El Moro y Trinidad, en agricultura y cría de ganado lanar y vacuno.

"Sus servicios públicos han sido muchos para tan jóven caballero. Desde que se cambió á Colorado ha residido continuamente en el Condado de Las Animas.

"Ha visto crecer la población del condado gradualmente de 3,200 á la presente población que se estima en 22,000; y aquella de Trinidad de 300 á la presente población de 10,000. Este aumento ha sido casi por completo debido á la imigración de americanos. El aumento en riquezas ha sido aún á un por ciento más grande, y sus escuelas y adelantos educacionales han sido iguales á los de cualesquiera de los nuevos estados.

"Los sucesos políticos del Senador Barela hasta la presente no se han conseguido por medio de unión de familia ó clase, sino por medio del escogimiento voluntario de todos los elementos de la población, lo que hace su posición más envidiable. Ha sido verdadero en cuanto á los derechos é intereses de la raza mexicana, pero no más que á la de los americanos, y siempre ha estado listo para ver por los intereses generales del condado de Las Animas en las aulas senatoriales de Colorado.

"El Senador Barela jamás ha sido un demagogo en sus apelaciones á su clase; sino que socialmente, en su servicio de negocios y público, ha tratado á todas las clases iguales; y como candidato para una oficina, es generalmente soportado por los mexicanos y por los americanos con igual confianza.

"El Senador Barela tiene un afectuoso cariño á su raza mexicana, y no se reserva en expresar su orgullo de ser mexicano. El considera que su pueblo no es apreciado como debía de serlo, y es incansable para hacer que sus buenas características sean reconocidas por sus conciudadanos americanos. Tiene un verdadero afecto á nuestro gobierno é instituciones, y si procura elevar á los mexicanos trata con igualdad á los americanos.

"A aquellos que no conozcan personalmente al Senador Barela diremos que mide como unos cinco piés y siete pulgadas de alto, bien formado, activo en su movimientos, político y genial en modales, franco en conversación, determinado y persistente en un propósito, de ojos negros y de complexión típica español.

"El registro del Senador Barela en la legislatura de Colorado, ha sido uno del cual cada uno de los ciudadanos del condado de Las Animas deben de enorgullecerse. En seguida darémos una lista de algunas de las actas que el Senador Barela ha pasado por las legislaturas de Colorado:

"Una acta para exentar los salarios de embargo;

"Una acta para la propia inspección de las minas carboneras;

"Una acta prohibiendo la lista negra de los empleados;

"Una acta para prohibir que se alquile ó arriende el trabajo de los presos de la penitenciaría;

"Una acta para establecer el Día de Labor como día festivo legal;

"Una acta para prohibir á las Compañías ferrocarrileras que exijan de sus empleados más de diez y ocho horas consecutivas de trabajo;

"Una acta para asegurar mejor la educación de los niños;

"Una acta para legalizar las organizaciones de los trabajadores;

"Una acta para asegurar el derecho de retención de mecánicos y otros;

"Una acta para establecer un asilo para los marineros y soldados ancianos;

"Una acta prohibiendo á las compañias ferrocarrileras emplear como telegrafistas á personas que tengan menos que diez y ocho años de edad y cuando menos un año de práctica;

"Una ley reglamentando las agencias de empleos;

"Una acta prohibiendo que se nombren como oficiales especiales á las personas que no tengan residencia;

"Una acta para que á los dementes que en el asilo del estado recobren la razón, se les provean recursos para que lleguen al lado de sus familias ó amigos ó obtengan trabajo para su substención.

"Una acta para la apropiación de quince mil pesos para construir un camino de Trinidad á Stonewall.

"Una acta para la apropiación de quince mil pesos para el establecimiento de un depósito de agua en Apishapá, Condado de Las Animas.

"Una acta regulando los honorarios de los oficiales de estado, condado y de precintos.

"Una acta relativa á las elecciones, definiendo las ofensas contra la misma, llamada ley de elecciones australense.

"Estas son unas cuantas no más, de las leyes á que deseamos brevemente llamar la atención de los votantes del Condado de Las Animas, las cuales, si no por otra razón, intitularían al Senador Barela al sufragio de los votantes del Condado de Las Animas para la posición de Senador, para cuya oficina es candidato ante el pueblo de dicho condado.

"Su experiencia, habilidad é influencia con los republicanos y demócratas en el senado de Colorado, en lo pasado, son demostradas por las medidas que con tanto éxito ha hecho pasar, y los registros lo enseñan. Esto debería intitularlo á una gran mayoría de los votantes y hombres de negocios, sin consideración de credo político, en aprecio de sus servicios rendidos como senador de dicho condado.

"Su oponente, Mr. Ernest Holmes, aunque es un buen jóven, no tiene experiencia y nada puede esperarse de él, si es elegido.

"El Senador Barela ha recibido recientemente las siguientes cartas, las cuales se explican de por sí en cuanto á la posición del senador en referencia al proyecto protegiendo á los empleados.

" 'Denver, Colorado, Oct. 27, 1892.
" 'Hon. Casimiro Barela,
" 'Trinidad, Colorado.
" 'Caro señor:

" 'En contestación á la suya del 24 del corriente con respecto á su posición en el proyecto para la protección de los empleados, mientras que fué miembro del Senado de Colorado, durante la Octava Asamblea General, diré para la información de todos los interesados que Vd. no solamente votó por el pasaje de dicho proyecto cada vez que se presentó en el senado, sino que Vd. habló sobre los justos méritos del mismo en numerosas ocasiones y procuró por todos los medios legales conseguir su pasaje.

" 'Tiene la libertad para que haga que esta carta se publique ó para usarla de cualquier modo que desee para su beneficio, porque no es más que justo que todos los empleados de los ferrocarriles sepan quienes son sus amigos.

" 'Muy respetuosamente
" 'G. GRIFFIN,
" 'Presidente de la comisión de Conductores de Ferrocarriles.'

" 'Pueblo, Colorado, Oct. 25, 1892.
" 'Hon. Casimiro Barela,
" 'Trinidad, Colorado.
" 'Mi querido senador:

" 'En contestación á la suya del 24 de Octubre, en la cual me pide mi opinión con respecto á su posición en cuanto al proyecto protegiendo á los empleados, ó sea el proyecto del Senado, Num.

I, el cual fué introducido por mí, no puedo decir más que la verdad y lo que una examinación del registro pudiera demostrar. Que Vd. votó en favor del proyecto cada vez que se presentó y que hizo todo lo que estuvo en su poder para conseguir se hiciera ley, y que fué un amigo enérgico y ferviente de esta medida desde el día que fué introducida hasta que finalmente fué derrotada.

" 'Muy respetuosamente suyo,

" 'Fred Betts.'

"Las correspondencias de arriba son de caballeros republicanos, el Senador Betts, Senador por el Condado de Pueblo, y Mr. G. Griffin, presidente de la comisión de conductores de ferrocarriles. Cualquier información que se desee, por cualquier votante, en cuanto á la posición del Senador Barela, podrá obtener tal información dirigiéndose por carta á tales caballeros como el Gobernador Routt, el Senador Betts, ó cualquier otro senador, que haya servido en el senado con el Senador Barela, ya sea republicano ó demócrata."

Mis lectores, conocerán por el contenido de tal folleto que el Senador Barela se ha dado á respetar y admirar no solamente por su pueblo, ni solamente por su partido sino por el público en general, irrespecto de miras políticas. Además conocerán que los mismos extranjeros admiten que primero está su pueblo, primero está su raza en los sentimientos de su corazón, en lo más elevado de su esfuerzos, y que estos no desminuyen en consideraciones para todos sus constituyentes, sin miras de raza, religión ó credo político.

Ya mis lectores saben que el Senador Barela ha sido electo consecutivamente para cada término como senador, y en la campaña de 1892, fué electo con grande mayoría.

EL SENADOR BARELA ELECTO PRESIDENTE TEMPORARIO DEL SENADO POR UNANIMIDAD DE TODOS LOS PARTIDOS.

HABIÉNDOSE reunido la Novena Asamblea General en Denver á principios del mes de Enero, de 1893, allí estaba el Senador Barela en virtud de su éxito en la campaña de 1892. Una vez reunidos y listos para la instalación de oficiales, el Senador A. B. McKinley, demócrata, de Denver, dijo:

"En nombre de los miembros demócratas de este cuerpo deseo presentar para la oficina de presidente pro tempore del senado el nombre del Senador Casimiro Barela.

"El Senador Barela," dijó él, "es el miembro que por más tiempo ha servido en este cuerpo, un fiel sirviente del estado y por lo tanto es particularmente propio y justo si lo escogemos para que presida sobre el senado.

"Estoy seguro de que merece el cumplimiento," añadió el Senador McKinley, "ya él está familiarizado con la práctica del senado, es imparcial en su modo, cortés, benévolo y de un comportamiento agradable, y estoy seguro de que probará ser satisfactorio en todo."

El Senador B. L. Smith, de Fort Garland, se levantó y dijo:

"Yo secundo la nominación en nombre de los populistas del senado."

El Senador L. N. White, de Ouray, tomó el suelo y dijo:

"En nombre de los miembros republicanos de este cuerpo, deseo testificar en cuanto á la alta estima y confianza en que el Senador Barela es tenido por nuestros miembros. Al hacerlo no intento añadir á los encomios que le ha pasado nuestro distinguido colega del Primer Distrito. Ya de esto se ha hablado y solo deseo añadir que es el deseo de los miembros republicanos que su elección sea unánime."

El Senador William B. Felker, de Denver, y el Senador A. T. Gunnel, de Leadville, endorsaron la nominación y el Senador Casimiro Barela fué electo presidente pro tem. del senado por aclamación.

"Sr. Presidente, y hermanos senadores," dijo el Senador Barela en respuesta, "sinceramente aprecio el cumplimiento que me ha hecho el senado. Uso esta expresión porque en mi experiencia como miembro de este cuerpo no me recuerdo de que una nominación para esta oficina haya sido antes hecha por aclamación. Al desempeñar los deberes de un presidente temporario les aseguro que procuraré tratar á cada uno de Vds. en el senado tan legal é imparcialmente como me sea posible. No obstante, que trataré de apegarme tanto á las reglas del senado como pueda, y espero que no haya razón para quejarse, ni discordia bajo ninguna forma, ni que ningún acto mío sea arbitrario en contra de ningún miembro del senado.

"Caballeros, sinceramente les doy las gracias por la honra que me habéis dispensado."

Las remarcas del Senador Barela fueron recibidas con estrepitosos aplausos de toda la cámara, y el senado se prorogó hasta el siguiente día á las 10:00 a. m.

La repetición de este acto es de mucha significación, porque da á conocer que todos los miembros del senado, de común acuerdo, reconocían los méritos y la importancia del Senador Barela.

El hombre, por naturaleza, es ambicioso y principalmente cuando de honores se trata, y en el senado de Colorado, los respetables señores senadores, al tratarse del Senador Barela, no tenían ambición y declinaban la alta honra de ser presidente pro tempore, en favor del Senador Barela, unánimemente, lo que prueba que todos sentían hacia él, simpatías, aprecio, veneración y respeto.

PARA GOBERNADOR DE NUEVO MÉXICO.

Durante el año de 1885 y otra vez en 1893, la prensa en general, tanto del Estado de Colorado como del Territorio de

Nuevo México, se ocupó de que el Senador Barela sería nombrado Gobernador de Nuevo México y aún infinidades de sus amigos políticos y particulares le instanciaron para que prestara su nombre para presentarlo ante el Presidente, estando seguros de que si aceptaba el nombramiento le sería concedido. El público se ocupaba del mismo asunto, todos comentando lo benéfico que á aquel territorio le sería un gobernante de las dotes del Sr. Barela, pues á su talento claro, á su amor al progreso y á la justicia, reune un gran conocimiento de los asuntos públicos, por su larga práctica en ellos.

El Senador Barela en una y otra vez rechazó las propuestas de sus amigos y de la prensa reclamando que no le pertenecía tal puesto no siendo residente de aquel territorio. Excusa en que no hubiera reparado ningún otro.

$25,000 PARA LAS ESCUELAS DE TRINIDAD.

Durante esta misma sesión de la legislatura, el Senador Barela presentó un proyecto apropiando veinte y cinco mil pesos para hacer mejoras en las escuelas de Trinidad.

La instrucción de la juventud ha sido para él, asunto de la mayor importancia, como que es el principal factor de los progresos, adelantos y desarrollos de un pueblo.

COMO GOBERNADOR INTERINO DE COLORADO.

En el mismo año de 1893, habiendo sido llamado el Gobernador Waite de Colorado para desempeñar algunos negocios fuera del estado, así como el teniente gobernador, el Senador Barela quedó substituyéndolos como Gobernador Interino.

La prensa de Nuevo México dijo:

"Por licencia concedida al Gobernador de Colorado por un mes ha quedado como interino el hábil político demócrata el Honorable Casimiro Barela, miembro de la Prensa Asociada Hispano Americana de los Estados Unidos. Celebramos que un hijo de Nuevo México haya sido honrado con esa posición."

Muy merecidas y justas son esas distinciones dispensadas al infatigable defensor de los derechos del pueblo.

Sus méritos le han atraído y le atraen, además de las simpatías, las distinciones y los honores.

PARA MINISTRO DE GUATEMALA.

DURANTE el término de la Legislatura de 1893, se comentó por la prensa en general y por el público sobre las excelentes cualidades del Senador Barela, recomendándole hiciese aplicación para la posición de ministro á Guatemala al Presidente Grover Cleveland.

Los amigos tanto personales como políticos del Senador Barela, le urgían hiciese aplicación para que se le nombrara Ministro Plenipotenciario en el Servicio Diplomático del País en la República de Guatemala.

Ocuparía gran número de páginas de esta obra para dar cabida al gran número de cartas que se le mandaron como recomendación tanto al Presidente Grover Cleveland, como al Secretario de Estado, Walter Q. Gresham, de Washington, D. C.

Sólo para sustanciar mis aserciones daré los nombres de las personas que expontáneamente tuvieron á bien recomendarlo á uno y á otro oficial.

Las correspondencias dirigidas al Secretario de Estado Walter Q. Gresham venían de manos de:

1. Hon. John L. Routt, Ex-Gobernador del Estado de Colorado, Denver, Colorado.
2. Hon. Alva Adams, Presidente del Pueblo Savings Bank, y Ex-Gobernador de Colorado, Denver, Colorado.
3. Hon. William M. Clark, Ex-Secretario del Estado de Colorado, Denver, Colo.
4. Hon. F. V. J. Skiff, del Departamento de Minas en la Exposición del Mundo, Chicago, Ill.

5. Hon. Demetrio Pérez, Auditor de Cuentas Públicas del Territorio de Nuevo México, Santa Fé, N. M.

6. Hon. F. A. Manzanares, Ex-Miembro del Congreso por Nuevo México, Las Vegas, N. M.

7. Hon. M. S. Otero, Ex-Miembro del Congreso por Nuevo México, Albuquerque, N. M.

8. Hon. Wolfe Londoner, Comerciante al por Mayor, Denver, Colo.

9. Mr. J. S. Appel, de la firma de Appel & Co., Denver, Colo.

10. Mr. H. J. James, Superintendente de la Omaha & Grant Smelting and Refining Co., Denver, Colo.

11. Hon. Lester Bodine, Vice Presidente de los Comisionados de Labor de los Estados Unidos, Denver, Colo.

12. Mr. J. C. Ellsworth, Denver, Colo.

13. Mr. H. P. H. Bromwell, Denver, Colo.

14. Chas. Shackelford, Denver, Colo.

15. Hon. L. Head, Conejos, Colo.

16. Lic. Alvin Marsh, de la firma de los Abogados Belford y Marsh, Denver, Colo.

Los miembros del Senado de Colorado hicieron redactar el siguiente documento para que fuese presentado al Senador Barela, para que juntamente con las demás recomendaciones fuese mandado al Presidente Cleveland con su aplicación:

"ESTADO DE COLORADO
"Cámara del Senado.

"Denver, 28 de Marzo, 1893.

"A Su Excelencia
"Grover Cleveland, Presidente,
"Washington, D. C.

"Caro señor:

"Nosotros, los infraescritos miembros del Senado de Estado de la Novena Asamblea General, ahora en sesión, muy sinceramente endorsamos al Hon. Casimiro Barela, Presidente Pro

Tem., de nuestro honorable cuerpo, para la posición de Ministro Plenipotenciario á Guatemala, y más sinceramente esperamos que su aplicación sea considerada favorablemente.

"Muy respetuosamente,

"D. H. Nichols, Teniente Gobernador.

"Amos Steck,	W. R. Felker,
"Chas. Hartzell,	A. B. McKinley,
"H. Armstrong,	DeWitt C. Weber,
"Frank Pryor,	James F. Drake,
"M. A. Leddy,	A. A. McGorney,
"Fred Lockwood,	John King,
"A. T. Gunnell,	David Boyd,
"H. R. Brown,	Jas. G. Johnson,
"A. F. Howes,	B. Clark Wheeler,
"Robert Turner,	Chas. C. Graham,
"Artemus Walters,	Geo. E. Pease,
"B. L. Smith,	Colin Timmons,
"F. W. Smith,	L. N. White,
"Chas. Newman,	J. A. Israel,
"D. A. Mills,	E. W. Merritt,
"G. W. Swink,	W. H. Adams,
"J. H. Painter,	Henry C. Balsinger,

"Wm. R. Kennedy, Secretario del Senado y Ex-Miembro de la Convención Constitucional.

"Stanley Stokes, Asistente Secretario del Senado.

"J. E. Cummings, Sargento de Armas del Senado."

En la Cámara de Representantes se preparó el siguiente documento:

"ESTADO DE COLORADO
"Cámara de Representantes.
"Denver, 28 de Marzo, 1893.

"A Su Excelencia,
"Grover Cleveland, Presidente,
"Washington, D. C.

"Caro señor:

"Nosotros, los enfraescritos miembros de la Cámara de Representantes, de la Novena Asamblea General, ahora en sesión, muy sinceramente endorsamos al Hon. Casimiro Barela, Presidente Pro. Tem., del presente Senado, para la posición de Ministro Plenipotenciario á Guatemala, y más sinceramente esperamos que su aplicación sea favorablemente considerada.

"Muy respetuosamente,

"E.M. AMMONS, Presidente de la Cámara de Representantes.

"R. F. HUNTER,	J. GRATH MOUN,
"ROBERT W. BONYNGE,	JAMES A. KILTON,
"J. S. BABCOCK,	CHAS. ROTH,
"E. W. NORLIN,	WILBUR F. CANNON,
"ARMOUR C. ANDERSON,	H. E. SIMS,
"JOHN P. HEISLER,	E. A. BROMLEY,
"W. F. HYNES,	DAVID F. HOW,
"J. C. FUNDERBURGH,	S. S. BALDWIN,
"E. J. COFFMAN,	GEO. X. YOUNG,
"W. J. DEAN,	THOMAS S. WELLS,
"T. G. PRICE,	T. F. PUTMAN,
"J. T. HEATH,	P. J. LYNCH,
"CELESTINO GARCIA,	T. S. HARPER,
"GEORGE W. JENKS,	A. S. HUMPHREY,
"M. M. BALDWIN,	J. E. RUYNOLUR,
"DAVID CROW,	M. A. SANCHEZ,
"W. M. THOMAS,	C. S. WESTERMAN,

"Sam G. Hill, C. H. Bent,
"H. W. Hallett, Chas. W. Dake,
"W. T. Booth, Hugh Dyatt,
"Robert Newman, S. E. Herr,
"Adolf Donath, R. L. Wooton, Jr.,
"Bo Sweeney, Henry F. Moore,
"Francis Carney, J. H. Cromley,
"A. W. Lennard, W. C. Slawson,
"Cleth Wicks, J. R. Gordon,
"R. A. McKuigh, S. R. Fitzgawald,
"J. M. Cockran, John W. Lowell,
"J. L. Hurt, M. V. B. Page,
"R. R. Ross, C. C. Calkins,
"E. H. Benton, J. S. Camahan,
"H. W. Guombly, Jno. W. Fritz,

"Jno. R. Wallingfud, Secretario Principal de la Cámara de Representantes.

"H. A. Billon, Sargento de Armas."

Además de las recomendaciones que el Senador había recibido del Senado y de la Cámara, recibió, también sin pedirlas, cartas de los siguientes caballeros que están entre los más prominentes en asuntos de Estado:

Hon. Frank P. Arbuckle, presidente de la comisión central democrática del estado, Denver, Colorado, endorsada por el Hon. Lafe Pence, M. C. del Primer Distrito de Colorado, y el Hon. Jno. C. Bell, M. C. del Segundo Distrito de Colorado.

Hon. Chas. D. Hayt, Hon. Victor A. Elliott y Hon. Luther M. Goddard, Jueces de la Corte Suprema de Colorado, Denver, Colorado. La misma endorsada por el Hon. B. Richmonds, Juez de la Corte de Reclamos, Denver, Colorado.

Hon. Frank Adams, Delegado á la Convención Nacional y miembro de la Comisión de Notificación en 1892, Gunnison, Colorado.

Hon. F. J. V. Skiff del departamento de minas, World's Columbian Exposition, Chicago, Ills.

Hon. M. B. Gerry, ex-Juez de la Corte Suprema de Colorado, Pueblo, Colorado.

Hon. Jos. C. Helm, ex-Juez de la Corte Suprema de Colorado, Denver, Colorado.

Hon. Wilbur F. Stone, Juez Asociado de la Corte de Reclamos Privados, Denver, Colorado.

Hon. Benjamin H. Eaton, Ex-Gobernador del Estado de Colorado, Greeley, Colorado.

Hon. J. P. Maxwell, Ingeniero del Estado, Denver, Colorado.

Hon. W. B. Feiton, presidente del Buró de Horticultura de Colorado, Canon City, Colorado.

Hon. Fred Dick, ex-Superintendente de Instrucción Pública del Estado de Colorado, Denver, Colorado.

P. R. Thombs, M. D., Superintendente del Manicomio del Estado de Colorado.

Hon. Lester Bodine, vice-presidente de los comisionados de Labor de los Estados Unidos, Denver, Colorado.

Hon. W. A. Smith, Guardia de la Penitenciaría del Estado de Colorado, Canon City, Colorado.

Mr. W. H. James, Superintendente de la Omaha & Grant Smelting and Refining Co., Denver, Colorado.

Mr. W. C. Stover, Presidente del Poudre Valley Bank, Fort Collins, Colo.

Mr. J. L. Brush, Presidente del Greeley National Bank, Greeley, Colorado.

Hon. A. J. Rising, Juez de la Corte de Distrito, Denver, Colorado.

Hon. Thos. A. Rucker, Juez del Nono Distrito Judicial de Colorado, Aspen, Colorado.

Hon. Job A. Cooper, Presidente del Banco Nacional de Comercio, Denver, Colorado, y ex-Gobernador de Colorado.

Hon. Julius C. Gunter, Juez del Tercer Distrito Judicial de Colorado, Trinidad, Colorado.

Hon. J. T. Smith, Auditor de la Ciudad de Denver, Denver, Colorado.

Lic. Sam E. Browne, de la firma de Browne, Putnam & Preston, Denver, Colorado.

Mr. Fred Steinhauer, de la firma de Steinhauer & Walbach, farmacéuticos al por mayor, Denver, Colorado.

Hon. J. B. Orman, de la firma de Orman & Crook, contratistas ferrocarrileros, Pueblo, Colorado, y ex-Gobernador de Colorado.

Hon. Jos. Maupin, de la firma de los abogados Maupin y Rabb, Denver, Colorado.

Lic. William Story, de la firma de Story & Stevens, Tulleride, Colorado.

Lic. H. P. Bennett, de la firma de Bennett & Bennett, Denver, Colorado, y ex-Miembro del Congreso de los Estados Unidos por Colorado.

Mr. James N. Carlile, de la firma de J. N. Carlile & L. F. Carlile, Pueblo, Colorado.

Mr. J. S. Hough, secretario de la corte de distrito del Tercer Distrito Judicial de Colorado, Las Animas, Colorado.

Hon. Wolfe Londoner, comerciante al por mayor, Denver, Colorado.

Mr. A. L. Appel, de la firma de Appel & Co., Denver, Colorado.

Hon. B. F. Cromwell, Colorado Springs, Colorado.

Hon. L. Head, Conejos, Colorado.

Hon. Alfred Butters, Denver, Colorado.

Mr. William D. Todd, Denver, Colorado.

Mr. Elton T. Beckwith, Westcliffe, Colorado.

Hon. R. H. Whitely, Boulder, Colorado.

Hon. J. W. Widderfield, Trinidad, Colorado.

Hon. A. T. Gunnell, Denver, Colorado.

Sres. Adair Wilson y David F. Day, Durango, Colorado.

Lic. E. T. Wells, de la firma de Wells & Furman, Denver, Colorado.

Mr. L. C. Ellsworth, Denver, Colorado.

A. M. Stevenson, Esq., Denver, Colorado.

Lic. Eusebio Chacón, intérprete y traductor de la corte de reclamos de terrenos privados, Trinidad, Colorado.

Hon. Demetrio Pérez, auditor de cuentas públicas del Territorio de Nuevo México, Santa Fé, Nuevo México.

Hon. Thos. P. Gable, secretario de la comisión central democrática del Territorio de Nuevo México, Santa Fé, Nuevo México.

Hon. Trinidad Romero, Mariscal de los Estados Unidos por Nuevo México, Socorro, Nuevo México.

Hon. M. S. Otero, ex-Miembro del Congreso de los Estados Unidos por Nuevo México, Albuquerque, Nuevo México.

Hon. Amado Chavez, Superintendente de Instrucción Pública de Nuevo México, Santa Fé, Nuevo México.

Hon. Miguel Salazar, vice presidente de los manejadores de Nuevo México de la World's Columbian Exposition, Las Vegas, Nuevo México.

Hon. Benjamin M. Read, representante del Quinto Distrito á la Trigésima Asamblea Legislativa de Nuevo México, Santa Fé, Nuevo México.

Hon. Filadelfio Baca, secretario principal de la cámara de la Trigésima Asamblea Legislativa de Nuevo México, Santa Fé, Nuevo México.

Hon. T. Labadie, ex-administrador de Correos de Las Vegas, Nuevo México, Puerto de Luna, Nuevo México.

Hon. Rafael Chacón, Ex-Mayor de la 1ra. Caballería de Nuevo México, Regimiento de Kit Carson, Trinidad, Colorado.

Como mis lectores hallarán que repito algunos nombres, diré que las primeras 16 recomendaciones están dirigidas al Secretario de Estado, Walter Q. Gresham, y las últimas 57 al Presidente Grover Cleveland.

Por alguna ú otra razón el Senador Barela no hizo su aplicación, la que sin duda hubiera sido considerada favorablemente, y me aventuro á decir que sería porque había dedicado todos sus esfuerzos hasta entonces al desarrollo y engrandecimiento del Estado de Colorado y deseaba dedicar todos sus esfuerzos y su vida al servicio de su estado y especialmente lo detendría el cariño, el civismo, el interés de ayudar como hasta entonces al desarrollo y protección de sus conciudadanos, especialmente los hispano americanos.

Pero con todo, aún conserva y conservará dichos documentos en memoria de los que en tantos modos y de tantas maneras le han honrado.

NOMBRADO CÓNSUL DE LA REPÚBLICA MEXICANA.

Por recomendaciones del Exmo. Señor Ministro de Relaciones Exteriores de la República Mexicana, Lic. Ignacio Mariscal, el Presidente General Porfirio Díaz, nombró Cónsul de México en Denver, al Hon. Casimiro Barela, quien previamente había aceptado por conducto del Exmo. Señor Matias Romero, Ministro Plenipotenciario de México en los Estados Unidos.

El documento declarando al Senador Barela Cónsul de México está redactado en la siguiente forma:

PORFIRIO DÍAZ.

Presidente de los Estados Unidos Mexicanos.

Á todos los que la presente vieren, sabed:

Que usando de la facultad que me concede la fracción 2da. del Artículo 85 de la Constitución, y atendiendo á las circunstancias que concurren en Don *CASIMIRO BARELA,* he tenido á bien nombrarlo *Cónsul de los Estados Unidos Mexicanos,* en Denver, Colorado, y sus dependencias, facultándolo para ejercer este cargo y las atribuciones á él anexas con el goce de todos los derechos, privilegios, exenciones é inmunidades que le corresponden.

Por lo tanto, ruego al Gobierno y á las autoridades de los *Estados Unidos de América* que le presten su auxilio y protección para que pueda ejercer amplia y libremente las funciones de su carácter público, ofreciendo por mi parte entera reciprocidad; y encargo á los ciudadanos mexicanos que se hallen en *Denver, Colorado,* y sus dependencias, que lo tengan por tal *Cónsul,* y lo reconozcan en el uso pleno de las facultades que por la presente le concedo.

Dada en el Palacio Nacional de México, firmada de mi mano, autorizada con el sello de la Nación, y refrendada por el Secretario de Relaciones Exteriores á los *nueve* días del mes de *Octubre,* del año de mil ochocientos *noventa y tres.*

(Sello)   PORFIRIO DIAZ.
                                      (Rúbrica)
                                  Igno. MARISCAL.
                                      (Rúbrica)

Ya hé dicho que el Senador Barela había aceptado previamente la posición, la cual se le tendió por el Hon. Matías Romero, Ministro Plenipotenciario de México en los Estados Unidos por medio de una correspondencia del día 14 de Septiembre, de 1893, á la cual el Sr. Barela respondió en la siguiente forma:

"Trinidad, Colo., Sept. 18, de 1893.
"Hon. Matías Romero,
"Ministro Plenipotenciario de México en los E. E. U. U.
"Washington, D. C.

"Muy señor mío:

"Tengo el honor de acusar recibo de su favorecida de fecha 14 del mes en curso, y en contestación á ella, me es grato manifestarle que me encuentro en la mejor disposición para aceptar el honroso nombramiento con que esa Legación de su digno cargo, se ha servido favorecerme, anticipando á Vd. desde hoy, que con gusto, haré cuanto esté de mi parte, para que México quede dignamente representado en esta parte del Oeste.

"Aunque mi residencia es habitualmente la ciudad de Trinidad, mis muchos negocios así como mi posición de Presidente Pro Tem. del Senado de Colorado, hacen que la mayor parte de mi tiempo tenga que estar en la capital de Denver, á donde no es remoto que dentro de poco me radique definitivamente, y donde en la actualidad vive uno de mis hijos políticos graduado en la Universidad de Notre Dame, Indiana, á quien hé pensado poner al frente de la secretaría del Consulado que Vd. en nombre de su gobierno me ofrece, y el que por las simpatías que siempre hé tenido y tengo para México, así como á la presente administración y su digno jefe, el Sr. General D. Porfirio Diaz, á quien me honro de conocer personalmente, acepto el nombramiento de Cónsul de México en el Estado de Colorado, con, y según las advertencias de su misma carta.

"Tengo la honra de aprovechar esta oportunidad, Sr. Ministro, para presentar á Vd. mis respetos y consideraciones.

(Firmada) "CASIMIRO BARELA."

VIAJE DE LOS LEGISLADORES DE NUEVO MÉXICO Á COLORADO.

EL DÍA 11 de Enero de 1893, el Senador Casimiro Barela, presidente temporario del Senado de Colorado, mandó la siguiente correspondencia, al Hon. A. L. Branch, Santa Fé, N. M., así como una idéntica al Col. J. Francisco Chavez, presidente del Consejo del Territorio de Nuevo México:

"Denver, Colo., Enero 11, de 1893.

"Hon. A. L. Branch,
      "Santa Fé, N. M.
"Caro amigo:

"Se me ha sugerido por una mayoría de los miembros de ambas cámaras de las Asamblea General de este estado que corresponda con Vd. y con el Col. Chavez, con referencia á la probabilidad de arreglar una visita de la legislatura y de los oficiales del territorio á nuestra capital y legislatura, y de corresponderles la visita antes de prorogarnos.

"Tenga la bondad de informarme, después de consultar con el concilio, si aceptan la invitación por medio de una resolución de entreambas cámaras.

"Su amigo y servidor,
(Firmada)   "CASIMIRO BARELA."

La invitación fué aceptada unánimemente por ambas cámaras y habiéndose hecho los arreglos necesarios los oficiales y huéspedes de Nuevo México partieron para Denver, el domingo, 12 de Febrero, de 1893, llegando á Denver el lunes. Una comisión especial vino á encontrar á los huéspedes de la legislatura de Colorado á Palmer Lake.

Por la noche se les dió un suntuoso banquete en el Hotel Windsor. A su regreso á Nuevo México, todos tenían muchos elogios que hacer tanto del trato que se les dió como de lo que les fué posible observar.

La legislatura de Colorado correspondió á la visita el 25 del mismo Febrero, habiéndoseles dado una gran ovación por los legisladores de Nuevo México y un suntuoso banquete en el Hotel Palace, en Santa Fé, N. M.

La excursión fué hecha en un tren especial y al siguiente día la excursión alcanzó hasta Albuquerque.

A su regreso los legisladores de Colorado se detuvieron en Trinidad por unas cuantas horas donde fueron los huéspedes del Senador Barela y familia. El Senador Barela y su esposa la Sra. Damiana, atendieron á ambos banquetes y formaron parte de la excursión.

SUFRAGIO PARA LAS MUJERES.

Durante la sesión legislativa de 1893 se pasó un proyecto para que las señoras tuvieran iguales privilegios que los hombres en cuanto al derecho del sufragio. En la campaña de ese otoño se puso ante el público para que fuese aprobado ó rechazado por el voto popular.

La proposición fué aprobada por el voto popular y la mujer desde entonces en este estado de Colorado, puede votar y ser votada.

Sin embargo los hombres en Colorado todavía pueden gozar de poquitos más privilegios que "sus caras mitades," y esto es, que aunque ellas podrán ser elegidas á cualquier oficina civil, no podrán servir como jurados, ni ceñir espadas como militares, ni tampoco tendrán la gran satisfacción de contribuir con su tasación militar y capitación.

BARELA CANDIDATO PARA TESORERO DEL ESTADO.

En la convención democrática del estado de Colorado en 1894, los demócratas nominaron para la importante oficina de Tesorero del Estado al Senador Casimiro Barela, del Condado de Las Animas. Cuando el Partido del Pueblo, comunmente llamado, los populistas, tuvo su convención, endorsaron la nominación del Senador Barela para Tesorero. Tratándose del Senador Barela hasta los partidos se unían.

Ya en esta campaña las señoras tenían el derecho del sufragio, y en el Condado de El Paso y en la ciudad de Pueblo que siempre se ha considerado como el centro del republicanismo, ha llegado á nuestros oidos que varias señoras hispano americanas declararon públicamente que si sus maridos ó hermanos que eran republicanos no votaban por el Senador Barela porque era demócrata, ellas si iban á votar por él, porque era hispano americano. Digna lección de parte de sus caras mitades, en verdad.

Mas al destino no plugo que nuestro héroe fuese electo en esta campaña, no sin haber demostrado su energía y capacidad por medio del gran soporte que recibió.

LA HUELGA DE 1894.

En este mismo año de 1894 hubo una especie de huelga formada por los mineros, y estos ocurrieron en demanda del auxilio y del patrocinio de nuestro biografiado.

Con este motivo se celebró en Denver una junta á la que asistieron más de dos mil mineros, y allí estuvo presente el Senador Barela, y dirigió la palabra al público en favor de la justicia, en favor del pueblo, atrayéndose la atención general por su convincente y facil expresión.

La cuestión que principalmente se ventilaba era la de salario. La intervención del Senador Barela fué de grandísima utilidad, y se evitaron muchos y grandes disturbios.

Los que le escuchaban le tributaron merecidos aplausos y al terminar fué ovacionado con entusiasmo por las multitudes.

SESIÓN LEGISLATIVA DE 1895.

DURANTE esta sesión el Senador Barela formó parte de la comisión nombrada para el exámen de los libros del Tesorero del Estado.

Introdujo un proyecto haciendo una apropriación de diez mil pesos para hacer reparaciones en el camino real de Trinidad á Stonewall. Introdujo otro proyecto para que se establecieran estaciones para experimentos de agricultura en los Condados de El Paso, Bent, Delta y otros.

En un proyecto en que hacía la apropiación de $3,000 en semillas para el Condado de Las Animas fué opuesto por su colega del mismo condado, Mr. Sopris, de lo que resultó que el Senador Barela le hiciera una justa reprimanda en senado abierto. Habiendo sido sostenido por los senadores quienes le hicieron triunfar con su proyecto tanto en el senado como en la cámara, lo que dió por resultado que Sopris no haya vuelto á poner su pié en las aulas legislativas.

LA EXPOSICIÓN MEXICANA.

En Febrero de 1895 el Senador Barela, Cónsul de la República Mexicana, recibió la siguiente correspondencia particular del Cónsul General de México, Alejandro K. Coney, 504 Clay St., San Francisco, California.

"San Francisco. Calif., Feb. 11, 1895.

"Señor Don Casimiro Barela,
   "Cónsul de México,
      "Denver, Colorado.

"Estimado señor y colega:

"Ya sabría Vd. que por una concesión de nuestro Gobierno otorgada con fecha 9 de Enero, de 1895, que el 2 de Abril, de

1896, se abrirá en la capital de México una Exposición de Industrias y Bellas Artes, con un departamento extranjero.

"El principal objeto de esta exposición, es el de estrechar las relaciones con las demás naciones, y ensanchar el comercio y prosperidad de México, y sería conveniente que los Estados Unidos estuvieran bien representados en nuestro primer Certámen.

"Se ha formado una Compañía incorporada bajo las leyes de California, de la cual soy el Presidente, y con su oficina principal en esta ciudad, la que está bajo mi cargo, con el fin de dirigir los trabajos, dar informes y ayudar al éxito de la exposición, y tengo el gusto de acompañar á Vd. un ejemplar del prospecto de dicha compañía.

"El Señor Gobernador del Estado de California ha ofrecido nombrar un comité de ciudadanos y comerciantes prominentes quienes tendrán á su cargo la organización de comités locales en todo el Estado, siendo esto lo que deseara se hiciera en cada uno de los Estados de este país.

"Suplico á Vd. y apelo á su patriotismo para que se sirva cooperar en lo posible para que la primera exposición de México alcance el mejor éxito y no salga desairada.

"Cualquiera indicación que se digne Vd. hacerme, con respecto al modo de obtener un buen éxito, será debidamente apreciada.

"Anticipando á Vd. las gracias por ello, quedo su más afmo. amigo, compañero y atento S. S.

(Firmado) "ALEJANDRO K. CONEY."

El Senador no se hizo repetir la observación é inmediatemente se interesó porque Colorado tuviese representación en aquella exposición, y toda la prensa del estado se ocupó del gran evento.

El Senador Barela tiene calificaciones excepcionales cuando se trata de expancionar un objeto que tiene en vista y siempre llama la atención.

Circularon las nuevas de la exposición y á principios de

Marzo de 1895 ya los periódicos anunciaban que el Gobernador de Colorado había nombrado una comisión para que representara el Estado de Colorado en la Exposición en la ciudad de México en Abril de 1896.

La comisión nombrada por el Gobernador se componía de los siguientes caballeros: Hon. Casimiro Barela, de Trinidad; Hon. Benjamin Eaton, de Greeley; Hon. Alva Adams, de Pueblo; J. J. Hagerman, de Colorado Springs; Charles Neuman, de Durango; N. P. Hill, J. B. Grant, Otto Mears, D. H. Moffatt y John L. McNeil, de Denver.

En todos los asuntos de condado, de estado, nacionales é internacionales, siempre hallamos al Senador Barela á la cabeza.

CARNAVAL EN DENVER.

En el mismo año de 1895 se celebró en Denver, un carnaval, el más grande y más interesante que ha habido en la capital.

En este carnaval tomó parte activa el Senador Barela.

Formó una partida de 30 ciudadanos hispano americanos y después de haberlos vestido, "á lo charro" con vestidos típicos de la República Mexicana los llevó á Denver y el Senador Barela y Don J. U. Vigil, caminaron á la cabeza de su partida de "charros."

La parada consistió de numerosas y diferentes flotas, pero la de los charros fué la que llamó más la atención.

EN DEFENSA DE LOS ITALIANOS.

Los italianos, tanto del condado de Las Animas como de todo el estado siempre han tenido grandes simpatías por el Senador Barela.

Durante la sesión legislativa se discutió la cuestión de que durante la huelga de 1894 se les acusaba que los italianos durante un funeral en Sopris habían portado la bandera Italiana, y que la bandera americana la portaron al revés ó sea con las estrellas para abajo.

Varios senadores se sintieron verdaderamente indignados de

tal ultraje. El Senador que siempre está listo para defender la justicia se levantó de su asiento y en convincentes palabras les explicó la verdad del caso.

El Senador Barela les dijo que en Sopris, Condado de Las Animas, donde se decía haber ocurrido el incidente había gran número de mineros, americanos, hispano americanos, y de otras nacionalidades que presenciaron tal caso que están listos para testificar á la verdad que fué que los italianos no portaban sino la bandera americana y que la portaban bien, pero que el diputado Radford, que tenía cierto rencor hacia ellos, les había arrebatado la bandera americana y la había rompida al quitárselas. Que aquella era la verdad y que los italianos siempre han tenido gran respeto por la bandera americana.

Cuando el Senador Barela regresó á Trinidad, inesperadamente los italianos le dieron una ovación por la actitud que había tomado en su defensa. Todos los periódicos italianos se ocuparon del caso haciendo saber á sus paisanos quien era su amigo.

"La Nazione," periódico italiano, dió la siguiente versión del asunto, bajo el título de "In difesa del nome Italiano."

"Durante la discussione avuta luogo al senato ieri in difesa del progetto di legge Warren il senatore Locke insinuó che un italiano al tempo dello sciopero di Trinidad la scorsa estate aveva gettato con disprezzo la bandiera americana nella strada. Il senatore Barela rispose al signor Locke queste testuali parole:

" 'Signor Presidente, domando di rispondere ad un'ingiusta accusa. Noi abbiamo investigato quell'affare ed abbiamo verificato che fu un Pinkerton da $4 al giorno, che aveva strappato la bandiera di mano ad un scioperante italiano; gettandola poscia in mezzo della via.'

" 'La Nazione' ringrazia l'onorevole Barela per l'imparzialitá ed il senso di giustizia da cui é animato."

Y en verdad que el Senador está revestido de un gran sentido de imparcialidad y justicia. El detective de á $4 el día fué el que cometió el ultraje y se les quería achacar á los indefensos italianos.

EL CÓNSUL DE MÉXICO DEFIENDE A TRES CIUDADANOS MEXICANOS.

ES EL CASO que unos agentes de Joe Wolfe, entre ellos uno del nombre Meadows estuvieron en México á principios de 1895 y bajo malas representaciones trajeron consigo á tres toreros mexicanos y á sus familias, asegurándoles que en Estados Unidos se ganarían gran renombre como toreros. Juan Madero era el matador y Carlos García y Antonio Sentrea, los picadores.

El 24 de Agosto de 1895, dieron una corrida de toros en Gillett. Los tres fueron arrestados, llevados ante la corte del del Juez Harris, en Colorado Springs, y hallados culpables de crueldad á los animales. La causa se ventiló el día 3 de Septiembre.

El Senador Barela habiendo tenido conocimiento del caso por medio de los periódicos y siendo Cónsul de México, se presentó á la corte del Juez Harris el día en que se investigaba la causa. Tomó la parte de los acusados y actuó como intérprete.

Después de haberles leido las quejas donde se les acusaba de haber castigado, atormentado, mutilado, y sin necesidad haber matado un toro, á los hombres se les preguntó si se consideraban culpables y dijeron, "Sí, señor."

Entonces el Senador pidió permiso para dirigirse á la corte y habiéndosele otorgado dijo, que aquellos tres hombres habían sido empleados por Meadows para que vinieran á pelear toros al Estado de Colorado. Que el contrato se había hecho 300 millas al sur de la Ciudad de México, donde la gente estaba tan distante de este país, que conocían muy poco ó nada de sus costumbres. Que las corridas de toros no solamente se permitían allí sino que los toreros eran muy reconocidos y apreciados. Que era la costumbre que cuando se firmaba un contrato para una corrida de toros el mayor ó jefe político era el que debía de regir la corrida anunciando cuando era el tiempo para que mataran el toro. Que Meadows y los que habían firmado el contrato con aquellos hombres habían representado que Joe Wolfe era un hombre poderoso en Colorado y que aquí se permitían las corridas de toros, y que por esa razón á Wolfe se le había dejado que él dirigiera la corrida en Gillett. El Senador Barela sugirió que á aquellos hombres se les impusiera la multa más mínima y que se les dejara libres porque estaban muy ansiosos por volver á su patria.

El Procurador de Distrito Blackmer concurrió con la opinión del Senador Barela y dijo que los verdaderos culpables eran Wolfe y Meadows y que á aquellos prosecutaría al extento de la ley.

Las esposas de los tres prisioneros estaban presentes en la corte y tomaron un interés inmenso en cada palabra que habló el Senador Barela, reconociendo en él al libertador de sus esposos.

Los tres toreadores fueron multados y el Senador Barela pagó las multas y fueron libertados. Es indescribible el cuadro que presentaron aquellos señores y sus esposas al estrechar la mano de su bienhechor.

Habiendo regresado para su patria no cabe duda que para siempre guardarán tanto ellos como sus familias un eterno recuerdo de gratitud hacia el Senador Barela.

CUARTO DE CENTENARIO DE COLORADO SPRINGS.

En el año de 1896 cumplía la ciudad de Colorado Springs veinte y cinco años de haber sido fundada y habiéndose preparado una gran celebración fué invitado el Senador Barela, nombrándolo el orador oficial. Grande era en efecto la concurrencia, y el Senador Barela, conmovido pero sereno, ocupó la tribuna y pronunció un elocuente discurso.

Su voz vibraba y sus sentimientos de patriotismo resplandecían en sus ojos. El pueblo se conmovía y se entusiasmaba, interrumpiendo al elevado orador con sus aplausos y sus vítores.

El discurso pronunciado por el Senador Barela fué un estudio histórico desde el descubrimiento de América por el intrépido é inmortal genovés, Cristobal Colón, incluyendo la conquista hecha por Hernán Cortez y la emigración de los primeros pobladores á estas regiones desiertas, hasta la fundación de Colorado Springs.

Luego sigue paso á paso el adelanto de esta ciudad de los millonarios hasta terminar ensalzando el verdadero progreso que ha alcanzado en todos sus ramos y departamentos en un cuarto de siglo, y felicita á los pobladores por su era de gran civilización, deseándoles que lleguen hasta el pináculo de la grandeza.

El Senador Barela posee dotes oratorias naturales; una mímica no estudiada, y sabe cautivar á sus oyentes y conmoverlos.

Fué el Senador calurosamente felicitado y agazajado en aquella grandísima reunión en Colorado Springs y objeto de gran ovación y reconocimiento.

CAMPAÑA DE 1896.

El 31 de Diciembre de 1896 terminaba el término del Senador Barela, para el cual había sido electo en 1892, y ya sus amigos se preparaban y le instanciaban que volviese á hacer la carrera para la misma posición en la campaña de aquel otoño.

El movimiento político conmovía todos los ámbitos de Colorado, desde el pueblo más pequeño hasta la más grande ciudad. Veíase el Estado agitado por los preparativos para las eleccines, y los partidos políticos trabajaban sin sociego para sacar avantes á las personas que constituían sus candidatos.

Los amigos y partidarios del Hon. Casimiro Barela lo proclamaban para re-elegirlo en su puesto de senador, y él, consecuente con sus amigos y compatriotas, trabajaba de por sí para obtener el triunfo y con tal motivo visitaba los precintos del Condado de Las Animas, pronunciando discursos y atrayéndose adeptos.

INFAME ATENTADO CONTRA LA VIDA DEL SENADOR BARELA.

ERA EL 31 de Octubre, de 1896, y en el Precinto de Hoehne, los habitantes en masa se hallaban reunidos en una gran sala, escuchando al Hon. Casimiro Barela, que les dirigía la palabra, tratando asuntos de política.

De pronto se oyen detonaciones de armas de fuego, y el proyectil de uno de esos disparos vá á alojarse en la cara del orador. Los disparos se habían hecho directamente al Senador Barela por una de las ventanas de la casa, por dos individuos de los cuales solamente uno fué aprehendido, John Hoyle, logrando el otro escapar.

La concurrencia quedó escandalizada, el pueblo todo estupefacto con tan ruin y cobarde proceder.

Un crímen premeditado, un asesinato calificado se intentó, con las circunstancias de alevosía, premeditación y ventaja.

¿Cuáles fueron los móviles?

Examinémos.

El Senador Barela no es un hombre que causa mal á nadie.

Como individuo en lo particular, siempre está dispuesto para aliviar las necesidades de sus semejantes, sacrificando sus propios intereses.

Como hombre público, demasiado sabido es cuantos son sus esfuerzos en defensa de los intereses de sus conciudadanos.

En todas sus promociones en las cámaras se vé su espíritu de progreso, su adoración á la justicia.

¿Puede un hombre así tener mal querientes? Indudablemente que nó; pero creo que puedo hallar el incógnito.

El Senador Barela es una eminencia en política, y jamás han podido vencerlo, ni podrán vencerlo jamás luchando lealmente, porque además de su experiencia en política, además de su talento, tiene al pueblo que lo quiere y el partido del pueblo es invencible.

Sus enemigos no pueden ser de otra manera que políticos, y para saciar su ambición, para llegar al puesto que ocupa el Senador Barela, saben bien que no llegarán mientras él no quiera. Estando, pués, de por medio el senador, no pueden sus enemigos políticos saciar sus ambiciones.

Ahí está el incógnito descubierto.

Y esos medios, nos preguntamos nosotros, ¿se ponen en práctica en las postrimerías del siglo XIX., y en una nación que tanto se alardea de civilizada?

Habiendo recobrado la audiencia de la emoción que al principio les causara el atentado contra la vida del Senador Barela, se ocuparon de atrapar á los criminales aprehendiendo inmediatamente á John Hoyle.

El Senador Barela después de haber sido herido se mantuvo en pié por algunos minutos y sugirió á sus amigos que no actuaran con violencia en contra del criminal, que dejaran que la ley tomara su curso. El criminal estuvo á punto de haber sido castigado con violencia por la multitud, pero á instancias del Senador la justa indignación del pueblo se menoró. El Senador fué llevado pronto para la ciudad de Trinidad, donde recibió atención médica.

Ya hemos visto con verdadero desagrado que en asuntos políticos en los Estados Unidos de América, la mayoría de los partidarios de uno y otro bando para desprestigiar á los candidatos opositores ocurren á la diatriba y al insulto, y aún á la blasfemia, en vez de hacer ver que sus protegidos son dignos de ocupar el puesto para que los postulan, por su saber, por sus conocimientos prácticos y por sus virtudes. En vez de decir: "Nuestro candidato es digno de ocupar el puesto para el cual aspira, porque es hombre de talento, porque tiene cualidades como gobernante, según puede inferirse de tales ó cuales actos;" dicen: "Fulano, que es su contrario ó oponente, no debe ocupar el puesto para que lo quieren sus partidarios porque es esto, es aquello," (aquí entran insultos de todo género.) De esa manera no hacen saber jamás cual sea el merecedor del puesto, ni prueban la indignidad de uno ni la dignidad del otro, de lo que resulta que todos los escándalos á que dan el nombre de política, no viene á ser otra cosa que majaderías.

Concretándose al suceso ocurrido al Senador, eso ya ha pasado del insulto, de la diatriba y de la majadería, para entrar en el terreno del crímen.

Eso es no ya incivíl, eso es salvaje.

Los amigos del Senador Barela, y el pueblo en general, lamentaron tan terrible suceso que estuvo á punto de privar de la vida á un hombre liberal y patriota que está siempre dispuesto al alivio de sus semejantes, y que como funcionario ha procurado el bien del pueblo, su prosperidad, su abundancia, su paz, su instrucción, su civilización, en fin.

El senador recibió infinitas muestras de condolencia, tanto privadas como por medio de la prensa, y su distinguida familia mandó decir una misa de acción de gracias al Todo Poderoso por haberle guardado la preciosa vida del sér más querido para ella.

La comisión central democrática publicó en sueltos, en inglés y en español, que hizo circular profusamente, lo que sigue:

"ASESINATO FRUSTRADO.

"A los ciudadanos residentes del Condado de Las Animas:

"Ayer á las diez de la noche en el Precinto de Hoehne, al dirigir la palabra á los habitantes de ese precinto, dos cobardes, viles é infames, intentaron matar al Hon. Casimiro Barela, candidato para Senador de Estado en la boleta democrática, disparándole cinco tiros por una de las endiduras de la ventana de la casa. Una de las balas le pegó en la cara y fué un milagro de Dios que no cayera muerto, uno de los asesinos, llamado John Hoyle, se halla ahora bajo el poder de la justicia, y el otro se fugó. En nuestro juicio y de los ciudadanos más respetables, consideramos que esto fué un intento premeditado por los enemigos políticos del Hon. Casimiro Barela para asesinarlo, conociendo ellos la imposibilidad de derrotarlo en las urnas electorales. La herida, aunque grave, no se considera fatal; pero por su naturaleza le será imposible al Senador tomar más parte en esta campaña.

"Apelamos al buen juicio de todos los buenos ciudadanos que estén opuestos á tales métodos de asesinatos, á unirse en las urnas electorales, para que refuten hechos tan injustos y tan infames."

Una semana después la familia del Senador Barela repartió la siguiente invitación:

"Trinidad, Colorado, Noviembre 5, de 1896.

"Vd. y familia están respetuosamente invitados para asistir á una misa de acción de gracias que se dará en la Iglesia Católica de Trinidad, el lunes, 9 de Noviembre, del corriente año, á las 10:00 de la mañana. Dicha misa será por la maravillosa protección que la Providencia se dignó extender á nuestro esposo y padre en el atentado que se hizo para asesinarle en la plaza de Hoehne el sábado, día 31 de Octubre.

"La Familia Barela."

Mis lectores juzgarán acerca de este acontecimiento.

SESIÓN LEGISLATIVA DE 1897.

Temprano después de la reunión de la legislatura en 1897, y cuando los nuevos oficiales tomaron cargo de los negocios del Estado, se halló que en la tesorería faltaban unos $71,000 por causa del fracaso de algunos bancos donde estaba depositado parte del dinero del estado. El Senador Barela introdujo una resolución con el fin de que se investigara la existencia de aquel dinero.

En el mismo año presentó una resolución para que se dirigiera un memorial al Presidente de los Estados Unidos, suplicándole que para los empleos federales en el Territorio de Nuevo México se nombrasen ciudadanos del mismo territorio.

Para conseguir el pasaje de esta resolución hizo otro discurso enfático y elocuente que no dejó duda de su justicia, y el cual fué reproducido por la prensa del estado así como por la del Territorio de Nuevo México.

Este memorial fué aceptado unánimemente; por su presentación, así como por sus frecuentes promociones abogando por

Nuevo México, los más prominentes ciudadanos de aquella región hicieron presente su gratitud al Senador Barela y le reiteraron sus simpatías y amistad.

DELEGADO AL CONGRESO NACIONAL DE GANADEROS.

En el mismo año de 1897 fué nombrado delegado al Congreso Nacional de Ganaderos tenido en Houston, Texas.

Al dicho congreso atendieron cuatrocientos delegados, y en estas condiciones el Senador Barela contraía nuevas amistades y se captaba nuevas simpatías, honrando siempre á su raza, cumpliendo su deber con esmero y distinción.

El Senador Barela quien siempre se conserva bien informado sobre toda clase de negocios pronunció en esta ocasión un discurso muy interesante por contener datos poco conocidos con respecto al orígen de los ganados que se crían en estos lugares. A continuación lo hallarán mis caros lectores.

"Sr. Presidente:

"En 1519 la Ciudad de México, en aquellos tiempos llamada la ciudad Imperial de los Aztecas, fué fundada por los españoles. El General Coronado con 1,500 hombres, 5,000 ovejas españolas y 1,000 caballos, y una partida de oficiales, cruzó las llanuras de Culiacán, Sonora, hasta Arizona, y llegó hasta los Pueblos del Zuñí Se quedaron á orillas del Rio Grande y sus vecindades hasta 1540.

"En un terromoto grande, perdieron los españoles muchos de sus caballos, de donde resulta que después de muchos años se hallaron grandes atajos de caballadas que los indios y los Neo Mexicanos llamaron con el nombre de mesteños. De los ganados lanares se hicieron crías en los pueblos mansos.

"En 1680 los misioneros aumentaron mucho sus ganados lanares, aunque los indios salvajes cometían muchas depredaciones. Los pueblos se levantaron para exterminar en guerra á los españoles y en el mismo año de 1680 fueron exterminados casi por completo, á unos mataron y otros salieron del país después de cerca de un siglo de ocupación.

"En el año de 1691 el General Vargas, con una partida de dragones, tomó de nuevo el país, y en ese tiempo los ganados traídos á este país por el General Coronado se halló que estaban muy degenerados.

"El Profesor Ezra A. Carman en su reporte especial á los Estados Unidos, de la industria de cría de ganados en 1892, dice que los descubridores europeos y conquistadores de la mitad del mundo ó sea del poniente, no hallaron ganado doméstico, del que ellos estaban acostumbrados á ver en Portugal, España, Italia, Inglaterra y Francia, y declara además que el ganado lanar de hoy en América es primogénito del ganado conocido en la América del Sur, especialmente del que se halló en las regiones de los Andes por los españoles, y en el que aquellos descubrieron que había cuatro formas de ganado lanar: Auchenia ó Guanaco y Vicuna y á los otros les dieron el nombre de Llama y Alpaca.

"Los carneros cimarrones de las Montañas Rocallosas (los de los grandes cuernos) según se vé en el reporte del dicho profesor, se hallaron en el América del Norte, los que fueron distribuidos por criadores españoles, como el ganado de California. Estos se encontraban y se encuentran en las Montañas de Oregon y Idaho y aún en la Costa del Pacífico.

"Cuando la primer misión fué establecida en California en 1697, como dos siglos después del descubrimiento de ese país, los Padres Piccolo y Salva Tierra, fundadores de dicha misión. dijeron en uno de sus reportes que habían hallado dos clases de ganado y dieron una descripción del carnero cimarrón y de la cabra cimarrona.

"En 1803 Duncan McGilvary dió una cuenta muy interesante del carnero cimarrón y de la cabra cimarrona, y años después escritores de reputación como John Muir alegaban de que nuestro ganado de hoy día era descendiente de estos animales cimarrones lo que en realidad es un equívoco, pues es bien probado que el primer ganado lanar doméstico fué introducido en este país en 1493 cuando este continente fué descubierto.

"En el segundo viaje de Colón al nuevo mundo se paró en Gomera, una de las Islas Canarias, para suplirse de agua y leña, y allí compró algunos becerros, cabras y ovejas, para hacer cría en la Isla de Española. El desembarcó en Diciembre de 1493 en Santa Isabel, en donde fué formada la primera ciudad del cristianismo en el nuevo mundo. Buques de España de tiempo en tiempo llegaron á aquella colonia cargados de manutenciones y ovejas para la cría en la Isla de Española.

"En el año de 1521, de allí se llevaron ovejas á Panamá y á otros lugares donde se propagó la cría.

"Cortez en su regreso de España á la ciudad de México en 1530 tuvo grandes dificultades con los magistrados de la capital azteca y saliendo de allí hizo su residencia en el lugar conocido hoy como los llanos de Cuernavaca, en la parte sur de las cordilleras del dominio del Estado de Oaxaca, en donde se ocupó con los españoles en la agricultura y desarrollo de un grande estado y á la cría de ganado lanar de Panamá y de los valles de Cuernavaca en 1560.

"De Panamá y de los valles de Cuernavaca y sus crías de ganado lanar son primogénitos nuestros ganados hoy en día en México, Nuevo México, Utah y Texas. En 1736 había más que un millón y medio en los Estados Mexicanos de Nuevo Leon, Querétaro, Puebla y Valladolid.

"La industria principal en Nuevo México en 1750 era la cría de ganado y se aumentaba en grandes cantidades. Los indios de los pueblos llegaron á ser en aquel tiempo los más expertos en el tegido de la lana.

"Francisco Pizarro en 1531 salió para la bahía en su tercera expedición para conquistar el Perú, y después de su conquista los españoles introdujeron de Panamá el ganado de allí, y según cuenta Garcilago de la Vega, se aumentó en grandes cantidades la cría.

"El General Mendez en 1565 celebró su famoso contrato

con Felipe II, Rey de España, para conquistar y colonizar en tres años la Florida. En su contrato, el Rey se obligó de darle 500 hombres y provisiones necesarias, 500 esclavos negros, 200 caballos, 50 reses, 50 marranos y 500 ovejas. Cuando el General Mendez estaba para salir, informes fueron recibidos por el Rey que la Florida estaba ya ocupada por los franceses. Con 11 buques, salió de España en Junio de 1565 y el 4 de Septiembre del mismo año, desembarcó en el río de San Juan, y dentro de una semana echó fuera de la peninsula á los Franceses, y comenzó desde luego á colonizar, fundando la ciudad de San Agustin, siendo hoy la ciudad más antigua de los Estados Unidos. El ganado español se propagó en pocos años en inmensos rebaños. Desde aquel día hasta la fecha la Florida y aún hasta la parte sur de la Georgia tienen rastros del orígen español de sus ganados.

"El ganado español fué introducido en California en 1773 por el sacerdote católico á cargo de la misión y desde luego se comenzó á trabajar por los indios la lana. Diego Borrego, gobernador de California desde 1793 á 1800 se empeñó en promover la cría de ganado en conección con la fábrica de hilados y tegidos, y se pasaron proveyendo la propagación de la cría de ganado lanar. 200 ovejas fueron mandadas á los llanos de Los Angeles y sus inmediaciones en 1796. Cada un ranchero de los valles de Santa Clara y San José eran requeridos por ley de tener no menos que 3 ovejas. Para el año de 1797 en un territorio ocupando una circunferencia de 500 millas en la California, incluyendo la misión de los Padres Mexicanos, ya tenían la suma de 1,003,970 ovejas.

"Nuestro Centenial Estado de Colorado en donde hoy residimos fué criado originalmente por los habitantes de Kansas, Nebraska y Nuevo México y tiene una extensión de oriente á poniente de 380 millas y de norte á sur 280 millas, estas 106,400 millas cuadradas divididas en 55 condados. Nuestro estado está dividido por la naturaleza en tres divisiones: las Montañas Rocallosas que ocupan la porción central de norte á sur y al pié de las montañas nuestros llanos. Las montañas consisten de montañas paralelas en que hay valles extensos y parques, los que distinguen las formas por que es distinguido nuestro estado. Los parques son numerosos, pero tres se distinguen por su mayor importancia, el South Park se compone de una area de 12,000 millas cuadradas en los valles de San Luis, y es mucho más grande, el Middle Park y el North Park son más pequeños, pero están protegidos por las montañas, sus valles son muy fértiles y sus montañas están llenas de madera y metales muy preciosos.

"Ya saben que una tercera parte de la area del oriente de Colorado, cuyos llanos alcanzan hasta las lineas del Estado de Kansas, en la parte oriental, sur y parte del norte de esos grandes collados, se ocupan de la industria de la cría de ganados vacunos y lanares.

"Originalmente el ganado introducido en nuestro estado para la cría vino de Nuevo México, y las tradiciones demuestran que son descendientes de los ganados españoles traidos originalmente de México, y actualmente su condición tiende á cruzar con el Merino frances, Merino español, Cotswool y Sputh Down, y gran porción, aún todavía hoy, de un rasgo de sangre del ganado comunmente llamado mexicano.

"El Prof. Carman en el reporte á que me he venido refiriendo, hace un gran cumplimiento tanto á nuestro ganado original, como á los nativos y nos dá el crédito de ser nuestros ganados los mejores reconocidos en los Estados Unidos para la cruza de carneros de sangre pura, así como á nuestros pastores, tal vez cumplimiento al cual ni nuestros ganados ni nosotros estamos intitulados, especialmente en el punto de vista de aquellos que en su opinión de saberlo todo y nadie más que ellos saben.

"Dicho profesor admite que fuera de las enfermedades contagiosas de la roña, las depredaciones de los lobos y coyotes, y los rigores de los fríos del invierno, nuestro estado en conección con nuestro vecino Territorio de Nuevo México, predomina en su clima favorable para la cría de ganado sobrepasa á la cría de otros animales.

"Los reportes del Auditor de estado demuestran que los

condados de Baca, Clear Creek, Dolores, Fremont, Gilpin, Hinsdale, Montezuma, Pitkin y Sedgewick son los únicos que no tienen cría de ganados. Los condados de Arapahoe, Elbert, El Paso, Huerfano, Lincoln, Las Animas, Weld, Montrose y Archuleta son los que representan las más grandes cantidades de ganados lanares: 11,000,000 de libras de lana son las que producen nuestros ganados en Colorado, según el reporte del departamento de agricultura figura que la cantidad de ganados de Colorado es cerca de 2,000,000 de ovejas, y la calidad es excelente ó tan buena como la cría que hoy se encuentra en los Estados de Minnesota, Iowa, Missouri, North y South Dakota, Montana, Utah y Washington. Ciertamente que esta es una comparación muy acreditable para nuestro estado.

"Las Leyes de Colorado para la protección de los criadores de ganados lanares son en realidad muy insignificantes comparadas con las de los criadores de reses, ó cualquier otra industria, y al organizar una sociedad de la naturaleza que hoy se propone organizar tendrá grande influjo con nuestros legisladores en la futura legislatura.

"Aparece por dicho reporte á que me vengo refiriendo, que el Prof. Carman, solicitó de varios criadores de ganados, comunicaciones de varios interesados en la cría en varias partes del estado. Del sur de Colorado encuentro en dicho reporte una sola comunicación y esta viene del Sr. Ed. West, actualmente comisionado del condado de Las Animas, la cual lee como sigue:

"'Yo he manejado ovejas por los últimos 18 años. Yo considero muy adelante esta industria de las otras crías para hacer dinero; yo tengo reses y caballadas, pero no hay comparación con las ganancias. Déseme á mí ganado lanar. El cuidado de ellas es muy triste en la vida y se requiere un buen manejo por un hombre activo. Un perezoso no tiene negocios con el ganado lanar. Un hombre de cada cinco que entran en este negocio sólo hace suceso, en este negocio en este país.'

"El Sr. Walter M. Hauser, de Gardner, condado de Huérfano, reporta en los siguientes términos:

" 'Yo digo que nuestro ganado en el Condado de Huerfano, es de un tamaño en cuerpo muy chico y trasquila un bellón liviano. Yo creo que nuestro ganado debía de ser de sangre pura ó medio francés, y otra mitad de Merino Español, y cruzarlo con nuestro ganado comunmente llamado mexicano; que los criadores de ganados debían usar carneros mesos de sangre pura, y procurarse pastura para sus rebaños en los inviernos, y estoy seguro que serían prósperos.'

"Nuestro vecino Territorio de Nuevo México en 1892, según el reporte y estadísticas del Territorio, reporte del Prof. Carman, página 928, tiene 3,422,800 ovejas.

"El Hon. Francisco A. Manzanares, en su comunicación al Prof. Carman, para ser incorporada en el reporte de que vengo hablando dice lo siguiente:

"'La industria de la cría de ganado lanar en Nuevo México ha sido siempre constante y un seguro recurso de ganancias y prosperidad, aunque con las dificultades que contendían los criadores en años pasados de los ataques y robos de los indios Navajós y Apaches y por la restricción de los pasteos por los hacendados de reses. Pero actualmente los pasteos para los ganados son más satisfactorios y sinceramente espero de que esta industria sea protegida por las leyes según la tensión y justamente á lo que está intitulada y merece, en cuyo evento atraerá una prosperidad aún más grande á nuestra gente que ninguna otra industria ó cría en el Territorio.'"

La audiencia quedó muy satisfecha con la información que el Senador había dado del orígen de los ganados en estos mundos y fué escuchado con muchísimo interés y atención.

EL SENADOR BARELA NOMBRADO CÓNSUL DE LA REPÚBLICA DE COSTA RICA EN COLORADO.

En el mes de Abril de 1897, siendo el Senador Barela ya Cónsul de la República Mexicana fué nombrado Cónsul de Costa Rica, por el Gobierno de aquella República expidiéndole el documento que aquí he copiado:

EL PRESIDENTE

De la República de Costa Rica.

Por Cuanto, conviene al servicio nacional y bien de los costarricenses que haya un cónsul en los Estados Unidos de América, que resida en Denver, Colorado.

Por tanto, y teniendo confianza en los conocimientos, celo y probidad del Sr. Dn. Casimiro Barela, ha venido en nombrarlo, como por las presentes le nombra, para que sirva y ejerza dicho empleo con arreglo á la ley, y Derecho Internacional. Ordena asimismo á los costarricenses le atiendan y obedezcan y recurran á su ayuda en caso de necesidad, y cumplan con la obligación de pagar los derechos que le correspondan, y ruega al Gobierno de Estados Unidos de América, que le conozca y haga reconocer por tal Cónsul, y le permita ejercer su empleo libre y pacificamente, dándole el favor y ayuda que necesitare, y ofrece, á nombre de la República, la reciprocidad en iguales circunstancias.

Dadas en el Palacio Nacional de San José á 13 de Abril, de 1897.

(Sello)   RAFAEL IGLESIAS.

El Secretario del Estado
En el Despacho de Relaciones Exteriores.

RICARDO PACHECO.

"CLUB UNIÓN, DE BUENAVISTA."

En el año de 1898 fué invitado el Senador Barela para que asistiera á la inauguración del Club Unión de Buenavista, en Raton, Nuevo México, cuya invitación aceptó.

El día 22 del mes de Febrero de 1898, tuvo lugar la inauguración y habiendo concurrido él, pronunció una alocución improvisada, felicitando á los socios por la fundación del Club, animándoles para que los trabajos que emprendían los llevasen á cabo con constancia y energía; para que todos vieran por el bien procomunal y no por el interés particular.

Hizo saber en breves palabras el objeto de la formación del Club que era impartirse ayuda mutua, y los instruyó en sus deberes de socios y de ciudadanos, exhortándoles á ser unidos, de cuya manera lograrían tener fuerza, y con la fuerza podrían ser felices.

La mesa directiva de dicho club nombró al Senador Barela socio honorario del mismo, en atención á sus merecimientos y al cariño que los socios tienen por él.

"La Unión," periódico de Raton, N. M., refiriéndose al dicho evento dice en parte:

"..........Se hizo moción que el Hon. Casimiro Barela dirigiera la palabra. Al mencionar el nombre del fiel defensor del pueblo, toda la concurrencia se levantó llena de entusiasmo y en medio de estrepitosos aplausos y vivas, se paró el digno caballero, y con la elocuencia y patriotismo que le caracterizan, enseñó é ilustró al pueblo que la unión será la salvaguardia de nuestro país. Por cerca de una hora Don Casimiro detuvo á la gran concurrencia en el más grande entusiasmo de patriotismo y educación.........."

CONMUTACIÓN DE LA SENTENCIA DE LIBRADO MORA.

UNA ACCIÓN más ejecutó el senador en favor de su prójimo. Librado Mora había sido condenado á la horca por el delito de homicidio. Todos los recursos se habían agotado. El cadalzo estaba preparado y la sociedad esperaba consternada que en Mora se ejecutara la sentencia que contra él había sido pronunciada.

Miembros prominentes de la sociedad habían trabajado y estaban trabajando por salvar á Mora de la muerte. Ya casi no había esperanzas, y entonces el Senador Barela, en unión de otras personas intentaron el último esfuerzo. El Senador estuvo elocuente, inspirado, conmovedor, y el gobernador conmutó á Mora la pena de muerte.

¡Estaba salvado de la horca!

Aquí cabe decir que el Senador Barela ha conseguido el perdón para infinidad de cónvictos, ya de lo que les falte de sus penas, ya de la pena capital, cuando se les ha impuesto. No mencionaré los nombres de muchas de las personas á quienes en ese sentido ha favorecido, por la consideración que merece todo aquel que sufre.

Todas esas personas á quienes ha ayudado, no podrán decir jamás que el senador les haya hecho tales servicios por interés. El pone su innegable influencia, y pone su dinero, siguiendo los impulsos de su corazón, que son los de hacer bien á la humanidad. Es muy franco en sus expresiones y dice: "No puedo ver sufrir sin aliviar si está en mi mano."

¡Alma digna y generosa!

REVERENCIADO EN LAS AULAS LEGISLATIVAS EN WASHINGTON, D. C.

La cuestión de que Nuevo México se elevara á la categoría de estado, estaba tratándose con bastante empeño en Washington, y tratando sobre ese asunto, el Hon. Harvey B. Ferguson, delegado de Nuevo México al Congreso Nacional, pronunció en la Cámara de Representantes un elocuente y sapientísimo discurso en defensa de la admisión de Nuevo México como estado.

El Hon. Harvey B. Ferguson, en una parte de su discurso dijo así:

"..........Y todavía después de todos estos registros y después de treinta y tres años que se acabó la guerra. Y después de este largo tiempo de esfuerzos para educarse ellos mismos y educar á sus hijos según las ideas de civilización americanas, cuando apelan al Congreso por sus derechos bajo el Tratado de Guadalupe Hidalgo para ser admitidos á la Unión de estados, son recibidos con el insulto de que son extranjeros.

"Si hay justificación alguna para aplicarles este epíteto, ¿porqué no oimos gestionar la calidad de ciudadanos, el americanismo, ó la lealtad de sus más allegados los hispano americanos, ciudadanos de los Estados Unidos de Colorado, Texas y California?

"Yo conozco un ciudadano hispano americano de Colorado. El ha sido re-elegido por más de 28 años consecutivos para cada legislatura de Colorado, y últimamente fué electo para el alto puesto de presidente del senado en la legislatura de aquel estado y de ninguna manera por senadores de su propia nacionalidad. El es un caballero de pura descendencia española, educado, inteligente y leal.........."

He copiado aquí esta parte del discurso de Mr. Ferguson, hombre eminente como estadista y de vasta ilustración, para que se vea que el Senador Barela tiene su fama con magníficos cimientos, pues sus aptitudes le son reconocidas y encomiadas y se le presenta como ejemplo, no sólo por sus compatriotas, sino por hombres de gran mérito y de distinta nacionalidad.

Su nombre se cita reverenciándolo, en la más humilde cabaña de Colorado y en el gran sólio nacional de los Estados Unidos en Washington.

DELEGADO A LA CONVENCIÓN DEMOCRÁTICA DE ESTADO.

En el mismo año de 1898 el Senador Barela fué nombrado delegado á la convención democrática de estado por los demócratas del condado de Las Animas.

Además tomó gran interés por sacar victoriosos á los candidatos en el boleto demócrata en las elecciones del Condado. Lo que constituía el boleto democrata aquel año se llamó la "fusión platista," y todos los platistas fueron electos en el condado.

DISCURSO DEL SENADOR BARELA EN LA CELEBRACIÓN DEL 4 DE JULIO, DE 1898.

SE HABÍA arreglado para tener una celebración el 4 de Julio de 1898, y habiéndose arreglado un programa allí aparecía el nombre del Senador Barela como uno de los oradores.

Como esto ocurría durante el progreso de la Guerra Hispano Americana, y conocedor el Senador Barela que se había intimado por medio de personas perniciosas y aún por algunos periódicos amarillos de que se creía que los hispano americanos simpatizaban con España, el Senador Barela aprovechó la ocasión para desmentir tales acusaciones y este discurso tuvo el efecto de que se disiparan aquellas desconfianzas.

La tribuna para los oradores estaba formada delante de la casa de cortes del condado de Las Animas y de allí el Senador Barela pronunció el siguiente discurso.

"Sr. Presidente, Señoras y Caballeros:

"No es mi intención hacerles un discurso hoy, intento solamente hacer unas breves remarcas sobre algunos datos de nuestra historia, y con respecto á la posición que el pueblo hispano americano hoy ocupa en esta gran república.

"Recordaran que los hispano americanos anteriormente estaban sujetos á la corona de España y después á la República de México.

"En Abril de 1846 se declaró la guerra entre los Estados Unidos y México, y el día 2 de Febrero de 1848, después de casi dos años de guerra entre las dos naciones, se firmó el Tratado de paz conocido como el Tratado Guadalupe Hidalgo, por los comisionados de los Estados Unidos y México.

"Bajo este tratado la República de México cedió á los Estados Unidos, Texas, Nuevo México y la Alta California con todo el territorio que entonces les pertenecía.

"El territorio que los Estados Unidos se ganaron en este tiempo fué inmenso, componiéndose de más de 650,000 millas cuadradas.

"El Presidente de los Estados Unidos, Mr. Polk, el día 22 del mismo mes de Febrero, sometió el tratado al Congreso de los Estados Unidos, por cuyo cuerpo fué aprobado. El Gobierno Mexicano por medio del Presidente Peña lo aceptó y fué confirmado por una gran mayoría de la cámara de diputados y por un voto de 33 por 5 en el senado.

"Los comisionados de los Estados Unidos, el 19 de Junio del mismo año, notificaron oficialmente al Secretario del Estado que el Tratado había sido concluido, y el Presidente Polk, después de dos años y dos meses de haber principiado la guerra expidió su convocatoria al pueblo americano anunciando que reinaba la paz entre los Estados Unidos y la República Mexicana.

"El tratado en verdad, puso fin á una guerra cuyo punto de más importancia fué la pérdida de vidas y la pérdida de dinero á ambas naciones. Los Estados Unidos, según las obras de Bancroft, estiman la pérdida de vidas en nada menos que 25,000 hombres, y el gran historiador americano ha dicho:

" '¿Qué son las vidas de 25,000 hombres que se matan? Sólo Dios sabe. Fué mucho para ellos, pero bien poco para los magnates en Washington. El costo en dinero para los Estados Unidos se ha estimado en $166,500,000. La fuerza total del ejército empleado por los Estados Unidos en México de Abril de 1846 á Abril de 1848, consistió de 54,243 soldados de infantería, 15,781 de caballería, 17,082 de artillería y 25,189 reclutas, haciendo un total de 96,995 hombres.'

"No es facil acertar la pérdida actual de vidas y dinero sufrida por el Gobierno Mexicano, pero se estima que fué una gran pérdida de vidas, dinero y propiedades.

"Mis caros conciudadanos: El Artículo VIII. de dicho tratado les dá á los mexicanos establecidos en el territorio que antes pertenecía á México y que deseen quedarse allí en lo futuro los derechos de ciudadanía americana á no ser que den á conocer dentro de un año su preferencia por la ciudadanía mexicana, en cuyo carácter se pueden también quedar y poseer propiedad, la que será respetada.

"El congreso mexicano, después de haberse confirmado el tratado, pasó una ley cediéndoles á cada una cabeza de familia que viviera en el territorio cedido á los Estados Unidos por medio del tratado, que deseara ir á México como ciudadano mexicano, 200 hectares de terreno, que vienen siendo 500 acres, libres de tasación por siete años, con libertad de siete años de servicio en el ejército, y libre de derechos de aduana toda la propiedad personal que llevara á México.

"Mis caros conciudadanos, cuando esta ley fué decretada en el congreso mexicano una comisión vino de México al Territorio de Nuevo Mxico para poner en lista aquellas familias que quisieran ir, á lo que se consideraba como su madre patria—la república mexicana—y después de tres meses de trabajo solamente una familia se enlistó, y el resto de los hispano americanos del territorio, decidieron y declararon que preferían vivir bajo la bandera americana.

"Tal vez habrá algunos americanos que no están muy bien informados, que se imaginan que en la presente guerra, los hispano americanos simpatizamos con España. Esa es una imaginación muy equívoca. ¿Cómo puede un pueblo que se hizo parte de los Estados Unidos cincuenta años pasados, y quien ha rendido sincera y fiel alianza á la bandera americana todo este tiempo, simpatizar con otra nación si no es América?

"Cada un hispano americano de este país, bajo la edad de 71 años, consiguió su ciudadanía bajo la bandera americana, y cada un hispano americano bajo la edad de 50 años, es nacido actualmente en terreno de los Estados Unidos.

"Mis caros conciudadanos, en la gran guerra civil, aunque no habían sido parte de los Estados Unidos más que unos cuantos años, en Nuevo México se registraron en el ejército de la Unión y pelearon valientemente por toda la guerra, más que 8,000 hispano americanos como soldados; más que los que se registraron de todos los otros territorios juntos, y su valentía y lealtad jamás se dudó.

"Hoy, ustedes hallarán en los campos de batalla dos compañías de hispano americanos, del Territorio de Nuevo México.

"Los hispano americanos de Colorado han ofrecido á su Excelencia, el Gobernador Adams, los servicios de una compañía, pero debido á la pro-rata del estado y á su grande populación el gobernador declinó aceptar.

"Caros conciudadanos, nosotros los hispano americanos, nos sentimos orgullosos de vivir bajo el pabellón americano, listos para morir en defensa del honor de nuestra nación, y en defensa de nuestra emblema nacional."

El Senador Barela fué vitoreado y aplaudido por su discurso y la audiencia quedó convencida de la veracidad de sus palabras.

UN MEMORIAL AL CONGRESO NACIONAL AUTORIZANDO LA DEVOLUCIÓN DE LOS TROFEOS Á LA REPÚBLICA MEXICANA.

DURANTE la sesión legislativa de 1899, el Hon. Senador Casimiro Barela presentó una resolución ante el senado para que la legislatura elevara un Memorial á la Cámara de la Unión en Washington, para que se decretara la devolución á la República Mexicana de los trofeos que le fueron quitados en 1847.

Para apoyar su solicitud pronunció el Senador Barela el siguiente discurso:

"Sr. Presidente:

"Este memorial atañe á la más alta esfera del deber, á la más exaltada idea del patriotismo, y á la inspiración de aquellas emociones nacionales que encienden el amor á nuestros semejantes, aún cuando estos residan en otro hemisferio.

"México para nosotros no es un país extraño. Es una república hermana, perteneciente á la gran familia de repúblicas americanas. Como la nuestra ella también se fundó bajo Colón. Como gran parte de lo nuestro, ella fué creación del Imperio Español. Su conquista por Cortez llena de romance la historia, es la delicia de la poesía y es el tema de las canciones.

"Como nosotros, ella también sacudió el yugo del despotismo europeo, asimiló los elementos de la civilización, dió separación á la iglesia del estado, y aún confiscó las grandes fábricas de las iglesias para beneficio de las industrias en sus varios ramos.

"Como nosotros, ella estableció un gobierno popular compuesto de una unión estados, dejando á cada estado su soberanía respecto á sus relaciones domésticas.

"Como nosotros, ella tiene en cada estado un gobierno de estado, con sus funciones legislativas y su jurisdicción ejecutiva.

Como nosotros, ella tiene un vasto territorio, desde sus llanos en el centro, hasta sus bajíos en las costas del oriente y del poniente, y su capital es una de las más espléndidas del globo, situada en la cima de su zona volcánica.

"Ella llega hasta la granja de nuestra túnica á lo largo de dos mil millas.

"Aún cuando se halla tan cerca, ella se halla aún muy lejos de nosotros, porque nuestro pueblo no ha sabido estudiar como debía á esta interesante vecina.

"Cuando en 1821, cabalmente 300 años después de la conquista, ella declaró su independencia, la chispa que encendió su llama patriótica, fué la chispa de Patrick Henry, de Adams y de Washington.

"Cuando su independencia quedó consumada, aquella luz que se convirtió en su pilar de fuego, fué la constitución de los Estados Unidos, juntamente con las doctrinas de Jefferson. La estrella polar de su libertad fué el ejemplo que le dieron nuestros padres; la piedra de toque de su gobierno, fué la política de nuestros presidentes.

"En su lucha de libertad é independencia, su grito de guerra fué: 'Libertad ó Muerte.'

"Al consumar su independencia, ella no trajo como César sus trofeos á Roma; pero los conquistó de los hijos de Carlos V., Felipe II., y de la Dinastía de Sevilla. Estos trofeos se volvieron á hallar en los combates cuando Scott y Taylor hicieron su marcha triunfal sobre una nación débil pero no menos valiente, ni menos patriota.

"El final de esa marcha fué una expansión de nuestro territorio, que hoy se halla transformado en varios estados, añadiendo así numerosas estrellas á la constelación de nuestro pabellón nacional; y nosotros al triunfar, capturamos muchos trofeos mexicanos, entre ellos multitud de los que México había quitado á las armas de España.

"Para el alma mexicana esos trofeos son tan queridos como

para nosotros la espada de Bunker Hill, ó la memoria de Lexington, Concord y Brandywine.

"Durante medio siglo, ó más, estos trofeos han estado arrollados en nuestros centros militares. Es verdad, sin embargo, que dos de esos mismos cañones otra vez volvieron á levantar su atronadora voz, por la libertad y unión, en la batalla de Greensburg, Kentucky, bajo la mano de un hombre que hoy mismo se halla ocupando una posición de honor y lucro en este capitolio.

"¿Qué son para nosotros esos trofeos ahora?

"¿Acaso la media centuria de paz y de prosperidad de que hemos gozado, no ha curado los rencores del pasado?

"¿Hay necesidad acaso de estos trofeos para recordar á las generaciones presentes y futuras la lealtad de sus antepasados y la pujanza de sus armas?

"Los hijos del norte y los hijos del sur, ¿acaso quieren todavía esos trofeos para encender en lo futuro el patriotismo?

"¿Qué no hay acaso, abundancia de trofeos frescos hoy, quitados á España, para satisfacer nuestras aspiraciones presentes, y para excitar la admiración del porvenir?

"Sr. Presidente, troquemos el cuadro.

"Supongamos que una nación poderosa hubiese en guerra devastado nuestro territorio, capturado nuestros trofeos quitados á los ingleses en las batallas de la revolución, y que los hubiera después conservado con arrogancia por cincuenta años. Luego supongamos que á eso se ha seguido una era de paz, y que en esa época hubieran reinado entre el país victorioso y nosotros las más estrechas relaciones y cortesías. Supongamos que entonces, en un momento de magnanimidad, ellos nos devolvieran los trofeos que nos habían ganado.

"¿Cuál sería el sentimiento de nuestro pueblo?

"Pero los cañones y banderas quitados á México tienen un mérito más que ordinario. Se llaman, *El Veracruz, Contreras, Chapultepec, Molino del Rey, y Ciudad de México,* y tienen otras inscripciones. Estos nombres están unidos y se hallen entrelazados en la urdimbre misma de la Historia de México.

Nombres entrelazados con el llanto del desastre y con los gritos de victoria que los esmalta de recuerdos santos.

"Pregunté, Sr. Presidente, ¿Cuáles serían nuestros sentimientos?

"Señor, celebraríamos un jubileo nacional, y el día de devolución se trocaría en fiesta nacional, y se encendería un sentimiento de amistad caballeresca, cuya llama ardería perpetuamente en nuestros altares.

"Sr. Presidente, Vd. sabe que por nacimiento y por la educación de mis primeros años, yo soy de orígen español. Mi lengua natal es la lengua oficial de México. Mis mejores años han sido consagrados á lo que he considerado de mejor provecho para los Estados Unidos en general y para Colorado en lo particular. He servido con mis humildes facultades á Colorado desde su incepción territorial hasta su glorioso presente en la comunidad de estados. Yo ayudé á formar su Constitución. A nadie cedo el primer lugar en el amor á este país y á sus instituciones. Yo las conozco bien, y las venero aún más. Nuestra bandera es la *vieja gloria* para nuestros soldados. Para mí es más aún: es la *vieja gloria* del pasado, es la *nueva gloria* del presente y *toda la gloria* del porvenir.

"Es bajo la inspiración de esa bandera que yo me expreso hoy.

"México entrelaza su bandera con la nuestra. Su civilización no está amortiguada. Ella fundó una república bajo Juárez; bajo Díaz ha fomentado todo elemento para hacerla grande entre las naciones de la tierra. Ella se desarrolla al ritmo de nuestras arias nacionales. Sus colegios y universidades dirigidas por el estado, van adelante iluminándolas el sol más brillante del pensamiento moderno.

"Desde los albores de la libertad, ella tiene libertad de cultos. Sus industrias reciben de ella material cariño. Tiene un departamento de agricultura semejante al nuestro. Todas sus industrias van levantándose al más alto grado de perfección, y la filosofía de su sociedad sigue acorde con las ideas modernas, entrando al imperio de la ciencia.

"En las artes no se halla atrazada. Su arquitectura es la encarnación de las cinco órdenes. En pintura compite con los cuadros maestros del Vaticano. En la música, ella invoca el diapasón de la más dulce melodía, mientras que en la escultura no tiene igual.

"Aún más, ella es una república negociante. Sus exportaciones por el año de 1898 se calculan en $125,000,000 y sus importaciones en $75,000,000. La mayor parte de estas pasan por nuestras aduanas, y nos ponen en contacto inmediato con las industrias de aquel pueblo.

"Ella invita nuestro capital y nos facilita todos los medios para proteger y hacer productivo cada peso invertido en sus varios productos y mejoras internas.

"Hay inmenso campo allí para especulación, y nuestras relaciones se hacen más y más estrechas cada un día. Todas las oportunidades van creciendo y aún ahora mismo tenemos allí valores fijos que se aproximan á $300,000,000.

"Sus montañas tienen indecibles millones de pesos en metales preciosos y vastas masas de hierro, carbon y otras riquezas. En sus llanos pacen ganados sin cuento. Allí el café para los mercados del porvenir tendrá que cultivarse y el hule del comercio nos vendrá por los Puertos de Tampico y Veracruz.

"Sr. Presidente, dije que ese pueblo se hallaba tan cerca y aún tan lejos. Nosotros no lo hemos estudiado lo bastante, y cuando lo conozcamos como debemos, entonces nos maravillarán sus empresas, y sentiremos alegría por sus sentimientos, y un grande amor hacia sus instituciones. Apreciaremos entonces á un pueblo que corre con nosotros en linea paralela. Un pueblo que ha producido talentos Bismarquianos en la diplomacia y cerebros Gladstonianos en la filosofía.

"Sr. Presidente, Un año antes de la presentación de este memorial, España, aún ejercía soberanía sobre algunas regiones de este hemisferio, con un gobierno semejante al que los patriotas mexicanos derrocaron.   Como ellos, los patriotas Cubanos luchaban por su independencia. Ellos eran débiles; y en la causa de la humanidad nuestro gobierno le dijo á España:

" 'Quitad las manos.'

"¿Quién hubiera comprendido la magnitud de esa pequeña frase?

"En noventa días hicimos la historia de un siglo.   Dimos realización á la profesía poética, dimos un golpe por la libertad, y,

" '*Cruza un júbilo profético*
  Cuando una hazaña por libertad se altera
  Y se extiende de oriente á poniente
  Por el seno dolorido de la tierra.
  Y el humillado infeliz que se oculta
    Siente revivir sus alientos,
  Siente que vuelve á su espíritu
  Cuando la redención de mil tormentos
  Florece en toda su lozanía
  Sobre el tallo espinoso de los tiempos.'

"Sr. Presidente:

"Esa sensación de júbilo profético lo siente nuestra hermana república. Ella también experimentó las congojas y dolores del alumbramiento cuando nació una más exaltada idea de libertad para la humanidad. Ella se alegra en unión nuestra por nuestros triunfos, viendo que ya la cadena se extiende al derredor del mundo.

"Ahora, en nuestra posición tan alta, bien podemos mostrarnos generosos. El mundo ha visto como nos sabemos portar en las tremendas realidades de la guerra; enseñémosle ahora al mundo como usamos la ocasión de la paz.

"Devolvamos al Gobierno Mexicano todos esos trofeos de guerra. Esto enternecerá el corazón de aquel pueblo, y lo incitará á cultivar más estrechas relaciones con nosotros.

"Ellos los conservarán no sólo como recuerdos de su independencia, sino también como reliquias que harán queridos, aún para los mexicanos, los restos de los héroes americanos que hoy descansan en Chapultepec; y esto, como el nuevo lazo que acaba de tegerse entre el norte y el sur, hará que México y el Tío Samuel cubran de flores las tumbas tanto de vencidos como de vencedores.

"Para concluir, señores senadores, yo protesto á ustedes que, como hispano americanos, nosotros nos sentimos orgullosos de vivir bajo la bandera americana, y que estamos listos á morir bajo el emblema nacional y por nuestro honor."

La lectura en el senado por el Hon. Casimiro Barela, del discurso anterior, pronunciado con toda la energía y patriotismo que le caracterizan, terminó entre nutridos aplausos.

Para la información de mis lectores diré que el trozo poético que el Senador Barela citó en su discurso es el del inspirado poeta inglés, que dice:

> "*When a deed is done for freedom,*
> *Through the Earth's broad aching breast*
> *Runs a thrill of joy prophetic,*
> *Stretching on from East to West.*
> *And the slave where'er he cowers,*
> *Feels the soul within him climb,*
> *To the awful verge of manhood*
> *As the energy sublime*
> *Of a century burst full blossomed*
> *On the thorny stem of time.*"

Y que con el fin de hacer rimar lo hé cambiado un poco, no obstante, dándole el mismo sentido, y si he faltado al metro suplico la clemencia del crítico.

El Senador Stewart, presentó la siguiente resolución:

"Sea resuelto, que la comisión de impresión sea instruida de imprimir 500 copias en inglés, del discurso pronunciado por el Senador Barela, el sabado 11 de Marzo, con respecto al memorial de ambas cámaras, Núm. 1."

El Senador Newell enmendó la resolución á que leyera que se imprimieran también 500 copias en español, y la resolución del Senador Stewart fué unánimemente aprobada según enmendada.

El Senador Barela hubiera conseguido su objeto, i. e., que el Gobierno de los Estados Unidos restituyera á México los trofeos que le quitaron en 1847, pues la buena disposición por los altos funcionarios americanos se traslucía por medio de la prensa que se ocupó del asunto que fué en general, y el pueblo no mostraba descontento, mas habiéndolo puesto en conocimiento del Señor Presidente de aquella Nación, Gral. Porfirio Díaz, éste escribió al Senador Barela una carta que dice así:

"Señor Senador
    "Don Casimiro Barela,
        "Denver, Colorado.

"Muy señor mío y de mi aprecio:

"Con la atenta carta de Vd. fecha 6 del corriente, recibí un ejemplar del memorial que dirigió Vd. á la Cámara de Senadores de ese Estado, de la cual es Vd. digno miembro, y además un elocuente discurso que pronunció para apoyarlo, y un número de la Revista llamada 'Mecca,' en donde se vé un retrato y una noticia acerca de su persona.

"Doy á Vd. las gracias por su atención de enviarme todo eso, de que me he impuesto con sumo interés, y muy particularmente por los nobles sentimientos de Mexicano, de orígen y de raza que han inspirado á Vd. la idea de que sean devueltos á esta República las banderas y todos los demás trofeos adquiridos por el ejército de ese país durante la guerra de 1847 y 1848. Muy honroso es para Vd. el haberlo promovido, y es también para los senadores de ese estado el haberle dado su aprobación con el ánimo de cultivar los buenos y amistosos sentimientos de ese pueblo hacia su vecino. Sin embargo es bastante con lo que se ha hecho para que los hombres pensadores de México queden agradecidos á ustedes, sin que el proyecto siga adelante. Si se llevara a cabo esa idea, creo que la mala intención de algunas gentes, que, aunque en corto número, son poderosas para el mal, despertaría en este pueblo tristes recuerdos y pasiones tan ciegas como exaltadas, que por fortuna se van sepultando en el olvido, porque hoy domina el buen sentido práctico y la convicción de que los dos pueblos están llamados á vivir en íntima amistad, sin perjuicio alguno para la independencia mexicana, objeto cada día más idolatrado para los hijos de esta tierra. Todo lo que remueve memorias de otro tiempo, de enemistad y de lucha, pudiera producir un efecto contrario al que desean los hombres discretos y de buena voluntad de ambos países.

"Por lo demás, repito que es digno de gratitud el impulso que ha hecho usted, llevado de un sentimiento noble y generoso.

"Quedo de Vd. afectísimo amigo y seguro servidor,

  (Firmado)   "PORFIRIO DIAZ."

Con motivo de la carta que antecede, el Senador Barela suspendió sus gestiones.

De los pensamientos contenidos en el discurso del Senador Barela se desprende que es de elevadas ideas, de nobles miras y de alma grande. Con la mayor honradez, y con la mayor buena fé, él daba ese paso para estrechar las relaciones de dos pueblos que antes tuvieron rencillas, sin que ninguna otra idea surgiera por su mente.

Esas ideas sólo germinan en los cerebros grandes, y la dulzura de esos sentimientos sólo la experimentan las almas nobles.

EL MEMORIAL.

El memorial á que me he venido refiriendo está redactado en los siguientes términos:

"MEMORIAL NÚMERO UNO.

"Por el Senador Barela.

"La Asamblea General del Estado de Colorado, al Senado y Cámara de Representantes de los Estados Unidos de América, reunidos en el Congreso:

"A los Honorables cuerpos del Senado y Cámara de Representantes de los Estados Unidos de América en sesión reunidos:

"Sus memorialistas, la Asamblea General del Estado de Colorado, respetuosamente someten á su consideración que por proximidad geográfica, por su similaridad topográfica y su orígen histórico tan semejantes á la República Mexicana, la atención de sus memorialistas ha sido llamada especialmente al extento y carácter de nuestra Hermana República y la relación de los Estados Unidos hacia su pueblo y hacia los sentimientos de este.

"Aquel interesante pueblo ocupa una región que tiene el mismo lindero que los Estados Unidos y que se extiende por más de dos mil millas. Una región repleta de historia que parece alcanzar á todas las épocas desde los tiempos primitivos, con una maravillosa y remarcable variedad de productos vegetales, la producción más extensa de minerales y un vasto comercio en animales domésticos.

"Esto, con un gobierno semejante al nuestro, con un gran desarrollo de su civilización, al tanto del nuestro, no puede menos que excitar en nuestros pechos un interés vivo, honrado y simpático.

"Las últimas estatísticas demuestran que la República Mexicana, durante su último año fiscal recibió efectos importados al valor de $42,204,095, de los cuales más que la mitad, ó sean $22,593,860 fueron de los Estados Unidos de América. Ellos exportaron durante el mismo año, el valor total de $111,346,494, de los cuales $86,742,951 vinieron á Estados Unidos, y lo más de lo cual, fuera de los metales preciosos, es de un carácter que no infringe con nuestros productos manufacturados.

"Ciudadanos de los Estados Unidos tienen invertido dinero en México, dividido entre ferrocarriles, fundiciones, ganados, plantaciones de café y goma (hule) y otros valores fijos, hasta una suma que se aproxima á trescientos millones de pesos.

"Por más que trescientos años México estuvo bajo el dominio de España. En 1821, siguiendo en los pasos de todas las más de las colonias de este hemisferio, declaró su independencia, y derramó su sangre para que la libertad se acercara á los menores grados de latitud, y derramara su benigna influencia sobre su vasto dominio.

"Bajo la libertad y el gobierno libre desde los tiempos de Benito Juarez México no ha atentado á los dinteles del futuro con la sangrienta llave del pasado, sino con sus sistemas mejorados de educación y religión y su desarrollo interno, desafiando al presente, está desarrollando aún más su futuro, bajo la administración del Presidente Diaz, engendrando una política en armonía con las más avanzadas lineas de la civilización. Sin duda que los ejemplos manifestados por nuestros antecesores en resistir la tiranía de la Gran Bretaña, fué la antorcha que inspiró á los patriotas mexicanos á arrojar el yugo de España, y, mas tarde, esa misma antorcha que aún ardía en sus altares, causó que resistiera el atentado de eregir una dinastía hostil y extraña dentro de sus linderos. Y ¿quién puede negar que el sentimiento de patriotismo fué la potencia de sus armas en resistir la agresión de los Estados Unidos en nuestra guerra con aquella hermana república?

"El tiempo ha curado las cicatrices de aquella lucha y el olvido ha arreglado para siempre sus amnistías. Pero el tiempo jamás podrá borrar los sentimientos patrióticos de un pueblo.

"En la guerra con nuestra hermana república, capturamos muchos cañones, banderas y otros trofeos de guerra, muchos de los cuales fueron capturados de España por México, durante su refriega por la independencia. Estos son para México, las conmemoraciones de su libertad comprada con el derramamiento de su sangre. Para nosotros, no son más que cañones inútiles y banderas viejas, que no se necesitan para conservar en el corazón de nuestro pueblo la memoria del valor de sus militares. Algunos de estos recuerdos están en West Point, y en otros lugares, particularmente *El Vera Cruz, El Contreras, El Chapultepec, El Molino del Rey y La Ciudad de México*. Algunos de estos otra vez levantaron su voz por la libertad, como en el caso de Greensburg, Kentucky, durante la guerra para la preservación de la Unión.

"Nuestras últimas conquistas, nuestros esfuerzos en la causa y protección de la humanidad, las proezas de nuestras armas, las brillantes victorias de nuestras marinas, nos han elevado á una posición conspícua, de donde comandamos á un tiempo el respeto y admiración del mundo. Podemos conceder ser magnánimos.

"Sus memorialistas creen que la devolución de estos cañones, banderas y otros trofeos, á nuestra hermana república, demostraría aquel generoso espíritu de íntima fraternidad, que estimularía en el pueblo de aquella república una confianza en nuestras amistosas y pacíficas intenciones, insitaría un interés vivo en nuestro bienestar é invocaría un cariño hacia nosotros como pueblo que hallaría raíces en las regiones más áridas de sus posesiones.

"Sus memorialistas en vista de estas consideraciones, y en armonía con los sentimientos que sienten, ruegan á sus honorables cuerpos que provean por ley, ó por resolución de ambas cámaras que los cañones, banderas y otros trofeos que fueron capturados por los Estados Unidos en el conflicto de esta República con la República Mexicana sean devueltos á la administración mexicana con tan adecuada expresión como medio siglo de paz pueda sugerir.

"Y sus memorialistas para siempre les ruegan, etc.

"Que este memorial sea registrado y una copia sea mandada al Presidente de los Estados Unidos, y una copia á cada uno de nuestros miembros en el senado y en la Cámara de Representantes en el congreso reunidos.

  (Firmados)   "FRANCIS CARNEY,
          "Presidente del Senado.
"WILLIAM G. SMITH,
 "Presidente de la Cámara de Representantes.
        "CHARLES S. THOMAS,
       "Gobernador del Estado de Colorado."

PRESIDENTE DE LA COMISIÓN DE INAUGURACIÓN.

Habiendo sido electo el Gobernador Charles S. Thomas en 1898, el Senador Barela fué nombrado Presidente de la Comisión que hiciera los arreglos para las ceremonias de la inauguración del gobernador electo.

El Senador Barela fué objeto de grandes cumplimientos en su desempeño en esta alta comisión habiendo usado su juicio en todo, al mismo tiempo haciendo las ceremonias de las más solemnes se ahorraron varios miles de pesos al pueblo, que en otras ocasiones habían usado para rentar teatros y para otras pompas. En las palabras del Denver News, "las ceremonias inaugurales de 1899 no tuvieron precedente en la historia de Colorado."

EN DEFENSA DEL SUFRAGIO DE SUS CONSTITUYENTES.

En la sesión de la legislatura de 1899 se introdujo un proyecto para quitar las emblemas del boleto oficial del Estado de Colorado, y al mismo tiempo para quitar los nombres de partidos del mismo, á modo de que cada votante tuviese que marcar todos y cada uno de los candidatos por quienes quisiese votar.

El Senador Barela que había conseguido que se pusiesen emblemas para que aún los que no supieran leer pudieran saber por el emblema el partido que quisieran votar, sabedor de que le era imposible matar aquel proyecto, y siempre con la mira de proteger á sus paisanos especialmente, empezó á estudiar el dilemna y al fin lo solvió introduciendo un proyecto para que simplemente se dejasen en blanco una linea para que el votante pudiese entrar el nombre del partido que deseara votar y así evitar de pasar sobre cada nombre en el boleto, proveyendo además que se pudieran emplear intérpretes donde quiera que fueren necesarios para que los votantes que no entendieran el inglés tuvieran igual derecho á su voto, y autorizando á los jueces de elección ó sus secretarios para que llenasen el boleto al placer del votante que pidiera su ayuda.

Otra vez se había hecho un esfuerzo para que gran número de personas quedaran desfranquiciadas del sagrado derecho del sufragio, pero otra vez también, el Senador Barela había salido en su defensa, y otra vez sus derechos habían quedado protegidos.

Desde entonces se han hecho varios atentados para establecer el boleto neto australense, ó sea el boleto sin cabeza, y cada vez el Senador Barela con su experiencia, con su elocuencia, con sus sanos razonamientos ó ya con su grande astucia política, su conocimiento absoluto de las reglas parlamentarias, ha logrado derrotarlos, ó dejarlos sobre la mesa, á modo que no han podido reconsiderarlos. Los cuarenta años que el Senador Barela ha estado en la legislatura han sido para él una continua lucha en pro de sus constituyentes y especialmente en pro de proteger á su raza, cuyo sólo hecho debía merecer más común y absoluto reconocimiento de parte de cada un hispano americano que le conoce y que no puede negar los beneficios del Senador Barela hacia su pueblo.

SOBRE LA EXPOSICIÓN PARISIENSE.

El 12 de Febrero de 1899, el Senador Barela introdujo un proyecto proveyendo para que el Estado de Colorado presentara una exhibición de sus productos minerales, agriculturales, etc., en la Exposición del Mundo en París en 1900. Proveyendo para el nombramiento de una comisión de seis miembros, incluyendo al gobernador del estado para que representara los intereses de este estado en aquella exposición, y para el nombramiento de una ó más personas que hablaran las idiomas inglés, francés, español, alemán, italiano y ruso, para que mejor se representaran las industrias del estado Centenial de los Estados Unidos de América. La prensa de todo el estado se ocupó en elogiar las ideas progresistas del Senador Barela.

PARA ESTABLECER UNA ESCUELA INDUSTRIAL CERCA DE TRINIDAD, COLO.

En el mismo año de 1899 el Senador Barela introdujo en el senado un proyecto proveyendo para el establecimiento de una escuela industrial y mecánica en las cercanías de Trinidad.

Declaró que la ciudad de Trinidad no poseía ninguna de las instituciones del estado y que para ese efecto el cuerpo de comisionados del condado de Las Animas donarían el rancho conocido como de los pobres el cual contiene 320 acres para el establecimiento de la dicha escuela, habiendo allí todas las comodidades para el establecimiento y la buena dirección de tal institución.

EN LA MUERTE DEL FINADO JESÚS MA. GARCÍA.

Habiendo fallecido Don Jesús Ma. García, de grata memoria, el 24 de Octubre, de 1899, el Senador Casimiro Barela, convocó una reunión en la casa de Cortes de Trinidad, Colorado, el 26 de Octubre, donde se pasaron las siguientes resoluciones:

"Trinidad, Colo., Oct. 26 de 1899.

"En el asunto del fallecimiento del Hon. Jesús Ma. García:

"Los ciudadanos de todas las secciones del Condado de Las Animas, reunidos en la casa de cortes, sin miras de nacionalidad, credo ó partido, resolvemos como sigue:

"Primero—Que con el más sincero pesar clausuramos las relaciones terrenales con nuestro finado amigo y hermano. Su filantropía fué tan extensa como el género humano. Sus caridades fueron limitadas solamente por su oportunidad y habilidad. Fué en verdad, un hombre que amaba á sus conciudadanos—á todos, irrespecto de raza ú otras distinciones.

"Segundo—Que nos conformamos con una Sapientísima Providencia en esta gran aflicción. Sin solicitud ni temor, muy pesarosamente rendimos á nuestro finado, y devolvemos sus preciosos restos á la tumba. Nuestro finado amigo y hermano fué práctico en la fé cristiana. Respetó las enseñanzas de Jesucristo, y creyó que los buenos vivirán en otra esfera. Consideramos que somos mejores al haberlo conocido, y enseñarémos á nuestros hijos á apreciar sus buenas cualidades de cerebro y de corazón.

"Tercero—A la afligida familia extendemos nuestra más generosa simpatía. Procuramos que su pesar á gran extento sea el nuestro. Que el Padre Celestial dé consuelo á sus corazones, y les pruebe que somos sus mayores amigos en esta su más grande necesidad."

Después de aprobar estas resoluciones el Senador Barela indicó su intención de juntar un fondo para la erección de un monumento al finado y comenzó la lista suscribiéndose con $50. Pronto después se suscribieron hasta la suma de $400 y se nombró una comisión para que actuara como tesorera. El Senador Barela fué puesto en la comisión para elegir el monumento.

SU RETRATO EN LA CÚPULA DEL CAPITOLIO DE COLORADO.

EL SENADOR BARELA fué quien introdució el proyecto para hacer la primera apropiación de dinero para comenzar el magnífico edificio que hoy llamamos el Capitolio del Estado de Colorado. En el año de 1899 se nombró una comisión para que escogieran 16 de las personas que habían sido de más utilidad para el estado para poner sus retratos en las 16 ventanas en la cúpula del capitolio. Se presentó una lista de más de 700 nombres de donde debían escogerse los diez y seis. El nombre del Senador Barela fué uno de los primeros que se escogió, como uno de los más importantes en la fundación del estado y como fiel sirviente de él por más años á aquella época que ninguno de los que estaban allí.

Entre la larga lista de nombres que se presentaron había nombres de gobernadores, de senadores, de representantes, de fundadores, de generales, etc., etc. Hubo varios que ofrecieron grandes sumas de dinero porque sus retratos ó los de sus parientes fueran puestos allí y no obstante sus ofertas fueron rehusadas porque estaban instruidos y determinados de que como no tenían más que el limitado número de 16 ventanas deseaban poner allí solamente los retratos de aquellas personas que verdaderamente estaban intituladas á aquella distinción por sus servicios al estado. Y por eso, allí por siglos tal vez, permanecerá el retrato del Senador Barela, para feliz recuerdo á las futuras generaciones.

La comisión que componía los que recomendaban las personas que así se habían de honrar, consistía de puros anglo-sajones, y solo los méritos del Senador Barela podrían hacerle acreedor de aquel honor, porque allí no se conocía el favoritismo.

De los 16 que están representados en la cúpula del Capitolio del Estado de Colorado, el Senador Barela es el único que sobrevive á la fecha de estar escribiendo esta obra.

El retrato de dicha ventana engalana una de las páginas de esta obra.

OTRA VEZ DELEGADO Á LA CONVENCIÓN DE GANADEROS.

El día 15 de Diciembre de 1899 el Gobernador Thomas, del Estado de Colorado nombró los delegados que debían representar el Estado de Colorado en la reunión nacional de los criadores de ganados, cuya convención se tendría en Fort Worth, Texas, el 16 de Enero, de 1900.

Los que representaron el Estado de Colorado en aquella convención fueron: Hon. Casimiro Barela, de Trinidad, Colorado; P. J. Stevens, de Montrose, Colorado, y W. A. Towers, de Las Animas, Colorado.

El Senador Barela atendió á la dicha convención, y después de haber atendido sus sesiones visitó otras de las ciudades del Estado de Texas. Su esposa, la Sra. Damiana Rivera de Barela le acompañó en este viaje.

"El Regidor," y "La Fé Católica," periódicos de San

Antonio, Texas, se ocuparon de él admirando sus buenas maneras, su facilidad de expresión, su talento, su exquisito trato, y la atracción que tiene para conquistarse amistades.

EN EL CARNAVAL DE COLORADO SPRINGS, COLORADO.

En Agosto de 1900 se celebró un carnaval en la ciudad de Colorado Springs, Colorado, á cuyo carnaval fué invitado el Senador Casimiro Barela. El Senador Barela fué acompañado de su señora esposa y seis parejas más, vestidas con los trajes que se usan en España. Debían desempeñar una parte del programa en el carnaval.

Además el Senador Barela pronunció un elocuente discurso, describiendo la historia del Estado de Colorado desde los tiempos en que era dependencia de España hasta la época presente, describiendo como fué que se les dió á varios lugares nombres españoles, los que la esposa del General Palmer después dió á muchas de las calles de Colorado Springs, cuando aquella ciudad fué fundada.

OPINIÓN DE S. W. DEBUSK.

En 1900 el Sr. S. W. Debusk, un próspero ganadero y agrícolo, muy prominente en política, residente de Hoehne, Colorado, quien actuaba como corresponsal del diario "Advertiser-Sentinel," dirigió el siguiente comunicado á aquel periódico:

"¿Cómo les parece Casimiro Barela para miembro del Congreso Nacional?

"Su individualismo sería remarcable. Sería un carácter distinguido. Físicamente no es mucho más grande que A. H. Stevens, quien sirvió en el congreso por cerca de 40 años. Stevens tenía un cuerpo que pesaba solamente 90 libras, pero gran cerebro.

"Durante su último año en el congreso, Stevens de su silla de inválido, pronunció una oración de solo diez minutos y todos los miembros se levantaron de sus asientos y se rodearon de él para escucharle.

"Barela es un orador natural—un maestro en el arte. Dirigiéndose á aquel ruidoso cuerpo de hombres en su inglés rítmico atraería inmediatamente su atención. La reputación de Sunset Cox fué el cultivo de 25 años en el congreso. Désele á Casimiro Barela solamente 15 y sería universalmente conocido.

"El deber de los porteros es responder políticamente las preguntas de los visitantes á las galerías. Estos porteros tienen varias anécdotas que contar de cada un senador ó representante notable. La prensa se ocupa mucho del congreso, pero solamente les dá fama nacional á los favoritos. Barela, con su suavidad de modales, y su tacto en todo tiempo, sería favorablemente conocido y reconocido por todos.

"Un hispano americano sería una rareza en el congreso. Pero siendo completamente agradable, talentoso é industrioso, sería un favorito.

"Barela está jóven todavía para que entre al congreso en dos ó cuatro años más, para así conseguirse una carrera política de maravilloso suceso siendo uno de nuestros suburbios.

"No es pecado, Sr. Editor, discutir la eficacia de ningún ciudadano para ninguna oficina. He escrito estas lineas sin el conocimiento ni sugestión de ninguno. El condado de Las Animas podría poner á su senador castellano allí por medio de un esfuerzo unido. ¿Y, porqué nó? Créame que estoy en serio en estas lineas, con todo que la sugestión es tan plausible que la hago, y la extiendo al gran público.

"S. W. DEBUSK."

ENTREVISTA CON UN REPÓRTER.

Durante el año de 1900 mientras el Senador se hallaba atendiendo negocios en Denver se le acercó uno de los repórters de uno de los diarios de aquella metrópoli y en conversación le preguntó si creía que haría la carrera para senador aquel otoño. El Senador le respondió que creía que no haría la carrera. Que ya había servido un término que no tenía igual en la historia de los Estados Unidos y que creía que sus constituyentes deseaban dejarlo descansar. Le dijo también que había escrito para los diferentes estados de la Unión para informarse de los términos sucesivos que había servido un sólo oficial y que había hallado que solamente el Estado de Massachusetts podía acercarse á Colorado; que un oficial allí había servido doce años consecutivos.

A la siguiente mañana apareció un artículo en los periódicos de que el Senador Barela se había determinado no volver á aceptar la carrera para senador.

El Senador E. O. Wolcott, que había sido colega del Senador Barela, aunque diferenciaban en política, se habían ayudado mutuamente en varias ocasiones, habiendo visto el reporte en el diario procuró ver al Senador Barela. Habiéndose encontrado luego le dijo lo que había leído y que tenía mucho gusto que no hiciera la carrera porque su carrera les quitaba muchos votos á los republicanos en el Condado de Las Animas.

Después le dijo que si así era, y no aceptaba la nominación aunque se la tendieran, él se encargaría de ver que se le nombrara gobernador de Nuevo México y que pondría á su disposición la suma de $15,000 para ayudarle en otras empresas.

Al oir estas palabras el Senador Barela se irritó y le dijo á Wolcott que no estaba en venta y que su proposición le había determinado á que si se le ofrecía la nominación la aceptaría con la sola mira de resentir su atrevimiento.

El Senador Wolcott entonces se irritó también y le dijo: "Si el dinero lo puede derrotar, Usted será derrotado; y yo veré de que se haga."

Aquí concluyó bruscamente la entrevista de los dos senadores y cada uno siguió su camino determinado en lo que habían dicho.

LA CAMAÑA DE 1900.

En la convención de condado en 1900 el Senador Barela fué nominado como candidato para senador y aceptó la nominación. Luego se empezó á conmover el pueblo tratándose de las elecciones. El Senador Barela fué nominado por el partido demócrata del condado, mientras en el boleto republicaron nominaron á D. L. Taylor, ahora jefe político de la ciudad de Trinidad, Colorado. La lucha en la campaña estuvo muy reñida. Ambos lados reclamaban la victoria. Indudablemente que Wolcott había cumplido con su promesa porque se notaba muy bien el trabajo que estaban haciendo los partidarios de Taylor. Pero pasó el día de la elección y el Senador Barela fué electo con una mayoría de 563 votos Barela recibió 4,291 y Taylor 3,728.

El Senador Wolcott perdió su dinero y también su ambición. Después de que hubo pasado la elección se supo de la treta que los contrarios habían querido jugar para efectuar su victoria, pero todas les fueron inutiles. El Senador Barela había ya servido 28 años consecutivos en la legislatura y había sido electo por cuatro más.

Las astucias, el dinero, ni la influencia de sus enemigos políticos no era suficiente para hacer que el pueblo dejara de reconocer los muchos y buenos servicios del ídolo del Condado de Las Animas.

ACUSACIÓN FALSA.

A FINES DEL año de 1900 el Dr. John Grass, residente de Trinidad, Colorado, por muchos años, y un acérrimo enemigo político del Senador Barela, puso una queja ante la comisión de terrenos en Denver, alegando de que aquel cuerpo anulara la venta de unos terrenos de pasteos que el cuerpo de terrenos había vendido el año antes al Senador Barela, por la razón de que aquellos terrenos contenían carbón en grandes cantidades y alegando que era la intención del Senador Barela comprar estos terrenos á precios de terrenos de pasteos y después explotar los minerales.

A principios de 1901 la nueva comisión hizo indagaciones sobre el asunto mandando expertos á que examinaran los terrenos en cuestión.

El Senador Barela en senado abierto atacó las miras rastreras del doctor, haciendo ver á sus colegas que el que aspiraba á la posición de gobernador no era más que un........cualquiera. Les hizo saber como este doctor había venido al Condado de Las Animas más pobre que un ratón de iglesia y que en muy poco tiempo se había hecho rico á fuerza de robar terrenos públicos de valor, haciendo que otras personas los entraran y luego tomando él posesión de ellos. Que las miras del Dr. Grass no eran otras que perjudicarlo á él políticamente siendo que siempre había sido su enemigo político.

Los expertos A. P. Toombs y J. O. Jamison, á quienes mandó la comisión de terrenos para que examinaran el terreno, reportaron de que aquellos terrenos no poseían carbón. Así fué que los esfuerzos del Dr. Grass fueron inutiles en que se nulificara la venta.

Esta fué otra victoria para el Senador Barela quien siempre ha tenido la mucha penetración de concebir el resultado de todo lo que emprende.

Tratando sobre el Dr. Grass y el Senador Barela referiré otro caso, no para despertar los odios políticos que en algún tiempo existieran sino como deber del historiador de referir los hechos tal como son, y para demostrar una vez más á mis cándidos lectores la actitud del Senador Barela en favor de su raza, á la que siempre ha defendido en privado y en público siempre que ha tenido ocasión.

Es el caso que el Dr. Grass escribió un artículo en contra del Senador Barela en uno de los periódicos de la ciudad de Trinidad en 1903 en el cual acusaba al Senador Barela de negar su nacionalidad cuando se hallaba en el senado, y tirándole otros cargos.

El Senador Barela no dió atención á los insultos que se le hacían, pero sus amigos, tanto demócratas como republicanos por medio de cartas y telegramas le instanciaron que no dejara pasar aquellos ataques sin siquiera desmentirlos, así fué que el Senador Barela, estando en el senado se levantó á una cuestión de privilegio personal y entre otras cosas dijo:

"Sr. Presidente:

"Me disgusta en extremo dar atención á las calumnias de un hombre y especialmente cuando vienen de un hombre tan inverisímil como este Dr. Grass, no obstante he recibido telegramas y cartas de amigos personales, tanto republicanos como demócratas, que me han llamado la atención á ese artículo y me suplican que no permita que estas calumnias pasen sin á lo menos hacer una denunciación de su inverisimilitud.

"Tal vez algunos de los senadores no piensen mucho cuando se levanta la cuestión de su raza, pero yo tengo orgullo—si por algo tengo orgullo—es de decir lo que soy y por ser lo que soy. Un chino debe de tener orgullo de su nacionalidad porque no puede ser otra cosa. Cada uno debe de estar orgulloso de ser lo que es, y este hombre dice que yo he dicho que no me enorgullesco de mi pueblo. Como ya he dicho y lo he dicho á modo que se oiga y espero que siendo hombre entre los hombres lo resienta, es un hombre cuya palabra ni en negocios ni en política se puede acreditar. Es un hombre que ha aspirado, Sr. Presidente, á ser el primer magistrado, á ser el Gobernador de Colorado, pero el pueblo debe saber como lo saben en Trinidad y el Condado de Las Animas y conocerlo tal como es, donde no se le puede elegir ni aún para regidor de uno de los barrios de la ciudad de Trinidad.........

".........Sr. Presidente, siento mucho tener que expresarme de este modo en el senado, pero bajo las circunstancias, la constitución de este gran estado Centenial me dá el privilegio de resentir estas calumnias. Ningún hombre puede hacer suceso ni en negocios ni en política si no es honesto y veraz."

El discurso del Senador Barela fué muy al punto y siendo bien conocido por sus colegas senadores no pudieron menos que considerar sus remarcas en todo su valer.

Después de que hubo concluido él, el Senador Wood, quien entonces era contrario en política, se expresó de esta manera:

"Pido la indulgencia del Senado por unos cuantos minutos en el asunto que se discute. Sobre la controversia que existe entre el Senador Barela y un Dr. Grass, nada tengo que ofrecer, pero con respecto á la popularidad del Senador Barela entre su pueblo y de si él se siente avergonzado de ellos deseo decir lo siguiente: Que en cuanto á su popularidad entre su gente, yo, durante 15 años, he usado todos los esfuerzos posibles para desminuir su popularidad y no he podido hacer nada. Deseo decir á los senadores aquí que entre la gente hispano americana en nuestro condado no hay un nombre que se eleve más y por quien tengan más altas consideraciones que por el honorable senador del Cuarto Distrito. Y él está tan orgulloso de ellos como ellos lo están de él."

El Senador Ward se expresó en estos términos:

"Yo considero que es incumbente que los miembros de este cuerpo sostengan al Senador Barela. Deseo contarles acerca de un gran perro de Terranova que yo tengo, y espero que algún día vaya el Senador Barela á Boulder para que vea mi perro. Este gran perro es á veces algo malo con los adultos, pero todos los niños de la vecindad lo conocen como amigo y se divierten con él sin el menor temor. El alguacil mayor de nuestro condado tiene un perrito de casta chica y cuando yo voy para la plaza muchas veces me sigue mi perro de Terranova, y cada vez que pasamos la casa de cortes sale el perrito chiquito y ladra y tira mordiscones á mi perro, pero este simplemente sigue caminando sin dar absolutamente la menos atención al perrito. Esto me ha hecho aprender una gran lección y creo que el Senador la aprendería también. Yo espero algún día tener la oportunidad de llevar al Senador Barela para Boulder para que vea estos perros y estoy seguro que apreciará la lección."

SESIÓN LEGISLATIVA DE 1901.

POR LO GENERAL al principio de cada administración hay multitud de aplicaciones para diferentes posiciones en lo que toca al Gobernador hacer sus nombramientos. En esta administración del Gobernador J. B. Orman había que hacerse el interesante é importante nombramiento de jueces para la corte de apelaciones. Consecuentemente había gran número de aplicaciones para aquellas posiciones, y cada candidato era apoyado por sus amigos de entre los más influentes en negocios de estado. El Juez Julius C. Gunter, que había sido juez de distrito en el Condado de Las Animas, era uno de los aplicantes y su aplicación iba endorsada por el Senador Barela. Como ya he dicho había muchas otras aplicaciones que eran apoyadas por tales personajes como Patterson, Adams, Evans, etc., y por consiguiente hubo oposición á unos y otros. Pero el Senador Barela, que cuando emprende un negocio pone toda su energía para hacerlo suceder, sacó electo su candidato y el Juez Gunter fué nombrado juez de la corte de apelaciones. Los periódicos de la capital especialmente comentaron mucho sobre su suceso diciendo que había derrotado los esfuerzos combinados de los más influentes caudillos.

Por esta misma razón el Juez Gunter siempre ha sido un íntimo amigo del Senador Barela y le ha guardado las mayores consideraciones.

Esta es una de las cualidades por las cuales el Senador Barela se ha hecho admirar. Infinidades de veces durante su larga práctica ha tenido que contender con una mayoría en su contra y en el caso ofrecido la misma mayoría que le opone se ha convencido de sus razonamientos y le ha ayudado. Posee un cierto magnetismo que hace á otros pensar como él.

En la misma sesión de 1901 el Senador Barela introdujo un proyecto proveyendo que un votante debía de residir un año en el estado antes de estar intitulado á votar y que debía de ser ciudadano de los Estados Unidos. La ley vieja proveía de que un ciudadano de los Estados Unidos, ó que si no era ciudadano que hubiera manifestado su intención de serlo podía votar si sólo residía seis meses en el estado antes de la elección.

El proyecto recibió el apoyo de todos los senadores porque evitaba la probabilidad de que personas interesadas trajeran extranjeros al estado con el solo fin de que permanecieran durante la elección, y les prestaran su apoyo y sufragio en las elecciones.

En esta sesión de la legislatura el Senador Barela otra vez fué electo presidente pro tem. del senado. La repetición de este caso es de gran importancia porque se deja ver el respeto y estimación de que disfruta el Senador Barela entre sus colegas senadores.

También introdujo un proyecto proveyendo para que se tuviera un convención constitucional para redactar una nueva constitución, siendo que ya había tantas enmiendas á la constitución que resultaba más barato tener otra convención y poner la constitución en buen estado para que abrazara el gran progreso del estado.

EN LA MUERTE DEL PRESIDENTE McKINLEY.

Con motivo de la muerte del Presidente McKinley en Septiembre de 1901, los ciudadanos de la Ciudad de Trinidad y del Condado de Las Animas, Colorado, celebraron una reunión en la ciudad de Trinidad y allí el Senador Barela, el 19 de Septiembre, de 1901, se dirigió á la audiencia en las siguientes breves palabras:

"Señoras y Caballeros:

"Con profundo pesar por la muerte del magistrado principal de nuestra nación, causada por la mano de un villano, nos congregamos hoy aquí como los ciudadanos de la ciudad de Trinidad y del Condado de Las Animas para ofrecerle un tributo.

"Todos los Estados Unidos se hallan hoy de luto, y aunque estamos más de dos mil millas de distancia de donde sus restos se hallan, con todo en nuestros corazones como leales ciudadanos americanos, estamos ahora mismo muy cerca de él.

"Mientras deploramos con gran pesar la muerte de nuestro Presidente, no podemos menos que condenar el estado de negocios que acarrió su muerte, y yo espero que en lo futuro se pase una ley por medio de la cual las vidas de nuestros futuros presidentes estén más seguras que en lo pasado.

"Ya tenemos tres presidentes mártires en esta gran nación, Lincoln, Garfield y ahora William McKinley. Lo que ha acontecido en lo pasado debía de ser suficiente para que el pueblo americano levantara la voz y demandara de nuestros legisladores nacionales el decreto de una ley que exterminara las sociedades anarquistas y que las desterrara de este país.

"En nombre del pueblo hispano americano de este condado, y puedo decir que de todo el estado, y con la más fiel sinceridad, les digo, caros conciudadanos, que nos unimos con ustedes como verdaderos americanos en el pesar y simpatía con la pérdida de nuestro digno presidente, William McKinley."

SIEMPRE SALE A LA DEFENSA DEL PROLETARIO.

El Senador Bucklin introdujo en la legislatura un proyecto introduciendo en el Estado de Colorado un sistema de tasaciones que desde á primera vista se consideró perjudicial á los intereses del pueblo, aunque favorecía á los capitalistas en cierto modo.

Las miras del Senador Barela han sido siempre las de que se proceda con equidad y con justicia. Práctico como hacendista, vió desde luego la inconveniencia del proyecto, porque trayendo ciertas ventajas para el acaudalado, encerraba gravísimos perjuicios para la clase proletaria. No dudó ni un momento en el camino que debía de seguir, y así fué que desde luego se opuso al pasaje de tal proyecto, el cual combatió con firmeza, é hizo ver con argumentos sólidos que al aceptar el pasaje del proyecto en cuestión, se aceptaba el extorsionamiento del pueblo, y como el pueblo ha sido siempre su predilecto, no descansó hasta lograr que el proyecto no pasara.

Su actitud digna, la lucidez de sus ideas y la fuerza de su razonamiento sobre lo que es equidad y justicia, hicieron caer el proyecto. Desde el principio de los debates, el auditorio en el senado, y por su parte la prensa, estuvieron acordes con las defensas del Senador Barela.

CAMBIO POLÍTICO DEL SENADOR BARELA.

EN JUNIO de 1904 ya la prensa del Estado de Colorado anunciaba que el Senador Barela haría su cambio político dentro de corto tiempo, abandonando las filas demócratas é ingresando á las filas republicanas. El 11 de Julio del mismo año, la prensa de todo el Estado se ocupó de circular las nuevas reproduciendo íntegro el manifiesto que el Senador Casimiro Barela había hecho público aquel día. No comentaré sobre las razones que tuvo para hacer su cambio porque estas están bien detalladas en su manifiesto que reproduzco íntegro:

"Trinidad, Colorado, Julio 11, de 1904.
"*Al Público:*
"Viéndome precisado por acontecimientos de carácter público y social á cortar las afiliaciones partidarias que hasta ahora hé mantenido, considero ser decoroso si no necesario, poner en conocimiento del público las razones que me han impulsado, en este trance de mi vida, á tomar tan serio paso, que como individuo tal vez me pueda ser perjudicial

"Siempre hé reconocido en el público el derecho de saber los motivos que están al fondo de los actos, tanto oficiales como políticos de sus empleados. Y, considerándome como un empleado de este público, ingenuamente y sin vacilar expongo aquí las circunstancias que apelan á mi modo de sentir en esta hora de inquietud política en Colorado.

"En mi juventud fuí hondamente impresionado por lo sagrado de la ciudadanía de esta gran república americana, y luego emprendí con entusiasmo mi aprendizaje en el desempeño de importantes deberes que resultan del goce de tal patriotismo. Muy pronto encontré que las fuerzas individuales encarriladas sólo por vías sin contacto é independientes, fuerzas agenas de compañerismo y faltas de cooperación de amigos leales, eran inútiles para acarrear beneficios á nuestra comunidad entonces primitiva. Nadie que haga un estudio del gobierno civil dejará de comprender la importancia de la disciplina en los partidos templada por el honor personal.

"Conociendo estas grandes verdades, é impresionado por la historia del partido demócrata, según existía entonces lleno de sus máximas de liberalidad, de libertad y de igualdad ante la ley; atraído por el brillo de sus ilustres fundadores y caudillos, creí servir mejor á los intereses de mi pueblo y cumplir con más acierto mi deber al estado y á la nación, adoptando las tendencias democráticas y dedicando mi energía y habilidad á la propagación y exposición de sus doctrinas. Y el registro de mi vida enseñará con cuanta fidelidad hé servido al partido, cuya causa hice entonces la mía.

"Por más de treinta años en el servicio público, desde la tribuna, por medio de la prensa y en conversaciones familiares, siempre hé levantado su bandera y defendido sus principios. En el soporte de su organización local y en el estado, seimpre ha estado mi caudal á su disposición, aún con grande perjuicio de mi fortuna adquirida á fuerza de grandes sacrificios.

"Esta constancia, por lo tanto, este largo período de asociación, esta lucha sin tregua para mantener, ensalzar y fomentar lo que yo sabía ser una causa justa, no pueden menos que haber establecido eslabones de cariño que parten del corazón. Hay sentimientos desarrollados ya, que tienen su raíz en la memoria y en los recuerdos del pasado, los cuales pugnan por ahogar la verdad desnuda al destacarse esta en el fondo de los tiempos, que á cada paso van levantando el velo sobre nuevas y variadas condiciones. Mas, las predilecciones, por tiernas que hayan sido, y los sentimientos, por sagrados que estos nos parezcan, tendrán que ceder á los reclamos justos de una ciudadanía honesta.

"Los medios tienen que coordinarse con los fines y deben conformarse á la magnitud de su objeto. Cuando un instrumento cualquiera nos llena de curiosidad, no debemos perder de vista la obra que con él nos proponemos realizar.

"Los partidos políticos no son más que instrumentos para el perfeccionamiento de los gobiernos, y los gobiernos mismos no son sino instrumentos en manos de los pueblos, por los cuales procuran conservar sus derechos naturales y civiles, procuran afianzar su defensa común, promover su felicidad mutua, y conservar inviolable y en toda su plenitud la libertad general de los ciudadanos, facilitando de esta manera el más completo desarrollo de la energía y talento del individuo, y por consiguiente, el goce de sus frutos.

"Hubo un tiempo cuando el partido demócrata sostenía principios encaminados á realizar estos fines. Proclamaba una doctrina de protección al hombre en el goce de sus derechos, y daba estímulo á la acumulación de riquezas, protegiendo y dando protección al trabajo.

"Pero los últimos diez años han dado á esta nación un nuevo partido demócrata, con nuevo programa, nuevos principios y nuevos métodos, y si juzgamos por estos, hay que temer también que con nuevas miras.

"Los partidos, lo mismo que los individuos, se conocen por sus expresiones y por la compañía que guardan.

"Por los últimos diez años, me hé visto en la desagradable situación, tanto en la cámara senatorial de este estado, como en las convenciones de mi partido, de tener que protestar repetidas veces ante mis socios políticos, contra la alarmante tendencia de pronunciarse por leyes, resoluciones y maneras de expresarse que ningún resultado saludable podrían tener para el desarrollo de los intereses del estado, y sin otro objeto ostensible que el de tal vez engañar á ciertas clases y organizaciones del pueblo, para de este modo ganar su sufragio bajo el pretexto de principios ficticios y mal coordinados. Los jefes del partido tanto han discurrido sobre sus teorías descabelladas y sobre su mal aconsejada legislación, que ya muchos de ellos pueden considerarse estar á prueba de sus peligrosas tendencias, y á tal grado ha llegado esto que ya dichos jefes y dicho partido niegan su sostén á oficiales de la ley en el cumplimiento de sus deberes. El partido local de este condado de Las Animas, particularmente por medio de una resolución, ha denunciado al más ilustre funcionario de este estado por haber cumplido con su deber claro bajo la constitución, cuya acción del dicho funcionario el tribunal más alto del estado ha confirmado. Y en este respecto la democracia local tiene la honra nada envidiable de haber criticado y denunciado á los jefes superiores de dos de los ramos coordinados de nuestro gobierno de estado, de este modo comprometiéndose virtuosamente á justificar los ultrajes y asesinatos que se han cometido bajo los auspicios del elemento irresponsable de agitadores, cuyo soporte esperan obtener por este medio.

"El siempre venerado é inmortal Washington, en su discurso de despedida al pueblo de la recién formada nación, á quien sirvió con tanta lealtad, y á quien tanto amó, creyó propio expresarse en la manera siguiete:

" 'La mera idea del poder y del derecho de un pueblo para establecer un gobierno, presupone que todo individuo debe obedecer al gobierno establecido.

" 'Todo obstáculo que se ponga al cumplimiento de las leyes, y toda combinación ó asociación, no importa lo plausible del pretexto, cuya mira real se dirija á dictar, influenciar, nulificar ó aterrorizar á las autoridades constituidas en sus deliberaciones y actos de regla, tienden á destruir este principio fundamental, y son de consecuencia fatal. Para conservar vuestro gobierno y perpetuar vuestro presente estado de dicha, es preciso que déis siempre vuestra desaprobación á toda oposición desarreglada que se presente contra las autoridades establecidas; debéis también oponeros con firmeza á la innovación de sus principios, no importa bajo que pretexto se proponga.'

"A consecuencia de la actitud tan tenazmente planteada por el partido demócrata de este estado, y con especialidad en este condado, y debido á su continua hostilidad á los intereses industriales y al buen nombre de esta soberanía política, no puedo yo ya más, y mi claro deber es ponerme al lado de aquel partido que con fidelidad sostiene y pone en práctica la igualdad de protección ante la ley para las personas, y los bienes y hogares de todos, sin distinción, ya sean ricos ó pobres, ya pertenezcan á una poderosa organización, ó ya estén aislados sin más amparo que sus deberes de ciudadanos pacíficos.

"Me he persuadido, después de una madura reflexión, de que podré rendir mayores servicios á mi patria, y particularmente á aquella clase ó raza á que pertenezco, adhiriéndome al partido republicano.

"Respetuosamente,
"CASIMIRO BARELA."

"Los infraescritos, habiendo leido el manifiesto que antecede, y teniendo conocimiento de la verdad de los hechos á que allí se refiere, y adunándonos en cuanto á los razonamientos y miras manifestadas, por lo tanto, endorsamos y aprobamos el sentimiento del mismo, y nos unimos con su autor, plantando nuestro estandarte al lado del partido que sabe proteger á las personas y á sus hogares.

"EUGENIO GARCIA, Asesor del Condado de Las Animas, Colo.

"MICHAEL PASSARELLI, Ganadero y agrícolo, Gulnare, Colo.

"D. A. CHAPPELL, Capitalista en Minería, Denver, Colo.

"J. RAMON AGUILAR, Ganadero y agrícolo, Aguilar, Colo.

"ISIDRO MARTINEZ, Agrícolo, Hoehne, Colo.

"JUAN D. BACA, Ganadero y agrícolo, Hoehne, Colo.

"QUIRINO ABEYTA, Ganadero y agrícolo, Hoehne, Colo.

"ELIAS SENA, Agrícolo, Hoehne, Colo.

"L. M. Kreeger, Diputado alguacil Mayor, Trinidad, Colo.

"F. M. Vigil, Juez de paz, ganadero y agrícolo, Aguilar, Colo.

"Juan De J. Apodaca. Labrador, Aguilar, Colo.

"Telesforo Aragon, Ganadero y labrador, Aguilar, Colo.

"Pedro A. Apodaca, Labrador, Aguilar, Colo.

"N. M. Vigil, Maestro de escuelas, Aguilar, Colo.

"J. E. Archuleta, Labrador y ganadero, Gulnare, Colo.

"Rafael Garcia, Artesano, Sopris, Colo.

"Donaciano Valdez, Ganadero, Apishapá, Colo.

"J. Ramos Ocaña, Minero, Berwind, Colo.

"Antonio T. Shelby, Intérprete, Aguilar, Colo.

"Jose L. Vialpando, Ganadero y labrador, Vigil, Colo.

"Roberto V. Rael, Maestro de escuelas, Sopris, Colo.

"Jose Ma. Martinez, Labrador, Sopris, Colo.

"Epifanio Abeyta, Ganadero y labrador, Chicosa, Colo.

"J. Nicolas Basquez, Labrador, Segundo, Colo.

"A. M. Holt, Agrimensor del Condado de Las Animas, Trinidad, Colo.

"Leandro Fernandez, Minero, Starkville, Colo.

"Timoteo Suazo, Ingeniero, Trinidad, Colo.

"Joseph Johnson, Contratista, Trinidad, Colo.

"J. Y. Alires, Agente de Empleos, Placita de García.

"Francisco Torres, Ganadero, Alfalfa, Colo.

"Eleuterio Madrid, Ganadero, Trinchera, Colo.

"Manuel A. Lucero, Ganadero, Trinchera, Colo.

"J. A. Gutierrez, Labrador y Ganadero, Trinidad, Colo.

"Frank H. McMillan, Comisionista, Trinidad, Colo.

"Y. M. Martinez, Contratista, Martinez, Colo.

"Vidal Villareal, Contratista, Trinidad, Colo.

"Carlos Sandoval, Ganadero y agricultor, Maldonado, Colo.

"Donaciano Maldonado, Ganadero y agricultor, Maldonado, Colo.

"Juan A. Maldonado, Ganadero y agricultor, Maldonado, Colo.

"Jose J. Martinez, Ganadero y agricultor, Maldonado, Colo.

"Eugenio Vasquez, Agricultor, El Moro, Colo.

"Ricardo Abeyta, Agricultor, El Moro, Colo.

"Albino Romero, Ganadero y Agricultor, Maldonado, Colo.

"Nestor Martinez, Ganadero, Barela, Colo.

"Fernandez Martinez, Ganadero y Agricultor, Hoehne, Colo.

"Jesus Ma. Valdez, Ganadero y agricultor, El Moro, Colo.

"Jose Fresquez, Dependiente, Hastings, Colo.

"Chas. Niccoli, Comerciante, Hastings, Colo.

"Eduardo Maes, Artesano, Trinidad, Colo.

"Nicanor Barela, Agricultor, Hoehne, Colo.

"Vicente Vasquez, Labrador, Segundo, Colo.

"Milton R. Hightower, Mariscal, Hastings, Colo.

"Isaac Amador, Mayordomo, Hastings, Colo.

"R. F. Poli, Mayordomo, Hastings, Colo.

"Geo. Matioda, Cantinero, Hastings, Colo.

"Serafino Niccoli, Cantinero, Hastings, Colo.

"Gabrielo Niccoli, Cantinero, Hastings, Colo.

"Severo Duran, Minero, Hastings, Colo.

"John Mayer, Juez de paz, Hastings, Colo.

"Antonio A. Davis, Contratista, Delagua, Colo.

"Antonio Garcia, Trabajador, Delagua, Colo.

"Manuel Trujillo, Minero, Delagua, Colo.

"Cosme Davis, Arriero, Hastings, Colo.

"J. Kelley, Secretario, Delagua, Colo.

"J. E. Williams, Dependiente, Delagua, Colo.

"Frank Ortega, Trabajador, Delagua, Colo.

"Saverio Vecchio, Juez de policía y comerciante, Delagua, Colo.

"Meliton Barela, Ganadero y labrador, Barela, Colo.

"H. E. Ingrain, Inspector de Maderas, Delagua, Colo.

"Presciliano Garcia, Ingeniero, Delagua, Colo.

"Julian De Herrera, Ganadero y agricultor, Barela, Colo.

"J. I. Garcia, Editor de "El Progreso," Trinidad, Colo.

"Carlos Romero, Secretario de "El Progreso," Trinidad, Colo.

"J. U. Vasquez, Maestro de escuelas, Segundo, Colo.

"Jose Miguel Gonzales, Agricultor, Alfalfa, Colo.

"Francisco Flores, Labrador, Segundo, Colo.

"Benigna Gallegos, Agente, Trinidad, Colo.

"Juan B. De Herrera, Artesano, García, Colo.

"Elfido Ortiz, Trabajador, García, Colo.

"Pedro Jose Valdez, Trabajador, García, Colo.

"Mauricio Sandoval, Trabajador, García, Colo.

"Felipe Apodaca, Trabajador, García, Colo.

"Miguel Martinez, Trabajador, García, Colo.

"Antonio De Herrera, Trabajador, García, Colo.

"Donaciano Serna, Trabajador, García, Colo.

"David Sandoval, Trabajador, García, Colo.

"Juan Siote, Trabajador, García, Colo."

Tal fué el manifiesto y la lista de ciudadanos que habían abandonado las filas democráticas para adherirse á las republicanas, según apareció en los periódicos el día 11 de Julio, de 1904. En cada entrega de los periódicos republicanos de allí en adelante durante esa campaña aparecían grandes listas de personas que habían aceptado las mismas convicciones que el Senador Barela.

CAMPAÑA DE 1904.

Ya hé dicho que el Senador Barela ha sido tan querido y estimado por los demócratas como por los republicanos, y ahora voy á probar mi aserción.

En la convención republicana del Condado de Las Animas, los delegados así como los caudillos del partido tendieron la nominación para candidato al Hon. Casimiro Barela, para perpetuarlo en la misma posición que hasta entonces había desempeñado á satisfacción del pueblo en general. El Senador Barela no pudo rehusar la nominación que unánimemente se le ofrecía y aceptó.

El partido demócrata que siempre había sido vencedor en la política del Condado de Las Animas, resintiendo la actitud del Senador Barela, y creyendo que, como siempre, los demócratas salían electos, en esta campaña nominaron para la posición de Senador al Dr. M. Beshoar, pero conociendo la popularidad del Senador Barela hicieron todos los esfuerzos posibles para sacar electo á su candidato.

En varios precintos del condado se cometieron fraudes que no les fué posible cubrir. Estando el partido demócrata en poder tenían todas las ventajas posibles de cada tres jueces de elección, ellos nombraban dos y tenían la oportunidad de escoger los jueces republicanos que debían de servir. El lector puede figurarse las desventajas con que los republicanos tuvieron que contender en aquella campaña.

Pasó la elección y el cómputo de los votos se comenzó en el condado. La corte de condado trató de impedir que se contaran los votos de uno de los precintos que habían resultado republicanos; la corte de distrito denegó la acción de la corte de condado y el cómputo fué á parar á la Corte Suprema. El cuerpo destinado para estos fines en el estado contó los votos, y el Secretario de Estado expidió su certificado de elección al Senador Barela.

NOTAS DE LA PRENSA.

EN EL CAMBIO del Senador Barela, la prensa de todo el estado se ocupó de él Me sería imposible dar cabida á la mitad de los comentarios que se hicieron, así es que solamente daré cabida á uno que por ser de un periódico del Condado de Las Animas y por estar más al tanto de la situación del condado en aquel tiempo, sea tal vez de más importancia á mis lectores. El periódico "The Chronicle News," en su entrega del 11 de Julio de 1904, dice:

"BIENVENIDO SEA, SENADOR.

" 'La cosecha de uvas agrias comenzará muy pronto.'

"La declaración política del Senador Barela, de la que tanto se há hablado aparece en otra columna del número de hoy del Chronicle-News.

"Según el sentido de dicha declaración no puede haber duda de su posición de con qué partido se adhiere. Sale al frente valientemente y en términos claros declara su posición no solamente en el punto político sino como ciudadano y pagador de tasaciones.

"El Senador Barela ha sido un ciudadano activo y util en Colorado y se ha dedicado al servicio público por muchos años. Ha sido el caudillo del partido demócrata en el Sur de Colorado por más de 30 años. Por gran número de años se há opuesto con sus asociados en su partido en contra de la creciente tendencia de entregarse con todo y partido á los socialistas y sus mal fundadas ideas, y realizando el hecho de que el partido demócrata se halla en manos de los caudillos socialistas y de ideas viciosas, ha tenido la valentía y fuerza de carácter para salir al campo y denunciar sus absurdas teorías y creencias y se aduna con el partido republicano, el partido que protege á las personas y sus propiedades, y que eleva el trabajo y sus frutos.

"Ha sido el egoista deber de algunos que se consideran jefes en el jacal democrático abusar y perjudicar al senador por varios años, no obstante que estos supuestos jefes han recibido todos sus beneficios, prestigios y poder político—si es que tengan alguno—por medio del reconocimiento é influencia del Senador Barela y su soporte financiero. Y los groceros y descorteses métodos de estos ingratos políticos, á gran extento, han impulsado á su caudillo á buscar nuevos amigos políticos y un partido cuyos principios estimulan á preservar los derechos individuales y á promover la felicidad mutua de todo el pueblo.

"Además el Senador Barela no vá sólo en esta declaración. Lo siguen centenares de los principales demócratas, quienes también se han cansado del continuo clamor populístico y socialístico de la organización democrática de este estado así como del egoismo y actitud altisonante de los malcontentos locales, cuyo elemento fundamental de partido parece ser la ambición de regir y una inclinación siempre lista de herir la mano del que les ayudó. Muchas de estas personas que le siguen, por varios meses han urgido al Senador de que tome los pasos necesarios para disciplinar estos modelos de ingratitud, pero hasta que no se abandonaron los principios substanciales de su partido no se persuadió de hacer su declaración, la necesidad de lo cual se estaba haciendo más inminente.

"Endorsan la declaración del Senador Barela numerosos ciudadanos de influencia de varias partes del condado quienes hasta la presente haban sido los jefes locales y los amoldadores de opinión en sus respectivos precintos, y quienes no dudamos atraerán al partido republicano la misma energía fiel que prestaban al partido demócrata, la que por tanto tiempo no há sido reconocida ni personalmente ni por medio del gobierno del condado. Estos hombres son de los más substanciales en sus varias vocaciones á que pertenecen, y sin miras de sus esfuerzos políticos son una valuable adquisición, como materia de influencia á cualquier partido que adoptaran.

"Cordial y sinceramente damos la bienvenida al Senador Barela y á sus cooperadores al hogar de la familia republicana y reconocemos la valuable adquisición á las filas de ley y orden en Colorado. Y es con placer que podemos asegurarle al Senador Barela y á sus amigos locales que no van sólos en este importante paso ni son los primeros de los ciudadanos dignos de Colorado en descubrir en esta hora de inquietudes políticas la sofisma que prevalece en el partido demócrata. De todas partes del estado vienen semejantes declaraciones de hombres de talento y crédito."

SESIÓN LEGISLATIVA DE 1905.

La legislatura se reunió en la capital del estado á principios de Enero, de 1905, y varios días después de que ya todo se hallaba en corriente se presentó ante el senado el Dr. M. Beshoar con gran número de evidencias que iban á testificar que se habían cometido fraudes en la campaña anterior y que Beshoar disputaba el asiento del Senador Barela.

La comisión del senado sobre Privilegios y Elecciones se reunió para dar oido á las demandas del Dr. Beshoar, y este fué representado por el ex-Gobernador Chas. S. Thomas, el Hon. James Belford, Sr., y el Senador John Rush. Después de oir las quejas que hacían los abogados, la comisión les hizo saber que el quejante jamás había entrado queja en debida forma y que por lo tanto nada había ante aquel cuerpo que investigar.

Esta fué otra victoria que celebraba el Senador Barela cuando sus enemigos políticos hacían todo lo que estaba en su poder por perjudicarle. Siempre se ha guiado por la senda de la justicia y siempre ha tenido éxito.

PROYECTO PARA ESTABLECER EL DÍA DE COLÓN.

EN LA SESIÓN legislativa de que vengo hablando el Senador Barela introdujo en el senado un proyecto proclamando el día 12 de Octubre como día festivo del estado en conmemoración del descubrimiento de América y que dicho día fuese designado con el nombre de Cristobal Colón, el inmortal genovés.

Debido á diversas causas el proyecto no fué considerado en aquella sesión y quedó allí hasta dos años después.

No obstante que el proyecto no pasó en aquella sesión, con motivo de que en Pueblo, Colorado, se había eregido una estatua al inmortal genovés, se proclamó por su excelencia el Gobernador que el día 12 de Octubre de 1905 fuese celebrado en Pueblo como día festivo.

CELEBRACIÓN EN PUEBLO, COLO.

Los caballeros de Colon y otras asociaciones italianas celebraron el día 12 de Octubre de 1905 y el Senador Barela fué invitado á que atendiera y fué nombrado orador. En seguida daré á conocer su importante discurso:

"Señoras y caballeros:

"Hace hoy cuatrocientos trece años que el continente de América fué descubierto por el intrépido genovés Cristobal Colón, y el pueblo de Colorado queriendo honrar la memoria de tan insigne marino y navegante por el servicio que con su valor y su talento há prestado á la humanidad entera, há decretado por medio de su Excelencia el Gobernador, que hoy, este día 12 de Octubre, del presente año, sea un día de fiesta y de regocijo.

"No es más que justo que este día sea celebrado, porque este día hace cuatrocientos trece años que puso Colón por vez primera el pié en el Nuevo Mundo, y desde entonces se abrieron vastos horizontes para las empresas y para el desarrollo de la humanidad en todos conceptos.

"Puede decirse que desde el tiempo de Julio César á esta parte, no ha habido ningún hombre, salvo siempre el primer lugar para el hombre Dios, Nuestro Señor, que redimió al mundo en el Calvario, no há habido ningún otro, repito, que haya prestado tantos y tan señalados servicios á la civilización y al progreso humano, como Cristobal Colón.

"Cristobal Colón ha sido una piedra miliaria en el transcurso de los tiempos, que se destaca soberbia y grandiosa en los anales de la Historia; pero como todo hombre grande, él há sido la víctima del olvido y de la ingratitud, á tanto grado, que ni aún el nuevo mundo que descubrió lleva su nombre.

"El día 12 de Octubre, debería por ley ser en todos los países americanos un día de fiesta nacional. En ese día debería suspenderse todo el comercio y todo el tráfico, y las banderas de todas las naciones se deberían enarbolar para celebrar el aniversario del descubrimiento de América.

"En este día en los dos continentes de América, todos los pueblos se deberían entregar á los regocijos públicos, recordando la noble obra de Colon, quien tuvo valor, paciencia y fortaleza para arrostrar el escarnio, las burlas y aún el despego de su generación para darnos un Nuevo Mundo.

"Cristobal Colón nació en Génova, de padres pobres, pero honrados. Su padre era un cardador de lana; pero el hijo, robando á la noche preciosas horas, supo dedicarse por la noche á los estudios de matemáticas, navegación y astronomía, de tal manera que, á los diez y nueve años, ya era un consumado marino y piloto.

"En su juventud viajó por todos los mares entonces conocidos, y se vió en sangrientas batallas con las escuadras turcas que entonces se disputaban el predominio de los mares con Venecia, Portugal y España. Más tarde pasó á Lisboa donde casó con la bella hija de otro ilustre genovés que se hallaba al servicio del Príncipe Enrique, y en el año de 1474 avanzó por primera vez la idea de que la tierra era esférica, y que navegando hacia el poniente se podía llegar al Asia. Cristiano acendrado y de elevadas miras, había bebido de su época el caballeresco espíritu que entonces campeaba por todas partes, y concibió la idea de que el Santo Sepulcro de Jerusalem podría rescatarse de las manos de los mahometanos con el producto de sus descubrimientos en el mar Oceáno. Esta fué la nota dominante en todos sus trabajos y empresas, y así, desde el año de 1474 escribió sus planes á sus amigos y planteó sus ideas cosmográficas sobre la redondez de la tierra.

"El Rey de Portugal fué el primero á quien expuso sus planes, pero aquel monarca y toda su corte lo tomaron por loco y soñador, y Colón se retiró á la pobreza y al olvido, viviendo en la miseria por muchos años.

"Era la edad en que España revestida de un heróico valor, daba el golpe de gracia al poder arábigo en la península, y la Reina Isabel en persona conducía la campaña que más tarde culminó en la rendición de Granada.

"Cristobal Colón, presentado á la Reina de Castilla por su gran amigo, Fray Juan Pérez de Marchena, que era el Prior del Convento de la Rábida, y en otro tiempo había sido el confesor de la reina, apela á la magnanimidad de sus Majestades Católicas para que sufraguen los gastos de una expedición á través del Oceano Atlántico, para demostrar prácticamente la verdad de sus teorías. Todos se rieron de él, menos la Reina. Esta noble y bienhechora princesa, educada ella también en la escuela de los desengaños, adivinó por intuición casi profética, que las ideas del genovés no eran meras ilusiones. Cuando todo faltó, ella sóla tuvo fé en el forastero y dió sus joyas y alhajas para comprar las carabelas y abastecerlas para el histórico viaje que debería terminar en el descubrimiento de un nuevo hemisferio.

"Los Hidalgos de España, no queriendo con este ejemplo de munificencia, ser menos generosos que su reina dieron desde luego apoyo á la nueva empresa, y tomaron el partido de Colón.

"El día 3 de Agosto, de 1492, tres pequeños barcos, *La*

Niña, La Santa María y *La Pinta*, al mando de Cristobal Colón, acompañados de los hermanos Pinzón, sus bizarros cólegas, se hicieron á la vela en el Puerto de Palos. Ese día fué día de luto para España, porque no conociendo el vulgo lo grandioso de la obra que ese día se comenzaba, creían todos que aquella pequeña flota aventurera navegaba hacia la ruina y hacia su tumba que sería el insondable piélago.

"Pero no era el destino de aquellas heróicas embarcaciones perecer en esa jornada, porque para ellas estaba reservada la gloria de ser las descubridoras de un nuevo mundo en donde hoy gozan de paz y de dicha tantos pueblos libres é independientes.

"Colón guió sus naves con tino infalible y con certera mano, desafiando al viento y á las calmas, conduciendo sus naves por mares agitados y leyendo en los astros su camino.

"El día 12 de Octubre, de 1492, las hermosas playas y montes de San Salvador, en las Antillas, se presentaron á la vista de los fatigados marineros, como puerto de esperanza y de ventura para toda la humanidad. A las doce de la mañana de ese feliz día un marino llamado Ramiro Bermejo, dió la voz de que la costa se veía á pocas leguas, y un momento después un cañonazo de La Pinta avisaba á las demás carabelas que Cristobal Colón y sus sueños habían triunfado, y que del seno de los mares se levantaba un Nuevo Mundo en el que los futuros siglos habían de ver portentos de grandeza que jamás se vieron en los pasados.

"Hoy que toda la América se regocija triunfando en todos los campos que desde entonces se abrieron para el desarrollo humano, conviene pagarse tributo al inmortal héroe por quien tenemos este Nuevo Mundo.

"Cuántos desvelos, cuántas lágrimas, cuántos desprecios costó al pobre marino Cristobal Colón su empresa, y cómo los déspotas y orgullosos se vieron vencidos por aquel á quien por loco habían tenido.

"Lo despreciaron, y sin embargo, él no apartó jamás sus ojos de la idea fija que debía hacerlo inmortal; y sólo, sin más auxilio que su fé y su constancia, venció á la ignorancia de su tiempo y conquistó á los Reyes Católicos para que apadrinaran la obra más grande de su vida.

"Cristobal Colón, Adelantado de las Indias y Almirante de España, sufrió los sinsabores de la ingratitud, hasta tal grado, que el brutal y envidioso Bobadilla le hizo cargar de cadenas en el mismo Nuevo Mundo que él había descubierto para España. Así, encadenado, se le llevó á España, donde por orden de la Reina le fueron quitados los grillos.

"¿Porqué no se llama este contineente, el continente de Colombia en vez de llamarse América?

"¿Porqué aún en esto, la suerte había de militar en contra de Colón, y un navegante más jóven, llamado Americo Vespucci, sin ser acreedor á ello, había de ser el que tuviera la honra de que llevara su nombre el mundo de Colón?

"¿Porqué el día 12 de Octubre no se há declarado fiesta nacional en todos los países americanos?

"¡Injusticias y aberraciones!

"Esta edad engrosada en el materialismo y en la ambición del dinero, se olvida de los altos ideales que antes daban vida á las empresas de las naciones.

"Las naciones americanas celebran con el estampido del cañon y con la alegre música de las bandas, alguno que otro hecho de armas que en nada ha contribuido para hacer mejor y más noble al mundo, y se olvidan ingratamente de este día que es, como si dijéramos, aquel en que empieza un nuevo Génesis para el progreso humano.

"Los italianos reclaman á Colón por compatriota porque su nombre es genovés; los portugueses lo quieren para sí porque en Lisboa casó con una dama que le dió su primogénito nacido á las orillas del Tajo, y los españoles lo piden para sí porque su más grande obra fué española, y porque sus hijos, aún hoy día, llevan títulos de nobleza en la patria de Isabel, la católica.

"Pero Cristobal Colón no es propiedad de una sola nación, es propiedad de toda la raza latina, es ciudadano de todos los tiempos y de todas las naciones.

"Es tan grande que á despecho del olvido y de la ingratitud del mundo, seguirá siendo una figura gigantesca en los anales de la Historia Universal.

"Esta ciudad de Pueblo y todo el Estado de Colorado, se honran para siempre levantando á la memoria de Colón el monumento que aquí se dedica hoy.

"Colorado tiene la gloria de ser el primer estado de esta república en el cual se ha agitado por primera vez la idea de que este día debería ser un día nacional. Tiene la honra de ser el primer estado en el cual su gobernador ha tenido el patriotismo de declarar este día como día de fiesta para honrar dignamente al descubridor de nuestro hemisferio. Yo tuve la honra de presentar en la Asamblea Legislativa el proyecto de ley para que este día fuera día de fiesta general pero debido á eventualidades que no se pudieron evitar, el proyecto no pasó á ser ley.

"Nuestro gobernador, sin embargo, creyó con justicia que esa ley debía de estar en nuestros estatutos, y á falta de poder hacer más, ha dado su proclama para que en este día, y con ocasión de inaugurar el monumento de Colón en esta ciudad, todo el pueblo de Colorado se abstenga de trabajo y celebre esta fecha como debe."

El discurso del Senador Barela fué escuchado por miles de personas que se reunieron en derredor de la tribuna. La atendencia fué grande y de diferentes partes del estado.

No hay acto de trascendencia en el estado para el cual el Senador Barela no sea invitado á tomar participio, ocupando los puestos principales y recibiendo las altas consideraciones, el aprecio y respeto que por su elevado rango social merece, y por las simpatías y cariño que se sabe captar.

En las reuniones públicas se hace necesario escuchar su voz; si alguna dificultad existe, á él se ocurre, y sus consejos traen la persuación y el convencimiento y las dificultades terminan.

ECOS POLÍTICOS DE 1905.

En 1905 se ocupó nuevamente la prensa del estado de la postulación del Senador Barela para Teniente Gobernador del estado, y fué también repetido que ocuparía el Gobierno de Nuevo México y en esta vez algunas prominentes personas de aquel territorio consultaron con el Senador, mas él se escusó, reservándose las causas.

Antes de pasar más adelante debo informar á mis lectores que en este mismo año el Senador Barela fué uno de la comisión de investigación en la contesta de la gubernatura. Se reportó que Alva Alams, el candidato demócrata para gobernador había resultado electo. James H. Peabody, el candidato republicano, entabló contesta. Por mucho tiempo continuó la investigación habiéndose empleado los más expertos peritos en negocios de elecciones y después de debida investigación resultó electo Peabody, pero este resignó en favor del Teniente Gobernador McDonald, quien fué el que quedó de Gobernador.

PARA HONRAR LA MEMORIA DEL SENADOR E. O. WOLCOTT.

El Senador Barela introdujo una resolución para que se pusiera el retrato del Senador Edward O. Wolcott, quien había sido senador de los Estados Unidos, en una de las ventanas de la cámara del senado en conmemoración de los muchos servicios que había rendido al estado de Colorado. La resolución fué adoptada unánimemente y los Senadores Barela, De Long y Lewis fueron nombrados en comisión para que se encargaran del memorial.

TRABAJO DE LOS PRESOS EN LOS CAMINOS REALES.

En esta misma sesión de la legislatura el Senador Barela hizo pasar el proyecto proveyendo para que los presos de la penitenciaría se utilizaran en componer los caminos reales del estado, cuyo proyecto ha sido de gran beneficio en las mejoras de todos los caminos reales, al mismo tiempo ahorrando grandes sumas de dinero al estado y á los diferentes condados en las composturas de sus caminos.

Este proyecto ha dado por resultado que el estado de Colorado tenga los mejores caminos tomando en consideración lo montañoso de su superficie, y esto gracias á los esfuerzos del Senador Barela.

OTROS PROYECTOS.

En esta misma sesión de 1905 el Senador Barela pasó un proyecto apropiando la suma de $5,000 para la construcción de caminos reales en el condado de Las Animas por medio de los presos de la penitenciaría. Los cónvictos fueron llevados al Condado de Las Animas y se hizo mucho trabajo.

En este mismo tiempo el Senador Sapp introdujo un proyecto para descalificar del sufragio á toda persona que no supiera hablar, leer y escribir el idioma inglés. El Senador Barela se levantó y dijo que si aquel proyecto pasaba se descalificaría gran número de los votantes de su condado y con fuertes razonamientos les hizo ver que aunque ya la mayoría del pueblo hispano americano de su condado entendía el idioma inglés, había muchas otras nacionalidades que no lo comprendían por completo.

La prensa de todo el estado elogió grandemente al Senador Barela por el proyecto de que los caminos se compusieran con trabajo de los presos, y aún ahora se ocupan muy á menudo admirando que el trabajo que se ha hecho por medio de esta ley ha sido de grandes resultados. No solamente se han mejorado los caminos sino que ahora parecen *boulevards* en donde quiera que se ha hecho trabajo por los presos, y esto gracias á la previsión del padre de aquel proyecto el Hon. Casimiro Barela.

EL CONTINUO SERVICIO DEL SENADOR COMO LEGISLADOR NO TIENE RIVAL EN EL MUNDO.

EN OCTUBRE de 1905, el Senador Edward T. Taylor, ahora representante de Colorado al Congreso de los Estados Unidos, escribió á los secretarios de los diferentes estados de la Unión para investigar sobre los términos consecutivos que habían servido sus legisladores. A cada uno de los Estados les informaba que el estado Centenial contaba con un legislador que había estado consecutivamente en la legislatura por 34 años, y después les preguntaba si podían sobrepasar aquel registro.

El Senador Taylor y el Senador Barela han sido muy íntimos amigos á pesar de que han diferido en política. Las indagaciones las hizo el Senador Taylor el 2 de Octubre, de 1905, y para el día 17 del mismo escribe al Senador Barela una carta la que copio en parte:

"Glenwood Springs, Colo., Octubre 17, de 1905.
"Hon. Casimiro Barela,
  "Trinidad, Colorado
"Estimado senador:

"Hé oido muy á menudo la declaración de que Vd. ha servido el término consecutivo más largo que ningún otro senador en los Estados Unidos; pero jamás hé sabido si alguien ha intentado verificar esa declaración.

"Así fué que el día 2 de este mes teniendo que estar yo fuera de la ciudad por unos dos días, y no deseando que mi taquígrafo quedase ocioso durante mi ausencia, dicté una carta al Secretario de mi estado nativo Illinois, preguntándole dos preguntas, á saber:

"Primero, si su servicio de más de 30 años se podía igualar en aquel estado, y

"Segundo, si alguien había pasado tantas leyes y enmiendas constitucionales como yo.

"Luego le dije al jóven, quien es algo jocoso y astuto, que escribiera cartas semejantes, aunque originales y algo diferentes, pero sobre la misma cuestión, á cada uno de los Secretarios de los Estados Unidos; consiguiendo los nombres de cada uno de estos oficiales si le era posible, que se dirigiera á cada uno por su nombre, marcando cada carta personal, y también que se refiriera á cada un estado por su sobrenombre ó seudónimo.......... Yo no dí su nombre ni el mío, ni descubrí nuestra identidad en ninguna de las cartas. Además cuando dicté la carta no pensé en hacer esto público, sino como materia de curiosidad de saber si nuestros registros han sido sobrepasados.

"Pero cuando las cartas comenzaron á llegar, se me ocurrió de que si Vd. no había hecho tal investigación, le interesaría ver estas cartas.

"No creí que me fuera útil escribir á los nuevos estados que han sido admitidos después que Colorado; pero escribí á todos los estados que fueron admitidos antes de 1876. Como veinte y cinco de los Secretarios me escribieron á vuelta de correo, y le mando incluso las cartas.

"Algunas de estas son muy interesantes, después de leerlas me hará el favor de devolvérmelas, porque yo debo reconocer el recibo de ellas y dar las gracias á los que escriben por su información y también por sus muy cariñosas felicitaciones. Algunos de los secretarios acusaron recibo de mi carta y dicen que la han referido al departamento histórico de sus estados para contestación. Así es que probablemente yo oiré de los otros estados gradualmente en lo futuro.

"ALABAMA responde que ha sometido la cuestión al departamento histórico.

"ARKANSAS dice: 'Algunos de nuestros miembros se hacen canos antes de acabar con el primer término y es muy raro que vuelvan otra vez.'

"DELAWARE dice que allí prevalece la política de rotación y que ninguno es electo más de dos veces.

"GEORGIA por medio de su secretario Mr. Cook dice: 'Su

senador no tiene rival,' y siente mucho que no diera su nombre y añade, 'espero que tenga muy larga vida y que continue sirviendo á sú pueblo hasta el fin.' Ningún senador ha servido dos términos consecutivos en aquel estado.

"ILLINOIS es uno de los estados de la Unión que tiene más grande número de senadores que han servido por más años. El Senador H. H. Evans, de Aurora, es el que tiene mejor registro. Ha servido dos años en la cámara y al fin de su presente término hará veinte en el senado. Estas son las únicas dos personas en los Estados Unidos que yo hé sabido, que su registro exceda al del Senador W. H. Adams de este estado, y que más se aproxime á su registro de Vd.

"INDIANA no tiene ningún registro que iguale las condiciones estipuladas en mi carta.

"IOWA—Wm. Larrabee estuvo 18 años en el senado y después fué gobernador y tuvo muchas otras posiciones de honor. Mr. Aldrich, historiador de aquel estado, me escribe una carta muy interestnte el día que cumplió 77 años de edad.

"KANSAS—W. J. Buchan, estuvo tres años en la cámara y diez y ocho en el senado. No hay otro registro semejante en aquel estado.

"Mr. Burrows, el secretario, felicita nuestro estado, 'por ser capaz de retener en el servicio del estado á personas tan valuables como lo han sido estos senadores por tanto tiempo.'

"KENTUCKY—John M. Letterle ha servido en la cámara por veinte y cuatro años con excepción de un término, y el secretario privado del gobernador dice que tal vez sea mandado por su distrito por mientras viva. Aquel estado no tiene otro registro de más de dos términos.

"MAINE—Los senadores están limitados á cuatro años.

"MASSACHUSETTS—'No hay nada que se pueda comparar con los extraordinarios servicios de sus dos senadores.'

"MICHIGAN no tiene ningún registro que se acerque al nuestro.

"MISSOURI felicita al Estado de Colorado por su espléndido

registro, tanto en servicio como en el trabajo ejecutado por sus senadores del estado. El Secretario Swanger escribe una carta muy interesante. No tienen registro de ningún senador de estado que valga la pena mencionar.

"NEW HAMPSHIRE—Doce años fué el mayor servicio.

"NEW JERSEY—'En verdad tienen un registro sin igual, ninguna cosa en New Jersey puede arrimarse á remedarle.'

"OHIO—'Ohio no puede reclamar un rival, ni registro que se asemeje al de sus dos senadores.'

"OREGON—Simon, antes senador á los Estados Unidos, sirvió diez y ocho años en el senado del estado, y el presente senador de los Estados Unidos, Fulton. sirvió diez años. No hay otro registro que se acerque al nuestro; y no ha habido más que una enmienda á la constitución desde la admisión del estado en 1859.

"PENNSYLVANIA—John C. Grady, sirvió en el senado del estado por Philadelphia, desde 1877 hasta 1903. Es el mejor registro en aquel estado.

"SOUTH CAROLINA—Angus Patterson, sirvió en la cámara desde 1818 hasta 1822, y de allí siguió sin interrupción en el senado desde 1822 hasta 1850, y fué presidente del senado por los últimos doce años. Este estado ha conservado hombres en el servicio público por muchos años pero no continuamente.

"TENNESSEE—'No hay ningún registro que se pueda compara con el de sus senadores.'

"TEXAS—'Evidentemente que sus dos senadores de estado ocuparán posiciones sin igual en el mundo de la política.'

"VERMONT—'Jamás ha igualado el registro de ninguno de esos senadores, Colorado evidentemente apreciará el valor del servicio práctico y de experiencia.'

"VIRGINIA felicita á Colorado por los servicios de tan eminentes hombres y sugiere que Virginia promueve á tales hombres á posiciones más altas y más lucrativas.

"WEST VIRGINIA—El Secretario del Estado Swicher, también escribe una carta muy interesante y dice que si en alguna vez visita Colorado de seguro buscará á Vd. El muy cuidadosamente investigó los registros de su estado y de otros estados, y felicita á nuestro estado 'por tener el registro del mundo.'

"Wisconsin—'En ambas proposiciones tienen el campeonato.'

"Cuando haya oido de los otros estados, si hay algo de interés le escribiré otra vez..........

"..........Vd. ha pasado más proyectos de apropiaciones que yo, y ambos hemos pasado más memoriales al Congreso, Resoluciones Conyuntas, etc., etc., que ningún otro miembro. A nadie hé mencionado sobre estas indagaciones..........

"..........De paso mencionaré que supe que había estado en esta ciudad el verano pasado y no me visitó. Si así fué creo que me debe una apología. A lo menos yo creería justo hacerle una apología si iba á su ciudad y no le visitaba. Aunque difieramos en política espero que jamás tenga que desconocer las cortesías que nos debemos uno al otro después de tantos años de servicios juntos.

"Con mis mejores deseos, quedo de Vd.

"Muy respetuosamente,

(Firmado)   "Ed. T. Taylor."

No cesaron aquí las investigaciones hechas sobre los registros de todos los estados y territorios en los Estados Unidos.

Para principios del año de 1906 ya se tenían todos los datos de todo el país. Y con todo quedó patente que el largo servicio continuo como legislador del Senador Barela no tenía igual en el país ya para aquel tiempo, sin considerar ahora que ha seguido por seis años más y que tal vez seguirá hasta el fin de sus días tomando en consideración que su pueblo y sus constituyentes le aman, estiman y respetan más y más, sin miras de credo político, raza ó religión.

Para más información de mis lectores, que deben haber hallado interesantes los datos de los diferentes estados daré otros datos que se recibieron más tarde de otros estados y territorios.

CALIFORNIA—El servicio más largo en el senado fué 19 años.

FLORIDA tuvo un hombre en la cámara dos años, 16 años en el senado y 21 años como secretario del estado, y tiene también otros buenos registros.

NEBRASKA tiene un hombre que sirvió siete sesiones en la cámara y cuatro en el senado.

NUEVO MEXICO—El Col. J. Francisco Chavez tuvo uno de los registros más admirables en el servicio público en los Estados Unidos.

NUEVA YORK reclama que ningún senador ha servido 30 años en aquel estado.

RHODE ISLAND—Mr. Freeman ha servido en la legislatura por 31 años, pero su servicio no ha sido consecutivo.

Los demás estados y territorios que no hé anotado simplemente contestaron que no tenían igual al registro de los senadores de Colorado.

Muchos de los hombres públicos manifestaron deseos de conocer al hombre que por tan largo período de tiempo se ha mantenido en la buena voluntad y confianza de su pueblo.

SESIÓN LEGISLATIVA DE 1907.

HABIÉNDOSE reunido la legislatura el 6 de Enero, de 1907, inmediatamente el Senador Barela apoyó el proyecto para que el día 12 de Octubre se declarase día festivo en el estado en conmemoración del descubrimiento de América por Cristobal Colón.

En la sesión del Congreso Nacional en Washington se discutía otro proyecto en esta sesión el cual hacía la apropiación de $100,000 para la erección de una estatua al mismo inmortal genovés. Así fué que el Senador Barela trabajó con más ahinco para conseguir el decreto de aquella ley, como en efecto se aprobó. tocando al Senador Barela la alta honra de ser quien por primera vez inició esa acción como un debido tributo, como un justo homenaje de gratitud al que trajo al Nuevo Mundo la luz de la civilización, y que ha permanecido casi olvidado gracias á la ingratitud de los hombres, ingratitud que el gran héroe experimentó en vida y que le ha seguido aún en su muerte.

Como feliz coincidencia á honra del padre del proyecto proclamando como dia festivo el Día de Colón en Colorado, el Presidente Roosevelt firmó el proyecto apropiando el dinero para la estatua del mismo marino el día 4 de Marzo, de 1907, día en que el Senador Barela cumplía 60 años de edad.

Se había hecho justicia á la memoria del gran génio que tantas ingratitudes había sufrido.

¡Oh, humanidad, olvidáis á los génios verdaderos para quemar inciensos y rendir culto á la vanidad! ¡Amáis los oropeles!

Uno de los grabados que adorna esta obra representa al Gobernador Buchtel firmando el proyecto que legalizó el Día de Colón en Colorado. Para ello usó dos plumas, la pluma de fuente del Senador Barela, padre del proyecto, la que conserva como reliquia y la pluma del Conde Corte, cónsul italiano, la que también aquel conserva como reliquia. Ee hallaban presentes para testificar la firmada del proyecto, además del Senador Barela y el Conde Corte, Tito Tabet, doctor de ciencia agricultural de una universidad italiana; los Senadores Robertson, Tobin, Clayton, Kennedy, y McCarthy. También los siguientes miembros de la orden de Caballeros de Colón, Dr. Edward Delehanty, John H. Reddin, Hugh H. O'Reilly y Thomas L. Morrow.

Pocos días después de que se firmó el proyecto proclamando el Día de Colón, el Senador recibió una carta del Signor H. Chiariglione, editor del periódico oficial italiano, "La Unione," de Pueblo, Colo., expresando en nombre del pueblo italiano de Colorado sus más sinceras gracias por su trabajo en establecer el Día de Colón, como día festivo legal en Colorado. El Sig. Chiariglione es uno de los más promientes italianos en el estado y expresa los sentimientos de su pueblo en la siguiente carta:

"Pueblo, Colo., Abril 12, de 1907.

"Hon. Casimiro Barela,
    "Trinidad, Colorado.

"Honorable señor:

"Ahora que el Día de Colón es un día legal por decreto del estado, en nombre del pueblo italiano de este estado, todo feliz y orgulloso en la glorificación de Colón, siento que es mi deber á usted expresarle mis más sinceras gracias, porque es á usted á quien se debe esta gran victoria, á usted, quien con verdadero entusiasmo fué verdadero en sus promesas.

"El nombre de Casimiro Barela será para siempre estimado por los italianos y jamás olvidarán lo que se ha hecho por Vd. para honrar de un modo más propio á uno de los hijos de Italia.

"Usted, honorable senador, ha puesto su nombre á una nueva ley, una ley que será recordada y que quedará como ejemplo á todos los demás legisladores de los Estados Unidos.

"No era más que justo que al noble veterano del senado de Colorado le cupiera la gloria de haber proclamado el DÍA DE COLÓN.

"Acepte, honrado senador, la sincera gratitud y estima de todos los italianos de este estado y mi especial gratitud.

"Muy respetuosamente,

(Firmado) "H. Chiariglione."

Cada un día el Senador Barela se gana nuevas amistades y más admiradores, y por eso sus enemigos políticos le envidian.

UNA COMISIÓN DE SENADORES PARA INVESTIGAR LAS NECESIDADES DE LAS INSTITUCIONES DEL ESTADO.

Era la regla que en cada sesión legislativa todos los legisladores tenían que salir en cuerpo durante la sesión y visitar las instituciones del estado para investigar sus necesidades, de este modo causando gran costo para el estado en transportación de los miembros y en otros gastos.

El Senador Barela introdujo en el senado un proyecto para que el Teniente Gobernador nombrara una comisión de los Senadores cuyos términos no terminaban en aquella sesión para que esta comisión hiciera las visitas á las diferentes instituciones del estado durante el tiempo que la misma no estaba en sesión, de este modo dejando todo el tiempo de la sesión legislativa para atender á legislación y otros negocios exclusivamente.

Este año el Senador Barela, como presidente de la comisión de investigación sirvió en esa capacidad juntamente con los Senadores Milton L. Anfenger, M. E. Lewis, Edward T. Taylor y William L. Clayton, y visitaron las siguientes instituciones del estado:

La Escuela Normal, en Greeley, Colo.

El Colegio de Agricultura, en Fort Collins, Colo.

La Universidad de estado, en Boulder, Colo.

La escuela de Minas, en Golden, Colo.

La Escuela Industrial para Muchachas, cerca de Morrison, Colo.

El Orfanatorio de niños, en Denver, Colo.

El Instituto para niños ciegos y mudos, en Colorado Springs, Colo.

El Asilo de Dementes, en Pueblo, Colo.

La Penitenciaría, en Canon City, Colo.

El Reformatorio del estado, en Buena Vista, Colo.

La Escuela Industrial para Muchachos, en Golden, Colo.

La Manción para soldados y marineros ancianos, en Monte Vista, Colo.

Cuando la legislatura se reunió ellos tenían ya listo su reporte y las recomendaciones sobre lo que se necesitaba en cada una de las instituciones.

PUBLICACIÓN DE LOS PROCEDIMIENTOS DE LA CONVENCIÓN CONSTITUCIONAL.

En este mismo término de la Legislatura el Senador Barela introdujo un proyecto apropiando la suma de $2,500 para que se publicaran en libros los procedimientos de la Convención Constitucional tenida en 1875-76, bajo la dirección personal del Secretario de Estado.

Los mismos fueron publicados y se hizo un libro de 780 páginas. El Senador Barela en su proyecto hizo la provisión de que una copia de estos procedimientos fuera á cada uno de los miembros de la convención Constitucional que estuvieran vivos y una copia á la familia de los que hubiesen muerto, una á cada miembro de la Asamblea General Décima Sexta, una á cada oficial de estado, una á cada librería pública del estado, una copia á cada uno de los secretarios de estado de los estados y territorios de los Estados Unidos, y que las copias restantes fuesen conservadas en la oficina del Secretario de Estado, para que se dispusiera de ellas á $5.00 la copia. El proyecto fué aprobado el 5 de Abril, de 1907.

El número de copias que se imprimieron fueron mil.

EL SEXAGÉSIMO CUMPLE-AÑOS DEL SENADOR BARELA.

ME VEO EN obligación de llamar la atención de mis cándidos lectores á un asunto de alguna importancia y extención, cuyos hechos estarán grabados de una manera imperecedera é indeleble en la mente del senador, así como en la mente de los miembros de su familia, á cuyo solo recuerdo palpitará de placer y de entusiasmo su corazón.

El día 4 de Marzo, de 1907, el Senador Barela, cumplía la edad de sesenta años, y de esa edad, treinta y seis había dedicado al servicio del estado de Colorado, y por ende á los Estados Unidos de América.

Las cámaras legislativas estaban en funciones y las suspendieron con motivo del día de días del Senador Barela. Todo fué una sorpresa para él. Sus colegas se habían hablado al oido y todo estaba arreglado para el día 4 de Marzo. Cuando el Senador Barela entró á la cámara del senado halló su escritorio llenos de flores naturales. Se llamó la sesión al orden y entonces comenzaron las fiestas con una resolución introducida como se verá más adelante. Dejaré mis comentarios para más adelante y copiaré parte, aunque sea, de lo que la prensa dijo y algunas de las felicitaciones de las que le fueron enviadas, con lo cual mis lectores estimarán el aprecio y las simpatías de que goza el senador.

La prensa en general se ocupó de la celebración del natalicio del Senador Barela, pero los periódicos que pude observar personalmente sobre el asunto fueron: The Denver Post, The Denver Republican, The Denver News, The Denver Express, The Democrat Times, The Gazette, de Denver; The Chieftain, Star Journal, La Unione, de Pueblo; La Revista de Taos, de Taos, N. M.; La Bandera Americana y La Opinión Pública, de Albuquerque, N. M.; The Chronicle-News, El Anunciador y El Progreso, de Trinidad, Colo.

Dice el Denver Republican de fecha 5 de Marzo, de 1907:

"Uno de los eventos de más interés que jamás han pasado en el senado fué el sexagésimo aniversario del nacimiento del Senador Casimiro Barela, ayer, en el senado.

"Toda la mañana fué dedicada á este asunto, y los negocios con muchísimo placer fueron suspendidos mientras que se le ofrecieron los debidos tributos al estadista y amable 'Nestor del Senado.'

"El Capellán Jacob R. Rader hizo del natalicio el tema de la oración de la mañana, como sigue:

" 'Oh, Señor, Padre Nuestro, realizamos en esta mañana lo sagrado de la vida, y según los años van pasando realizamos más y más las sagradas oportunidades de la vida. La personalidad de cada un hombre es el centro de donde dimana una influencia que toca otras vidas. Si esa personalidad es pura que gran influencia es para que otras vidas se eleven á un estandarte más alto. Si es confusa, que fría debe ser su influencia; si es corrupta, cuan venenosa será; y si está llena de beneficios, cuanta alegría esparcirá en su vida. Así es que realizamos, Oh, Señor, más y más y de día en día, las grandes oportunidades que tenemos para esparcir felicidades y alegrías. Tal vez no conoceremos esta personalidad ó influencia que dimana de nuestras vidas como la atmósfera que nos rodea á todos iguales y con igual peso, y con todo con tanto cuidado que ni una hoja se cae, ni las alas de la mariposa se rompen, ni la manita delicada de un infante se lastima; así es con nuestra influencia.

" 'Hoy uno de nuestro número pasa su sexagésima piedra miliaria en su jornada de la cuna á la tumba. Sesenta años de oportunidades; al principio la influencia de aquella vida era pequeña, tocando la vida del hogar; la primera sonrisa llegando hasta el corazón de la madre; su primera palabra fué repetida muchísimas veces en aquel hogar; luego vino su influencia en la vida escolar, luego en la vida de negocios, en la vida política; y por todos estos sesenta años ha tocado miles de miles de otras vidas hasta que los veinte y un mil y novecientos días de esa vida han sido la influencia amoldante sobre las otras vidas. ¡Qué oportunidad!

" 'Así os rogamos, Señor, que todas nuestras vidas sean para el mayor bien, realizando que cuando la muerte nos alcance nuestras vidas no hayan terminado, que nuestra influencia siga adelante. Oh, Dios, ayudadnos esta mañana á realizar la importancia de la vida, y que lo restante de la vida de este hombre sea tan pura como las flores que cubren su escritorio en esta mañana. Amén.'

"Cartas y telegramas llovieron al Senador Barela y sin duda alguna fué el momento más orgulloso de su larga vida de estadista.

"Se recibieron comunicaciones de Clarence P. Elder, Wilbur F. Stone y el Juez E. T. Wells, quienes junto con el honrado senador atendieron á la Convención Constitucional.

"Cuando se llegó la hora de hablar, el veterano senador estaba conmovido, y no parecía tener palabras con que poder expresar su gratitud en el momento más honroso é importante de su vida. Pensó maduramente sobre las expresiones de gracias, y finalmente, con los ojos anegados en lágrimas, tuvo que tomar su asiento y entre tanto sus colegas le hacían aplausos.

"Su escritorio era una masa de flores que le habían mandado sus amigos del Condado de Las Animas y los miembros del Senado.

"El Senador Barela ha sido miembro del senado desde los tiempos territoriales y ha sido una figura de las más bien conocidas en el estado.

"Sus colegas se agruparon á su alderredor para congratularlo en su natalicio, así como para manifestarle sus deseos de una larga vida en los servicios del estado.

"El Senador Taylor introdujo la siguiente resolución:

" '*Por cuanto*, este día 4 de Marzo, de 1907, es el sexagésimo aniversario del nacimiento del Senador Casimiro Barela, y

" '*Por cuanto*, el Senador Barela sirvió cuatro años de 1872 hasta 1876 en la legislatura territorial de Colorado y fué un miembro muy activo de la convención Constitucional que formó la Constitución de este estado y después de la adopción de la cual él fué electo en 1876 á la primera sesión de este senado y ha servido en este cuerpo desde entonces, haciendo con su término presente un servicio no interrumpido de 36 años en la legislatura de este estado, durante cuyo tiempo ha tomado parte muy activa en la historia legislativa del Estado de Colorado, y

" '*Por cuanto*, su registro sin precedente en este jóven estado es el período más largo y servicio más continuo que se ha hecho en ninguna legislatura, en ningún estado, durante toda la historia de los Estados Unidos, por lo tanto,

" '*Sea resuelto*, que el senado de la décima sexta Asamblea Legislativa, por estas presentes extiende al *Padre del Senado* sus congratulaciones de corazón sobre el sexagésimo aniversario de su nacimiento y le desea muchos años de continua salud vigorosa, felicidades y prosperidad.'

"Al mover la adopción de la resolución, el Senador Taylor dijo que creía que el evento era tal, que jamás debería haber pasado sin darle la consideración merecida.

"Dijo que los 36 años que el Senador Barela ha servido es el servicio más continuo que se ha hecho por un legislador en todos los estados de la unión.

"A más de esto, él ha desempeñado muchas posiciones de prominencia con grande crédito para él y para su pueblo. Dijo que el evento era simplemente hacer justicia en el caso, como un reconocimiento que debe ser parte de los registros del estado, y que en este caso debería haber sido una manifestación aún más expontánea.

"El Senador Booth dió las gracias al Senador Taylor por el tan generoso y justo tributo al Senador Barela. Dijo que el Senador Barela era hombre entre los hombres y un ciudadano leal de su estado, y que estaba seguro de que cada uno de los senadores votaría con gusto en favor del pasaje de la resolución.

"El Senador Jefferson dijo que el Senador Barela era patriota y buen vecino y que sus puertas estaban abiertas para todos sus amigos.

"El Senador Parks habló en cuanto á los muy valiosos servicios que el Senador Barela ha rendido á su estado y de los sentimientos de amistad que siempre han mediado entre ambos.

"El Senador Drake dijo que él y el Senador Barela habían atravesado los campos juntos en pos de ganados, y que jamás había visto un hombre con tantos amigos en su propio país, como en donde quiera, como el Senador Barela. Dijo, 'toda la gente conoce al Senador Barela y tiene mucha confianza en su imparcialidad y habilidad.'

"Se distinguieron en sus discursos acerca de la vida y servicios públicos del Senador Barela, los Senadores De Long, Clayton, McCarthy, Harris, Sapp y Millard.

"Entre estrepitosos aplausos la resolución fué adoptada por el voto unánime del senado.

"El Senador Anfenger, sin barba, en la flor de su edad, y uno que marca un contraste en cuanto á edad con el venerable Senador del Cuarto Distrito, movió que el Senador Barela fuera oido sin límite de tiempo.

"El Senador De Long tomó el suelo y en un discurso muy propio á la ocasión, formalmente presentó al Senador Barela con una librería que llevaba grabado su nombre y la fecha en láminas de metal labrado, y que venía de manos de las señoras á cargo de la librería denominada Colorado Traveling Library. A la conclusión de este se hicieron ovaciones repetidas veces.

"El Senador Barela, objeto de tan maravillosa admiración, se levantó. Sus ojos estaban rebosando lágrimas, vencido por lo expontáneo del caso.

"Conmovedor hasta el último grado era para él ese momento de su vida. Lágrimas llovían de aquel corazón de Castilla. Sacó su pañuelo y lloró. ¡Fué mucho para el Senador!

"Después de contener sus emociones un poco, dijo: 'Esto de mi parte es apreciado mucho más que lo que las palabras lo pueden expresar. Esta ocasión me hace recordar del tributo que se me ofreció al tiempo de la convención constitucional, cuatro días antes de que la convención se prorogara el día 8 de Marzo,

1876. Estaba jóven entonces y el tributo que se me dió entonces fué nada para el que hé recibido hoy. Por esto era por lo que hé estado trabajando por muchos años. Si hubiera sido cuestión de acumular dinero habría resignado del senado desde muchos años pasados. Pero tenía un propósito en vista, y hoy lo hé conseguido. Es uno que no se puede comprar—la amistad de mis amigos, colegas senadores y asociados.'

"Pensó unos momentos y en muchos otros ojos se vieron lágrimas en lo sagrado de la escena. Luego dijo:

" 'No tengo suficientes palabras para expresarles lo mucho que aprecio la ocasión y los muchos tributos que han venido tanto de mis colegas demócratas como republicanos. Esto me vence. Colorado es para mí muy querido. Vine de Nuevo México á este estado en 1866. Fué el 4 de Marzo, 1867, cuando contraje matrimonio con mi primera esposa; era el día de mi nacimiento y me sentí orgulloso con ser ciudadano de este estado.

" 'Financieramente la vida pública me ha sido en detrimento, pero siempre hé mantenido un deseo en la legislatura, y este ha sido pasar leyes buenas para el adelanto del estado. Hé visto á Colorado crecer desde un territorio á un estado; hé visto á Colorado desarrollarse hasta ser una comunidad magnífica. Me siento orgulloso de este estado y de que continúe desarrollándose rápidamente como lo ha hecho durante un cuarto de siglo.

" 'Muchos años pasados me hizo el Presidente Diaz la promesa de que me fuera á aquella república y allá viviría desahogado y á lo grande; pero yo le dije que Colorado era suficiente para mí, y bueno, y no pensaba en hacer cambio alguno. Le dije que había permanecido aquí por espacio de 54 años, y si yo me fuese á México, tendría que vivir otros 54 años para hacerme los amigos y enemigos que me hé hecho aquí.

" 'Tengo sesenta años hoy y según Osler debería ser cloroformado, pero estoy jóven todavía, y me siento como si tuviera 35 años; esta ocasión me ha hecho 25 años más jóven.' "

Todos los periódicos que hé mencionado se expresan en parecidos términos, más ó menos, alabando al Senador Barela por sus actos en su vida pública, reconociendo los méritos que posee, sus cualidades y sus virtudes, así como el inmenso beneficio que para el desarrollo de este estado ha prestado.

Los términos encomiásticos que la prensa usa para el Senador Barela, no pueden considerarse de otra manera que como un justo homenaje, como un debido tributo, á quien ha dedicado lo mejor de su vida para el bien de sus conciudadanos.

Reproduciré aquí también parte de lo que uno de los periódicos que se publican en español, "La Revista de Taos," del 15 de Marzo, del mismo año, 1907, dice:

"Animador á la vez que sorprendente fué la celebración que en honor al cumpleaños del ilustre Senador Barela tuvo lugar en los salones legislativos del vecino estado de Colorado el día 4 del corriente, día en el cual el Senador Barela cumplía la edad de 60 años, y treinta y seis como legislador en el Estado de Colorado.

"La prensa americana de Denver llenó columnas enteras sobre la vida política del ilustre senador, una de las glorias hispano americanas que más honran al Suroeste de los Estados Unidos, y en particular á la raza hispano americana, que, como en ningún otro estado de la Unión, ha podido mantener latente la dignificación de los descendientes de la noble España, y sólo en Colorado, á donde por obra de la Providencia emigró en 1866 de este Territorio de Nuevo México, siendo aún nada más que de la edad de 19 años, y que más tarde ha sido un génio para Colorado y hoy su nombre está escrito en letras diamantinas en las páginas de la historia de Colorado con el nombre augusto de BARELA, mostrándolo á las generaciones presentes y venideras como un símbolo de libertad, como la encarnación de todos los derechos; como una chispa fulgurosa de luz que enseñará á los siglos venideros el carácter y honor de los verdaderos descendientes de esta parte del país, como un orgullo de la noble raza hispano americana que podrá inmortalizar el nombre de quien por cerca de medio siglo defendió vigorosamente los derechos de sus hermanos en raza, y como nó, si su nombre y su esfinge se han inmortalizado con letras de oro en el Capitolio del Estado como uno de los hombres ilustres de Colorado.

"Hijo de padres pobres, pero de noble estirpe, siguió con escrupulosidad aquellos dones de una sana moral, honestidad y laboriosidad, cuya crianza que aprendió desde la cuna, pudo guardar incólume hasta hoy; produciéndole una vida de honores, fortuna y posiciones que lo hacen hoy uno de los hombres más grandes entre los grandes; y decimos esto, porque ningún otro hombre en el mundo ha permanecido en posición fija por espacio continuo de 36 años, como el Senador Barela. El mismo presidente de la república mexicana, General Porfirio Diaz, quien es uno de los hombres que más ha permanecido en el poder, el día primero de Diciembre de este año cumplirá 23 años como presidente de aquella república. Ni en Europa, ni en las Américas, ningún hombre de estado ha permanecido 36 años en el poder, como ha permanecido incólume el Senador Barela.

"En la actualidad se hallan senadores en el senado de Denver, los cuales, cuando nacieron y vieron las primeras luces de la vida, el Senador Barela ya era senador de Colorado.

"Sus servicios en la legislatura de Colorado han sido y son muy apreciados. Ha sido muy activo y enérgico, con interés de buena legislación y en pro de los intereses del estado.

"Entre los registros se halla uno de mucha importancia y es el de haber salvado al estado de la pérdida de $200,000, rehusando poner su firma en cierta medida perniciosa.

"El Senador Barela fué uno de los que redactaron y formularon la Constitución de Colorado.

"Pocos hombres públicos en ningún país han pasado por las batallas políticas, controversias y polémicas como ha pasado el Senador Barela por los últimos treinta y seis años, y á pesar de la calumnia y ataques personales por sus opositores en política y por sus enemigos, jamás han podido derrocarlo, y su influjo y su prestigio, en su condado y en todo el estado, jamás ha menoscabado, y antes al contrario, muchas veces le servían estas batallas para más estimación y respeto de sus constituyentes, pues su influencia no solo en el estado, sino también en lo nacional, es asombrosa.

"En el mismo condado de Las Animas ha tenido por varios años enemigos acérrimos por el bando político opuesto, y hasta por su propio partido, influidos por sugetos de la raza sajona, pero Barela ha salido siempre triunfante, como el buen soldado en la batalla, hasta que al fin sus enemigos se han visto obligados á deponer las armas de la lucha por considerar al Senador Barela como al hombre invencible.

"Una prueba evidente de la alta estimación y respeto de que goza el Senador Barela es esta:

"Por los últimos 34 años el condado de Las Animas había sido uno de los condados más demócratas del estado, y en vista de que sus propios amigos se habían dejado llevar por la corriente de una facción que á la vez que era antimexicana y compuesta de una fracción de demócratas y semi-republicanos, entonces el Senador Barela se cambió de las filas demócratas á las republicanas, para dar un bofetón sin mano á aquellos á quienes él había soportado por tanto tiempo, y junto con él y á sus filas se fueron miles de votantes, y desde entonces el condado es uno de los más republicanos en el estado.

"Su nobleza de sentimientos y su grande corazón lo hacen un gigante ante los hombres. Pocos hombres hay de sentimientos tan nobles y caritativos. A sus propios enemigos en caso de necesidad ó en el evento de una desgracia, el Senador Barela es el primero que les tiende la mano cariñosa y caritativa sacrificando algunas veces sus propios intereses pecuniarios y personales.

"Podríamos citar aquí miles de familias y miles de hombres que han recibido el apoyo y la mano cariñosa y caritativa en mil respectos del Senador Barela.

"Se cuenta que si el Senador Barela hubiera retenido en sus manos el capital efectivo que ha pasado por ellas, sería hoy el millonario de Colorado; pero su capital no es de él y es de todos. Aún muchas veces sacrificando su propia reputación, por cierto mal entendido por muchos ciudadanos, muchas madres y esposas han ocurrido al Senador Barela para que usase su influjo para libertar ó para conseguir el perdón de algún desdichado que ha caído en las garras de la justicia, y el Senador Barela por su nobleza ó compasión ante la madre ó esposa afligida, ha usado su influjo con las primeras autoridades, consiguiendo el perdón, á veces de un cónvicto por la vida. En nuestras mismas puertas tenemos un sugeto que le debe su libertad á él, por súplicas de una madre afligida y viuda que no tenía más ámparo que su hijo.

"Si nosotros mismos y personalmente no hubiésemos palpado la estimación de que goza ante el pueblo americano del Estado de Colorado el senador, no nos hubiéramos dado cuenta y facilmente no lo hubieramos creído; pero nos basta decir que en Colorado es llamado *El Padre del Senado*. Su palabra es ley, y ante la raza sajona americana, que saben apreciar al hombre, es tan querido y respetado como el mejor ciudadano de los Estados Unidos, por su patriotismo y por los grandes servicios que de él ha recibido el estado, pues en los últimos 36 años ha introducido y puesto en los estatutos miles de proyectos y leyes, todas encaminadas á la grandeza y prosperidad de Colorado, todas, en fin, de un beneficio general."

Aquí sigue la publicación citada dando una ligera reseña biográfica del Senador Barela, publica la noticia que ya nuestros lectores conocen sobre la celebración de su natalicio en las aulas senatoriales de Denver, Colo., y termina su artículo en la siguiente forma:

"Al dar hoy este pequeño bosquejo sobre la vida de uno de los hombres que más dignifican y más honran á la raza hispano americana lo hacemos con orgullo al tratarse de uno de los nativos más distinguidos del suroeste de los Estados Unidos, y que bien merece un tributo de gratitud y respeto por estas columnas, y por todo hombre patriota."

ALGUNOS DE LOS DISCURSOS PRONUNCIADOS EN EL SENADO.

POR EL *Senador John J. Harris:*
"Sr. Presidente:
"Yo no sabía que iba á presentarse hoy una resolución para conmemorar el sexagésimo aniversario de la vida del Senador Barela, y siento no estar preparado para expresarme de una manera adecuada, mas, sin embargo me hé levantado y dirijo mi humilde voz para apoyar la resolución que hace el Senador del Vigésimo Primer Distrito, Mr. Taylor, quien tan convenientemente ha obrado, y me uno á él para felicitar cordialmente al Senador del Cuarto Distrito.

"Si yo hubiera atendido las indicaciones de la gente de habla española, hubiera sido miembro de la legislatura de Colorado casi desde el tiempo que lo es el Senador á quien felicitamos en este día; pero no tenía deseos de ocupar ninguna posición pública, lo que ha venido á suceder cuando ha transcurrido la mitad de mi vida; y tal vez debido á la debilitación de mi inteligencia, accedí á entrar á la vida pública.

"De mi familia, un padre y siete hermanos, yo hé venido á ser la única 'oveja negra' para aceptar cargos públicos.

"Dirigiendo la vista hacia el pasado recuerdo un incidente de cuando el Senador Barela entró á la vida pública. Yo vivía entonces en esta ciudad, y encontrando al Senador me lo presentó un amigo de su raza, y como yo hablara su idioma, tuve oportunidad para introducirlo en la sociedad americana.

"En legislaturas pasadas era materia de discutir el que el mensaje del gobernador y las leyes se publicaran en el idioma español, y los miembros americanos reclamaban que los extranjeros debían de aprender el inglés. El Senador Barela sostenía que los americanos eran los extranjeros ó entrometidos, desde el momento en que la gente de habla español habitaba el territorio desde que formaba parte de la república mexicana, mucho antes del advenimiento de los americanos. Yo siempre estaba de acuerdo con las ideas del Senador Barela."

Por el Senador W. L. Clayton:

"Sr. Presidente:

"Me causa gran placer secundar la moción para que se adopte la resolución del Senador Taylor.

"Yo tengo en la más alta estimación al Senador Barela.

"Cuando yo vine al senado hace seis años, no estaba familiarizado ni aún conocía los trabajos legislativos y siempre recordaré con placer, que el Senador Barela tenía la bondad de, con toda consideración y afabilidad, aconsejarme y dirigirme, y desde entonces ha tenido para mí la misma bondad y cortesía, y yo á mi vez, lo tengo á él en el más alto concepto.

"Por estas razones, con el mayor placer secundo la moción."

Por el Senador B. L. Jefferson:

"Sr. Presidente y miembros del senado:

"Es para mí el más grande placer secundar la moción para conmemorar el cumpleaños del Senador Barela, cuya vida pública no tiene ejemplo. Ha demostrado ser un verdadero patriota y ha servido de la mejor manera á los intereses del pueblo y del estado. Su corazón ha sido suficientemente grande para amar cada acre de tierra de Colorado, donde el sol reververea sobre las montañas y se refleja en las corrientes cristalinas, y se extiende por los verdes prados; y un hombre que ha demostrado esas cualidades y ha sabido atraerse la confianza, es digno de que se le haya admitido como amigo verdadero en todas partes donde brille el sol, y de que la grandeza de su nombre floresca, y de que sus brazos, como los de un cedro de la montaña se extiendan y cobijen á los hijos de los hijos de nuestros hijos, quienes al conocer sus grandes obras le bendicirán."

Por el Senador Sapp:

"Señores:

"Yo conozco al Senador Barela hace como un cuarto de siglo, y aunque casi todo nuestro trato ha sido meramente político, con gran placer le doy mis felicitaciones en su sexagésimo aniversario.

"En años pasados cuando la gente del occidente deseaba algo para el mejoramiento de su condición, siempre pedíamos al Senador Barela su ayuda, seguros de ella cuando él viera que teníamos razón, y teníamos seguridad en la verdad de sus promesas.

"Ahora, todos le deseamos prosperidad para lo futuro, paz y felicidad, y que por muchos años siga prestando sus buenos servicios al Estado de Colorado para su gloria y grandeza."

Por el Senador J. G. McCarty:

"Señor Presidente y Miembros de senado:

"Siento verdadero placer al expresar mis felicitaciones al Senador Barela por haber servido con honra y distinción á este estado, por treinta y seis años, con un registro que no es igualado por el de ningún senador en ninguna de las legislaturas de los Estados Unidos.

"El sirvió como miembro de la convención Constitucional en el nacimiento de él, y para su progreso ha ayudado con sus ardientes, capaces y desinteresados esfuerzos, como el mejor ciudadano.

"Esta legislatura se siente gustosa al conmemorar el sexagésimo aniversario del nacimiento del 'Padre del Senado' y hace votos porque su vida se prolongue gustando del dulce néctar de las hermosas flores que se le han ofrecido, y escuchando las amantes palabras de sus colegas, tan tiernamente expresadas.

"Se acostumbra esperar á que la lengua haya enmudecido, á que los ojos estén cerrados y las manos yerttas; se acostumbra esperar á que la vida esté acabada para tributar honores.

"Nosotros amamos á Vd. senador, y nos honramos deseándole una larga vida de felicidad, que como reliquia guardarán los corazones de aquellos quienes se han asociado con usted, y cultivado su amistad por tanto tiempo.

"Usted siente y creo que experimenta el grande honor que los senadores de este alto cuerpo experimentan al felicitar á usted, asegurándole su verdadero cariño y estimación, y sus deseos más constantes por su felicidad y la prolongación de su propia vida."

EN LA SESIÓN DEL DÍA 5 DE MARZO, 1907.

POCOS HOMBRES en ningún estado han recibido tan distinguidos honores como los que se otorgaron al Senador Casimiro Barela del Condado de Las Animas, el "Padre del Senado," con motivo de su continuo y eminente servicio al estado en su vida pública, en la ocasión de la celebración de su sexagésimo aniversario, el día 4 de Marzo, de 1907.

Aquel día feliz para él estuvo lleno de felicitaciones que se le presentaron en la forma de encomios de sus colegas y amigos. No hubo un sólo miembro de aquel distinguido cuerpo que no ofreciera un hermoso tributo al carácter del "Senador del Cuarto Distrito." Y cada uno habló del centro de su corazón con una expontaniedad que hacían sus sentimientos genuinos.

Los miembros del senado habían arreglado una sorpresa para el Senador Barela para que se le presentara en aquel día, pero el joyero y platero no la pudieron alistar á tiempo. Así fué que el evento se pospuso hasta el siguiente día. Cada uno de los senadores, con excepción del Sr. Barela, sabían el secreto. Y cuando la sorpresa vino, fué, en verdad, una sorpresa para el senador del Condado de Las Animas.

El Senador Burger fué llamado á la silla por el Presidente Harper para que presidiera. Simultáneamente el Sargento de armas, John Peters, entró de la oficina del Teniente Gobernador, trayendo un hermoso servicio ó terno de plata, y lo puso sobre el escritorio del secretario. Los espectadores así como los representantes de la prensa se admiraron y maravillaban que era lo que iba á pasar.

Entonces fué cuando el Senador Burger empezó á hablar y dió el significado de aquel curioso incidente. El dijo:

"Sr. Presidente y senadores:

"Es en verdad un feliz privilegio de ser llamado para desempeñar tan placentera tarea como la que me ha tocado esta mañana.

Demasiado bien aprecio la honra de actuar como el mensajero de este honorable cuerpo en una ocasión como esta.

"Después de la abundancia de oratoria y expresiones de elogio que fueron otorgadas al 'Padre del Senado' ayer por la mañana, creo que mis expresiones no pueden menos que sufrir en comparación. No obstante, me veo obligado de expresar los sentimientos de que estoy poseído.

"No ha sido mi buena fortuna la de servir y conocer al Senador Barela como muchos de ustedes, pero en el corto tiempo que hé tenido la honra y placer de su amistad, he aprendido á admirarlo y á respetarlo.

"Yo puedo hablar por los nuevos y más jóvenes senadores, y decir que sentimos un sentimiento de orgullo al estar asociados á semejante hombre, y que su ejemplo ha sido un estímulo y una inspiración para nosotros. Yo podría seguir por un período indefinido y hablar de sus virtudes y perfecciones, pero todos ustedes las conocen y las aprecian tanto como yo.

"En nombre de todo el senado, Senador Barela, es mi privilegio y placer presentarle, en conmemoración de su sexagésimo natalicio, y en reconocimiento de su verdadero valor como hombre, y demás inimitables cualidades y atributos que lo hacen tan querido para con nosotros, este servicio de plata.

"No es una medida de nuestro cariño, sino una muestra muy insignificante de él. Con cada pieza vá nuestro más sincero respeto y nuestros mejores deseos por su prosperidad y salud; y si usted tiene al recibir, una pequeña parte del regocijo que nosotros experimentamos al ofrecer, en verdad será feliz.

"Su vida ha sido una de nobles prendas, y el mundo se ha mejorado con su contacto. Deberá ser un principio de orgullo para usted, como lo es para sus amigos que su sexagésimo natalicio lo encuentre lleno de honores, tan ricamente merecidos como expontáneamente dados.

"Y así, permítame, señor, en nombre no solamente de sus colegas senadores sino de sus íntimos amigos, presentarle este TESTIMONIAL de nuestro cariño y estimación, y de expresar por este cuerpo el deseo de que usted, viva muchos, muchos años para que goce de su uso, y para que nos preste su sana dirección y nos otorgue su genial compañía. Quiera Dios en su infinita sabiduría, guardar á usted con nosotros para celebrar muchos más cumpleaños.

"Sr. Presidente, no procuraré extender mi argumento, pero antes de tomar mi asiento, imploro el permiso para leer este testimonio, el cual cada uno de los senadores firmará tan pronto como esté listo. Los senadores lo hallarán en la oficina del Teniente Gobernador."

Expontáneos, nutridos y extensos aplausos coronaron el argumento del Senador de Denver. Luego leyó un "Saludo" de los senadores al "Caballero del Cuarto Distrito," el cual hallarán mis lectores grabado en una de estas páginas. Este también se halla lleno de placenteros pensamientos. Está impreso en papel de dibujos y fué presentado al Senador Barela en un hermoso cuadro para que sea una de las memorias de la alta estimación en que es y ha sido tenido por sus colegas, así como un recuerdo siempre presente para sus hijos y los hijos de sus hijos en años venideros.

Los Senadores Adams y Taylor, dos de los más viejos miembros del senado, habían escoltado al Senador Barela á las gradas donde estaba el presidente, y el senador se quedó parado para recibir los hermosos regalos que venían de los corazones y bolsas de sus colegas, todos gratificados de haberle alabado y haberle honrado. Vivas atronadoras otra vez resonaron por toda la sala.

"Mis amigos senadores," dijo el Senador Barela, "otra vez doy á ustedes las gracias de lo más íntimo de mi corazón."

Las lágrimas brotaban de aquel ferviente corazón de Castilla. Su emoción le había vencido; no podía decir más, y después de pararse por un momento para recibir una ovación del senado, tomó su asiento. Entonces se tomó un receso para que los senadores ofrecieran sus felicitaciones personalmente. Todos se aglomeraron al derredor de él y le estrecharon la mano en ferviente, cordiales y sinceras felicitaciones de muchos más natalicios.

El día anterior había sido de grande momento para el Senador Barela, porque sus colegas le habían ofrecido sus tributos en palabras elocuentes y bien merecidas; pero en este día la expresión de sus corazones hacia el senador del Condado de Las Animas tomó una forma más substancial y fué más grande por esta razón. La memoria con que le habían presentado era algo que siempre conservaría y á la cual podría señalar con verdadero orgullo, como también sería un recuerdo á su posteridad de la alta estimación en que era tenido por el pueblo de Colorado.

El servicio de plata era uno de los más hermosos de su clase que se pudieron conseguir en Denver y lleva grabado cada pieza el monograma del Senador Barela.

El senado se prorrogó al final de estas demostraciones para más honrar al Senador Barela.

El "Saludo" leido por el Senador Burger está redactado en las siguientes palabras:

"Al Honorable Casimiro Barela, Senador representando el Cuarto Distrito Senatorial en la Asamblea General Décima Sexta, Salud: En este el sexagésimo aniversario de su nacimiento, los infraescritos, sus colegas senadores, en conmemoración de sus treinta y seis años de continuo servicio en favor de su estado adoptado, como ciudadano, representante, dictador de la constitución del estado, y senador, adjunto le presentamos como una simple muestra del respeto y estimación en que es reconocido por el pueblo de nuestro amado estado, por razón de tan fieles, distinguidos y meritoriosos servicios, y por nosotros sus colegas senadores como testimonio de nuestro respeto y cariño fraternal, este servicio de plata.

"Añadimos como la oración de sus devotos amigos que sus días de utilidad continúen por mucho tiempo hasta que maduro en años pueda envolverse en las cobijas de su lecho y recostarse dedicado á placenteros sueños cargado de años y de la conciencia de una vida bien empleada."

Aquí siguen los nombres de los senadores así como el del Teniente Gobernador Harper, como se verá en el grabado.

FELICITACIONES AL SENADOR BARELA.

AHORA me ocuparé de las felicitaciones por medio de telegramas y cartas de que fué objeto el Senador Barela en esta ocasión para que mis lectores se informen de una parte del gran círculo de amigos de que disfruta.

"Nueva York, 4 de Marzo, de 1907.
"Hon. Casimiro Barela,
"Denver, Colo.

"En su sexagésimo natalicio sírvase aceptar mis sinceras felicitaciones y buenos deseos.

"Frank Trumbull."

"Mi querido senador:

"Le ruego me permita ofrecer mis más sinceras felicitaciones al más honrado y respetable ángel guardian de los intereses del estado de Colorado, al llegar á otra de sus postas miliarias en la vida.

"Permita el que cuida tan cerca de nuestras vidas que usted pase muchos más años en tan buena salud y prosperidad como ha pasado este.

"Muy sinceramente,
"Miss Florence Kennedy,
"444 S. 14th St., Denver, Colo."
"Al Senador Barela.
"Marzo 4, de 1907."

"Marzo 4, de 1907.
"Hon. Senador Barela:
"Felicitaciones y buenos deseos.
"Mrs. William B. Felker."

"Santa Fé, N. M., Marzo 4, de 1907.

"Hon. Casimiro Barela,
    "Capitolio, Denver, Colo.

"Sinceras felicitaciones; feliz cumpleaños.

                    "BENJAMIN M. READ."

                    "Denver, Marzo 4, de 1907.

"Hon. Casimiro Barela.

"Querido senador: Permítame felicitarlo por estar todavía en la primavera de su vida y de servicios públicos á la edad de 60 años, y con más de treinta años de fiel servicio público á su crédito. Que mucho más continúe son los deseos de su amigo.

                    "H. P. BENNET."

                    "Denver, Marzo 4, de 1907.

"Mi querido senador:

"Hemos sido amigos por más de un cuarto de siglo; nos conocimos el verano de 1881. Pocos de sus amigos, durante todos estos años, han sido tan íntimos para usted y para su familia, como lo hé sido yo.

"Usted sabe el regocijo que siento al unirme á ellos y á la multitud de sus amigos para felicitarlo en su distinguida y afortunada existencia y en desearle muy sinceramente por muchos años todavía una vida saludable y próspera.

      "Soy con todo respeto sinceramente,

                    "JULIUS C. GUNTER."

"Al Hon. Casimiro Barela,
    "Cámara del senado."

"Estimado Senador: "Denver, Marzo 6, de 1907.

"Tomo esta oportunidad para congratular á usted por el trabajo espléndido que ha hecho durante los muchos años que ha servido al estado.

"Su registro es uno del que cualquiera hombre puede sentirse orgulloso, y no hay ninguno que tome más placer en apreciar tales hechos como su sincero amigo.

"Hon Casimiro Barela, "HENRY A. DUBBS."
Denver, Colo."

"Mi querido senador: "Denver, Marzo 4, de 1907.

"Rara vez, si no jamás, ha sido hombre alguno, en este gran país, más altamente honrado por su estado, en la linea de sus trabajos legislativos, que lo que lo ha sido usted.

"La devoción que ha mantenido por los intereses del estado, la gran ayuda que como legislador práctico le ha prestado, han correspondido al estado y lo ponen á usted de manifiesto como digno del honor, en este su sexagésimo cumpleaños. Lo felicito por su cuerpo saludable y su mente vigorosa y le deseo muchos más años de vida y de útiles servicios públicos.

"Créame sinceramente suyo.

"Hon. Casimiro Barela, "JOHN CAMPBELL."
"Senador."

"Hon. Casimiro Barela, "Denver, Marzo 4, de 1907.
"Edificio del Capitolio,
"Denver, Colo.
"Mi querido senador:

"Permítame ser entre la multitud de sus amigos, uno de los que lo felicite por el cumplimiento de tres veintenas de su vida. Yo me uno á ellos para desear con toda sinceridad que pueda usted vivir para celebrar muchos, muchísimos más cumpleaños.

"Su carrera pública ha sido verdaderamente larga, eficiente y honorable, y al fin de treinta y seis años de servicio contínuo, debe sentirse satisfecho al recordar que ninguno de los que lo han conocido puede decir que Casimiro Barela haya jamás faltado á su palabra cuando la ha dado.

"Otra vez, mi querido senador, mis más sinceros y buenos deseos por su continua felicidad y prosperidad.

"Muy cordialmente suyo,
"Joseph S. Jaffa."

"Denver, Colo., Marzo 4, de 1907.
"Hon. C. Barela.

"Muy señor mío: Sírvase aceptar mis felicitaciones en su sexagésimo natalicio. Le deseo muy larga y feliz vida. Recuerdo con placer nuestra asociación en el senado del estado en las sesiones de 1883 y 1884.

"Verdaderamente suyo,
"Clarence P. Elder."

"Denver, Colo., Marzo 4, de 1907.
"Hon. C. Barela.

"Caro señor: Permítanos felicitarlo en su sexagésimo aniversario, deseándole muy larga y feliz vida. Con sumo placer recordamos nuestra asociación con usted en la Convención Constitucional del estado de Colorado, en los años de 1875 y 1876.

"Sinceramente suyos,
"Clarence P. Elder,
"Wilbur F. Stone,
"E. T. Wells."

"Denver, Colo., Marzo 4, de 1907.
"Hon. C. Barela.

"Muy señor nuestro: Acepte nuestras felicitaciones en su sexagésimo aniversario natal, deseándole una feliz y larga vida. Con gran placer recordamos nuestra asociación con usted en la cámara de representantes de la legislatura territorial en el año de 1872.

"Sinceramente,
"Clarence P. Elder,
"George E. Randolph,
"Charles C. Welch."

"Las Vegas, N. M., Marzo 6, de 1907.
"Hon. Casimiro Barela,
"Denver, Colo.
"Mi buen amigo:

"Por el 'News, de Denver, hé tenido conocimiento de la celebración del sexagésimo aniversario de su día onomástico.

"La circunstancia de haber llegado Vd. á esa edad es, por cierto, motivo de alegría y contento para sus amigos; pero el hecho de haber pasado Vd. más de la mitad de ese período en el servicio continuo de su pueblo en el Senado de Colorado, es ya ocasión no solamente de júbilo, sino de verdadero orgullo para el pueblo todo de nuestra raza.

"Que la Providencia Divina le haya conservado la vida, y que su pueblo le haya continuado dispensando su favor y confianza hasta llegar Vd. á merecer el noble apodo de 'Padre del Senado,' en Colorado, es una alta honra para todos nosotros, y por ella quedo agradecido al Cielo.

"Ni se resiente en lo más mínimo mi orgullo y entusiasmo al pensar en el cambio político que últimamente ha hecho Vd., pues en su persona no miro al representante de un partido ni de una idea política, pero sí miro, con alta satisfacción al representante de un pueblo, y de un pueblo grande en sus antecedentes, sublime en su pasada historia, y noble en la desigual contienda que en la actualidad sostiene para mantenerse con dignidad en el suelo que conquistara del tenáz salvaje, tras sangrientta lucha de trescientos años.

"Pluguiese al Cielo que la historia de su vida sea un estímulo para nuestra juventud, á fin de que se inspiren y continuen honrando á su pueblo como lo ha honrado Vd. Que Dios multiplique sus años sobre la tierra para bien de los suyos, y que sus últimos días sean tranquilos y venturosos, son los deseos del que se honra con el título de Amigo Suyo. "O. A. LARRAZOLO."

"Mora, Nuevo México, Marzo 8, de 1907.
"Hon. Casimiro Barela,
    "Denver, Colo.
"Estimado compadre:
"Desde antier hé estado leyendo, en diversos periódicos, por los despachos de la prensa asociada, los tributos de felicitaciones, que sus colegas, en ese renombrado Cuerpo Legislativo, y otras personas de categoría y prominencia, del floreciente Estado Centenial, le han acordado, festejando el aniversario de su natalicio. Hoy recibí el 'Denver Republican,' con fecha 5 del corriente, que tuvo á bien mandarme; por tal recuerdo de mí, le agradezco.

"Desde que ví los primeros informes, y leí las resoluciones presentadas y adoptadas, las observaciones pronunciadas, los regalos conmemorativos de la ocasión, ofrecidos, mi corazón se ensanchaba de regocijo y agradecimiento, á personajes tan distinguidos, por obsequios tan singulares, á uno de mi sangre y linaje. Desde este triste é ignorado albergue, permítame añadir, al cúmulo de sus honores y sus glorias, el humilde, pero sincero é íntimo parabién, de quien lo estima de corazón y le desea todo género de felicidades.

"La nobleza de corazón é inteligente apreciación del mérito, de un individuo de esta gente Anglo Sajona, son espejos ilustrativos y lecciones prácticas, que nosotros de la sangre latina, socios y colaboradores suyos, en resolver el gran problema de la prosperidad y bienestar de una nación cosmopolitana, son dignas de nuestra más seria consideración y estudio, para amoldarnos á seguirlas y emularlas.

"Para Vd., querido compadre, incidente tan patético y conmovedor, en presencia tan ilustre, debe serle sumamente complaciente, siendo este una herencia imperecedera para su posteridad, que aumentará su brillo y valor, con su repetición, en las páginas de la historia que lo cite y lo promulgue; puesto que, el aprecio y la estimación, de los contemporáneos de cualquier mortal, es de grandísimo más precio, para sus deudos, que el dejarles bienes perecederos y transitorios.

"Las mutaciones y cambios, en la época que atravesamos, son tan instantáneos, y, á veces, tan radicales, que me parece á mí, que la actualidad es propicia, habiendo Vd. ya consagrado tres quintas partes de su vida, al servicio público, y obtenido su aplauso y beneplácito, al terminar este prolongado período, para despedirse de él, antes que contratiempos imprevistos y adversos, disminuyan ó ofusquen la recompensa que hoy le prodiga y le rinde.

"Con mis afectuosas memorias á Doña Damiana y mis más leales deseos por la continuación de una salud lozana y un halagüeño porvenir, me suscribo, su atento y seguro servidor.

"RAFAEL ROMERO."

"Trinidad, Colo., Marzo 8, de 1907.
"Don Casimiro Barela,
   "Denver, Colo.
"Muy estimado amigo mío:

"He aguardado para ser el último de sus amigos, pero no el menos, para por medio de estas líneas, presentarle mis más humildes felicitaciones en este su cumple-años, pidiendo á la Omnipotencia Divina, Aquella que dirige todos nuestros pasos, de que siempre le tenga en buena salud, disfrutando de aquella popularidad que por sí se ha sabido granjear, por medio de hacer frente á todo lo que viene en la vida transitoria del hombre, y que por su carácter tan fino, á la par que perseverante, se ha sabido en todo tiempo conquistar. Los laureles, flores, parabienes, y que sé yo, que sus colegas y amigos tuvieron á bien presentarle, no deja en que dudar que usted, el 'Padre del Senado de Colorado'—Bendito sea—es el *hombre del dia*, es el hombre, que no obstante de las burlas y asechanzas de aquellas almas depravadas, seguirá en su marcha progresista, en esa marcha que por tantos años ha venido en forma con este estado y su pueblo.

"Quise ser el último, como dije arriba, por aquello de que yo sé el muy poco tiempo que tendría á su disposición para leer estas lineas, que van con todo el alma del que las escribe.

"¡Sesenta años! Y la mayor parte de ellos, siempre incansable en el bien de nosotros, quienes varias veces en tiempo de necesidad no le valgamos nada.

"Viva usted y esposa mil años.

"De su amigo,

"J. I. GARCIA."

Una vez más llamaré la atención de mis cándidos lectores á los tributos de la prensa para decirles como se expresó el editor de "El Progreso," de Trinidad, Colorado. Tiene la palabra.

"Sobre la historia y recursos de Colorado no hay hombre que esté mejor informado que el Senador Barela.

"Hay en el senado hoy día hombres de más edad que él, pero debido á su larga permanencia en el puesto, se le ha denominado 'El Padre del Senado,' y 'El Senador Perpetuo.'

"El hombre del día ha venido en marcha, hombro con hombro, con este gran estado, y siendo que él ha sido interesado en su desarrollo, es por lo tanto un factor sumamente fuerte en los asuntos legislativos.

"En los treinta y seis años que ha servido como legislador, ha servido á sus constituyentes de una manera varonil y juiciosa. Su nombre es proclamado por doquiera; su historia no tiene paralelo, su grandeza de corazón y sus vastos recursos están siempre á la disposición de su pueblo. El hombre Barela es el 'ángel de protección' de un sin número de necesitados.

"Barela en su rancho, Barela en el condado, Barela en el senado de esta gran comarca, es siempre el mismo. Sus manos no han temido tomar el arado, para labrar la tierra; su corazón jamás falla en el senado en punto de la defensa del pueblo que representa.

"Es, pues, el Senador Barela, un filántropo que jamás se ha cansado de hacer bien á su pueblo.

"Hoy cuenta sesenta años de vida y la mayor parte de esos sesenta, aún en detrimento y perjuicio de sus propios negocios personales, los ha sacrificado por el bienestar procomunal.

"Barela es hombre raro; no tiene segundo; es empresario; es constante, y lo que tiene más, es que es dueño de sus propias convicciones.

"Por muchos años tuvo la balanza del poder democrático, en este condado, hasta 1904, que se adhirió al partido republicano, desde cuya época este partido cuenta en sus elecciones con verdadera victoria.

"¡Tal ha sido Barela!

"Sentimos mucho no haber podido estar en la Capital, el lunes pasado, para haberle congratulado en su cumple-años, pero desde aquí mandamos al *Padre del Senado* de Colorado, nuestras gratas felicitaciones, deseándole que viva mil años, y que siempre. ciña su frente un ramillete de flores y que en su corazón permanezca para siempre un recuerdo imperecedero para su pueblo."

"Podría muy bien llenar varios tomos con solo ocuparme de este evento y aún no haría justicia á lo grande y á lo sublime que fué no solamente para el senador sino para su familia y para su pueblo.

Con lo que dejo dicho bastará para que mis lectores queridos, hayan sentido ensancharse su pecho y les haya brotado un sentimiento de patriotismo por las honras de que tan merecidamente fué objeto un paisano suyo, un descendiente de los intrépidos españoles que se aventuraron á poblar regiones desconocidas, como lo serán la mayor parte de los que lean esta pequeña obra. ¿Cuál será aquel hispano americano que al leer estas lineas no sienta elevarse su civismo, su celo patriótico, y que no admire con verdadero entusiasmo el mérito del Senador Barela y le reconozca?

CONVITE TEATRAL Á LOS SENADORES.

El día 27 de Marzo de 1907, se dió en el Teatro Orpheum, de Denver, una función especial, la cual el Senador Barela había arreglado para que se llevara á efecto. Él circuló invitaciones á cada uno de los miembros de la Asamblea y á sus señoras para que atendieran á la función. El Teniente Gobernador Harper también al terminar la sesión de la mañana de ese día anunció que se esperaba que cada uno de los miembros y sus señoras estuvieran presentes aquella tarde en el Teatro Orpheum á ver la función con que el Senador del Cuarto Distrito les iba á brindar, y que por lo tanto no habría sesión aquella tarde.

La función fué de las mejores y todos los colegas del Senador Barela estuvieron presentes y al terminarse salieron muy satisfechos del brindis con que el senador les había obsequiado. Las señoras expresaron su satisfacción en términos elocuentes y sinceros hacia el Senador Barela.

CELEBRACIÓN DEL DÍA DE COLÓN.

El día 12 de Octubre, de 1907, Día de Colón, fué celebrado en varias partes del Estado de Colorado. El Senador Barela fué invitado para que dirigiera la palabra en la celebración en Pueblo, donde fué ovacionado profusamente.

El día 12 de Octubre, de 1908, fué celebrado en Trinidad, Colorado, donde el Senador Barela tomó especial interés para que se observara aquel año. Amaneció la mañana del Día de Colón y el sol benigno é indulgente se levantó en el horizonte, despidiendo un calor, templando el viento otoñal, con una raridad deliciosa. No estaba ni muy frío ni muy caliente, sino justamente templado para poder apreciar debidamente el día en que el continente americano fué descubierto por el grande y no menos ilustre marino, Cristobal Colón.

En cumplimiento con una convocatoria por el Mayor Taylor, las casas de negocios se cerraron y les dieron á sus empleados un día de regocijo, lo que fué muy apreciado especialmente por los italianos é hispano americanos.

El día de Colón fué observado en Trinidad, Colorado, como en ninguna otra parte del estado, con varias bandas de música, con una gran parada de flotas, con un discurso elocuente por el Teniente Gobernador Harper, quien atendió especialmente á la solicitud del Senador Barela, fundador del Día de Colón, en Colorado, quien también dirigió la palabra.

La parada se componía de gran número de sociedades en fila, los oficiales de la ciudad y condado en carruajes, el carruaje donde iba el Teniente Gobernador Harper y el Senador Barela, y varios otros carruajes donde iban personas muy prominentes y los representantes de la prensa.

Los discursos fueron pronunciados en el Teatro West, y después se les dió un banquete á los huéspedes.

CAMPAÑA POLÍTICA DE 1908.

Habiéndose reunido los delegados que formaban la convención republicana del Condado de Las Animas, en la casa de cortes, en Septiembre, de 1908, el Sr. S. W. Debusk, se levantó y en elegante y adecuado discurso nominó al Hon. Casimiro Barela, para candidato para senador por el mismo distrito que por tantos años había representado con tanto tino y honra para los representados.

La nominación fué hecha por aclamación.

El Senador Barela dió las gracias por el honor que le hacían y ofreció de su parte hacer lo mejor que pudiera en el interés del Condado de Las Animas en particular y del Estado en general.

En la convención democrática se nominó para la misma posición al Dr. Ben B. Beshoar, hijo del finado Dr. Beshoar, quien cuatro años antes había hecho la carrera en contra del Senador Barela.

El Dr. Ben B. Beshoar al aceptar la nominación se expresó en términos nada agradables del Senador Barela reclamando que el Sr. Barela había conseguido su posición cuatro años antes por medio de fraudes y que con gusto aceptaba él la oportunidad para vengarse del Senador Barela.

Los candidatos de ambos partidos visitaron las diferentes demarcaciones y precintos en el interés de su elección y al fin se llegó el día de la elección.

La elección del 3 de Noviembre, de 1908, pasó muy quieta, no hubo disturbios ningunos y el pueblo parecía satisfecho.

Se reunió la comisión que debía hacer el cómputo de votos y después de algunos días de trabajo reportaron el resultado de la elección.

El Senador Barela recibió 5,442 votos de los 9,925 que se depositaron para aquel puesto, y el Dr. Beshoar recibió 4,483 votos; teniendo el Senador Barela una pluralidad de 959 votos. La comisión del estado se reunió para hacer el cómputo de votos y substanciaron el reporte de la comisión de condado y el Secretario del Estado expidió el certificado de elección al Hon. Casimiro Barela.

RUMORES DE UNA CONTESTA.

APENAS había pasado la elección y todavía no se hacía el cómputo oficial de los votos cuando ya se rumoraba que el Dr. Beshoar no estaba satisfecho (¿y cómo había de estar?) con el resultado de la elección. Que á pesar de que el Senador Barela tenía cerca de 1,000 votos de mayoría el Dr. Beshoar entablaría una contesta ante el próximo término legislativo del senado. Cuando se supo que en el estado habían resultado electos una mayoría democrática de los senadores del estado entonces se reiteraron más los rumores de la contesta.

El 9 de Noviembre, de 1908, el "News," de Denver, dijo: "El Senador Casimiro Barela demuestra la mayor indiferencia en cuanto á la declaración hecha por el Dr. Ben Beshoar de que contestará su asiento en el próximo senado. El Senador Barela dijo hoy: 'Estoy informado de las intenciones del Dr. Beshoar y me alegro de ello. Realizo que es muy jóven y que tiene mucho que aprender; también realizo que su base para la contesta es la suposición que la mayoría del próximo senado será democrática y esto sólo bastará para darle el asiento sin hacer referencia de los fraudes de que se queja."

El 14 del mismo mes leímos en el "Denver Republican," lo que sigue:

"El dictámen viene de altas majestades. El Senador Casimiro Barela del Condado de Las Animas, el Nestor de la legislatura de Colorado, miembro de la Convención Constitucional de Colorado y quien se cree por muchos políticos de que está dotado de una juventud política eterna, saldrá del senado de Colorado en el próximo Enero. El fué electo por una pluralidad de cerca de 1,000 votos, derrotando al Dr. Ben Beshoar; pero hay rencillas añejas que arreglar. El padre del presente contestante por el asiento de Barela fué candidato contrario de Barela cuatro años pasados y el hijo ha seguido la batalla del padre. El Senador

Barela fué un demócrata casi toda su vida, y cuatro años pasados fué electo como republicano. No pudo tolerar más el estado de anarquía en que la democracia se había sumergido. Durante la contesta gubernatorial de Peabody y Adams el Senador Barela tomó parte activa, y los caudillos demócratas 'dizque' se van á vengar ahora que tienen la mayoría.

"Pero muchísima gente no cree esas amenazas hasta que no vean al 'senador perpetuo' al pié de la escalera. Tiene más vidas políticas que las que físicamente se le acreditan á un gato. Ha pasado por muchas tempestades; ha retenido su asiento cuando ha estado en mayoría el régimen populista, el democrático, el platista y el republicano, y espera poder levantarse, con un libro de reglas en la mano, á un punto de orden por varios años venideros."

EL SENADOR BARELA OFRECE AYUDAR Á BESHOAR EN SU CONTESTA.

EL DIA 21 de Noviembre, de 1908, el Senador Barela dirigió una carta al Dr. Ben B. Beshoar, el candidato demócrata derrotado para senador de estado y quien entonces se creía que estaba preparando una vigorosa contesta por el puesto del Senador Barela. En la carta el Senador Barela le hablaba en términos amigables y aún le ofreció la suma de $100 para ayudarle á investigar los fraudes que Beshoar reclamaba que se habían cometido. Sigue la carta:

"Trinidad, Colo., Noviembre 21, de 1908.
"Dr. Ben. B. Beshoar,
"Ciudad.
"Caro señor:
"Sírvase permitirme adelantarle una apología por tomarme la libertad de dirigirle esta carta, aunque lo que me incitó fué la buena intención y la buena fé y espero que le impresione que va en ese espíritu.

"Como usted es bien sabedor que los diferencias que en una vez existieron entre su padre y yo fueron arregladas personal y satisfactoriamente para ambos, á lo menos dos años antes de que él muriera, por medio de nuestro mutuo amigo, Mr. Jas. McKeough, Jr., de esta ciudad. Se me suplicó que encontrara á su padre en su oficina para conferenciar con respecto á nuestras dificultades, á cuya súplica acudí como usted bien lo sabe. En aquel tiempo arreglamos todas nuestras diferencias personales, como hé dicho, satisfactoriamente á ambos, y según entendí, satisfactoriamente para usted y para el resto de su familia.

"Su padre y yo fuímos amigos desde 1867 hasta el tiempo de su muerte. Hallé que durante su vida fué fiel á sus amigos en todo tiempo. El fué fiel para conmigo y me aventuro á decir que yo fuí fiel con él.

"Jamás olvidaré una cosa que me dijo en la entrevista de que me refiero y que me impresionó de como amaba á sus niños y á su familia. El me dijo: 'Barela, Vd. ha sido un fiel amigo conmigo y yo deseo de que sea un buen amigo de mi familia después de mi muerte.'

"Yo le aseguré que lo sería y siento en mi conciencia que bajo ningun modo, forma ó manera, hé sido detrimental á él en vida, á usted, ni á ninguno otro de su familia, y espero ser fiel á la promesa que hice á su honrado finado padre, si se me permite serlo.

"Ahora con respecto á la elección del doctor; como usted sabe según los retornos él tenía una mayoría de 119 votos. Cuando yo ví las irregularidades y fraudes que se cometieron en el cuarto barrio de esta ciudad, siendo que el juez de elección republicano se hallaba vorazmente embriagado el día de la elección. Yo protesté en contra de la legalidad del voto en aquel precinto. Yo no lo hice como tal vez Vd. lo entenderá, en contra de su padre, porque él nada tenía que hacer en los fraudes cometidos en aquel precinto.

"El cuerpo de cómputo de votos del estado tomó nota de mi protesta de los fraudes de aquel precinto y en sesión abierta de dicha comisión en el capitolio por dos ó tres días, donde testimonios y declaraciones juradas fueron consideradas de ambos lados, y donde su padre fué representado por el ex-Gobernador C. S. Thomas, Hon. James Belford, Sr., y el Senador John Bush. El comité después de la debida deliberación desechó el precinto y al hacerlo así tuve una gran mayoría de los votos del condado. Consecuentemente el secretario de estado me expidió á mí el certificado de elección. Si el cuerpo de contar los votos hizo mal y violó su juramento, es para que aquellos, y no yo, respondan. Yo considero que hice mi deber como libre ciudadano americano.

"Su padre nunca estableció contesta ni protesta de ninguna especie reclamando mi puesto como senador. Como una semana después de que el senado se organizó fué á Denver con gran multitud de testigos y pidió audiencia de la comisión sobre privilegios y elecciones, cuya solicitud fué concedida por la comisión. Cuando apareció ante la comisión con sus evidencias se le informó que había faltado en entablar una contesta reclamando mi puesto, y que nada había ante dicha comisión para investigar, habiendo faltado en establecer la contesta propia. Esto lo admitió él y se retiró. (Creo que usted merece esta información para que no esté mal informado en cuanto á los particulares ó hechos que demuestran que el senado nada tuvo que hacer entonces en dicidir quien era, ó quien no era, el senador por este distrito.)

"Ahora para probar mi fidelidad y mi promesa hacia su finado y honrado padre—dos años pasados cuando Vd. hizo la carrera para coronario de condado, aunque yo era republicano, por súplicas de su padre y porque no podía rehusarme, escribí un artículo yo mismo en el interés de su elección. Usted mismo en persona me entregó un retrato suyo, el cual mandé á Denver para conseguir un grabado, por cuyo grabado yo pagué, é hice imprimir en mi propia planta 'El Progreso,' 3,000 circulares con mi artículo insertando su grabado, los cuales yo le entregué á Vd. para que los distribuyera por todo el condado y sin que hubiera tenido un centavo de costo por estos.

"Nuestras relaciones continuaron amigables hasta su muerte. Mi familia y yo acompañamos sus restos hasta su última morada.

"Ahora, con respecto á Vd., Ben, no creo que tuviera ocasión de quejarse personalmente de mí y me sentí muy disgustado cuando pronunció su discurso aceptando la nominación en la última convención democrática del condado, cuando dijo con considerable sentimiento que se alegraba de aceptar hacer la carrera contra el traidor y la perpetua desgracia del condado de Las Animas. Yo no creo que había ocasión para un ataque semejante.

"Durante la campaña estoy informado de que fué declarado en muchos lugares que yo había robado el asiento en el senado que pertenecía á su padre. Vd. me hizo grandísima injusticia con ambas de estas declaraciones, pero á pesar de todo, todo está bien, como le demostraré que no hay ódio ni resentimiento de mi parte.

"Se han circulado rumores de que intenta contestar por mi puesto en el senado, para el cual tengo 959 votos de mayoría, pero si se determina hacerlo es su privilegio y tuve mucho gusto cuando dijo en su entrevista con un repórter del Advertiser que intentaba contestar en los méritos, legalidad y justicia de la elección que acaba de pasar, porque si lo hace así y le es posible probar algunos fraudes que sean bastantes para probar al senado que Vd. está intitulado á mi puesto, tendré mucho gusto en cedérselo sin ninguna mala voluntad, aunque soy de la opinión de que Vd. mismo sabe tan bien como el público en general, de que no hubo fraudes de ninguna especie que se cometieran en esta última elección, y si Vd. desea investigar clara y legalmente algunos fraudes que crea que fueron cometidos que pudieran cambiar la mayoría en su favor yo le contribuiré la suma de cien ($100) pesos para ayudarle á investigar antes de que establezca su contesta.

"Por supuesto que si Vd. va con la suposición de que porque la personalidad del senado es demócrata, sin respetar los méritos, decencia ó justicia, yo sea desechado de allí para darle á Vd. mi puesto, tengo demasiada mucha confianza en los senadores demócratas que han quedado de la sesión pasada y también en los nuevos y debidamente electos senadores demócratas, en su dignidad como hombres, de que jamás consentirán en perpetuar injusticias de tal naturaleza. Yo no deseo que me entienda mal en cuanto á que yo crea que esa presunción de intenciones le incitaron en caso que conteste.

"Vd. está muy jóven todavía y tiene un buen futuro si tiene cuidado y sigue los consejos de su padre y si sus acciones no son guiadas por la pasión, venganza injustificada ó malos consejos. Esté seguro de que guardaré mi palabra hacia su padre ya finado y que en cualquier tiempo que les pueda ser útil lo haré con placer por Vd. ó por cualquiera otro de su familia.

"Otra vez espero de que no se equivoque en mi intención y buena fé al tomar la libertad de dirigirle esta carta.

"Muy respetuosamente,

"CASIMIRO BARELA."

La prensa en general se ocupó de los rumores de la contesta y para no cansar mucho la atención de mis lectores solo les llamaré la atención á otra reproducción que hago del "Summit County Journal," antes de pasar más adelante á los detalles de la contesta.

Habla el Journal: "Nos alegramos de saber, por medio del Denver Republican, que el Senador Barela, del Condado de Las Animas, tiene una mayoría de 959 votos y que retendrá su asiento en el senado á pesar de las quejas y aserciones del Dr. Beshoar y otros. El Senador Barela es un hombre de linaje español y de mucha experiencia en asuntos de estado. El llamarle con epítetos y apodos es una grande injusticia, y aquellos que procuran difamarlo lo hacen porque lo envidian. Su registro como oficial público lo hicieron acreedor á los regalos y gran ovación que recibió en Marzo de 1907, lo que demuestra el honor, respeto y estimación en que es tenido por sus colegas. Habiendo estado en la legislatura desde mucho antes de que Colorado fuera estado, no puede habérsele dado un título de más orgullo que el de 'Padre del Senado.' El Dr. Beshoar y otros debían estar seguros de que tiene razón y luego seguir. ("Dr. Beshoar and others should 'Beshoar' they are right, then go ahead.")

SESIÓN LEGISLATIVA DE 1909.

LA ASAMBLEA General Décima Séptima se reunió en el capitolio del estado en Denver el día 6 de Enero, de 1909.

Para que mis queridos lectores puedan referirse con exactitud cuando mencione el nombre de algunos de los colegas del Senador Barela y sepan á una vista de que política es ó si es de los "retenidos" ó los nuevos electos daré á continuación los nombres de los senadores que componían la Décima Séptima Asamblea General, dando los nombres, política y condados que representan, á saber:

Senadores demócratas, "retenidos":
Tully Scott, de Teller.
John Kennedy, de Ouray.
D. M. Campbell, de Pueblo.
John Tobin, de Montrose.
T. J. Ehrhart, de Chaffee.

Senadores demócratas, nuevamente electos:
Thomas B. Croke, de Adams.
Thomas J. McCue, de Denver.
Frank E. Gove, de Denver.
Franklin E. Garringer, de Denver.
John S. Irby, de Denver.
S. J. Burris, de Pueblo.
Mark A. Skinner, de El Paso.
Harry Cassady, de Boulder.
Warren H. Twining, de Pitkin.
John S. Cary, de Routt.
George E. West, de La Plata.
Barnett T. Napier, de Garfield.
J. H. Crowley, de Otero.
W. H. Adams, de Conejos.
Bernard J. O'Connell, de Clear Creek.

Senadores republicanos, "retenidos":
   Rodney J. Bardwell, de Adams.
   Ahiman V. Bohn, de Lake.
   James C. Burger, de Denver.
   John E. Button, de Denver.
   Horace T. DeLong, de Mesa.
   William A. Drake, de Larimer.
   George Fry, de Teller.
   Joseph H. Harrison, de Denver.
   Dan S. Jones, de Saguache.
   William H. Mayer, de Costilla.
   John B. Stephen, de El Paso.
   F. R. Wood, de Las Animas.

Senadores republicanos, nuevamente electos:
   Delph E. Carpenter, de Weld.
   Matt N. Lines, de Fremont.
   Casimiro Barela, de Las Animas.

Ya verá el lector inteligente que los demócratas tenían la mayoría; había 15 senadores republicanos y 20 demócratas.

UN CUMPLIMIENTO.

"The Observer," un magazine que se publica en Denver, con fecha 9 de Enero, de 1909, publica el siguiente cumplimiento al Senador Barela:

"El Senador Casimiro Barela celebró su sexagésimo día onomástico en la sesión pasada, pero evidentemente se ha determinado de que sesenta años es suficiente edad para cualquiera persona y este año celebrará su quincuagésimo octavo natalicio, y en dos años más celebrará su quincuagésimo sexto natalicio, y así seguirá por quince ó veinte años más hasta que esté tan jóven como parece. Barela le ha ganado á Joshua. Joshua paró el sol por veinte y cuatro horas; pero eso es nada para detener el tiempo por más de un cuarto de siglo. En verdad, Barela no parece tener arriba de 35 años de edad.

"Algunos otros senadores también quizá han bebido de la 'Fuente Remozadora de Barela,' entre ellos Billy Adams de Conejos, y Johnie Stephen, de Pueblo."

SE URGE QUE NO SE CAMBIE EL NOMBRE Á NUEVO MÉXICO.

EL DÍA 12 de Enero, de 1909, el Senador Barela introdujo en el Senado de Colorado una resolución en conjunto de ambas cámaras para dirigirla al Congreso Nacional, la cual lee como sigue:

"MEMORIAL EN CONJUNTO DEL SENADO
"Núm. 1.
"Por el Senador Barela.

"A los Honorables, Senado y Cámara de Representantes de los Estados Unidos de América, en el Congreso reunidos:

"Sus memorialistas, la Asamblea General del Estado de Colorado, respetuosamente urgen, que;

"*Por cuánto*, hay en consideración por el Congreso de los Estados Unidos, el asunto de la admisión á la hermandad de estados, del Territorio de Nuevo México; y

"*Por cuánto*, de varias personas ha habido sugestiones de nombres para el contemplado nuevo estado; y

"*Por cuánto*, el Territorio bajo consideración ha llevado el nombre de que ahora goza, y en cual reposa un sincero y devoto orgullo de sus habitantes, por más que tres siglos, cuyo nombre fué dado á aquel territorio y á las regiones contiguas por los primeros pobladores del mismo;

"*Por lo tanto*, ahora sus memorialistas respetuosamente recomiendan á sus honorables cuerpos, que dicho territorio cuando sea admitido á esta Unión, se le dé y se le permita retener el nombre de "Estado de Nuevo México."

"*Además*, sus memorialistas por razón de proximidad geográfica é íntima amistad social y comercial, conociendo las calificaciones, aptitudes y patriotismo de los habitantes de dicho territorio, además recomiendan la consideración favorable de su aplicación por admisión.

"Y que este memorial sea registrado y una copia sea mandada al Presidente de los Estados Unidos, y una á cada uno de los miembros por Colorado en el Senado y Cámara de Representantes en el Congreso Nacional."

Ya es bien sabido el amor que el Senador Barela siempre ha guardado para el pueblo del suelo que meció su cuna, el Territorio de Nuevo México. Jamás dejó pasar oportunidad de demostrarle el interés vivo que siente por él. Y tan pronto como oyó los rumores de que se contemplaba cambiarle de nombre, se levantó desde el Estado de Colorado é hizo oir sus razones en las aulas legislativas de Washington.

Les hizo ver de que el nombre Nuevo México no era nuevo sino que aquel territorio había llevado aquel nombre por tres siglos. que los primeros exploradores que por primera vez vinieron á América habiendo estado primeramente en el terreno de los aztecas y hallando que era un terreno fértil y rico, más tarde siguieron su marcha hacia el norte y al plantar su pabellón en el terreno explorado declararon haber encontrado un nuevo México y por lo tanto se le llamó Nuevo México. Dijo que aquellos dos nombres habían sido sugeridos por Cortez y Coronado y que como estaban orgullosos de los grandes génios norte americanos y conservaban sus nombres los terrenos que ellos habían descubiertos, así mismo debían de respetarse los nombres que Coronado y Cortez habían dado á sus terrenos conquistados. Que aquello le traían recuerdos elocuentes de los nobles conquistadores de la superstición y del paganismo personificados en los devotos y abnegados sacerdotes, que en esta sección estaban comprometidos en su arriesgada obra mucho antes de que los peregrinos desembarcaran en las desiertas playas del Atlántico.

Su discurso en apoyo del memorial fué elocuente, convincente y lleno de patriotismo. Sus razonamientos fueron incontestables y el memorial se adoptó y otra vez el Estado de Colorado levantó su voz en Washington en favor de su vecino Nuevo México. El memorial surtió su efecto y cuando se pasó el acta de habilitación para Nuevo México no se cambió el nombre.

Otra vez la prensa de Nuevo México levantó el nombre del Hon. Casimiro Barela haciéndole patente su gratitud y reconocimiento por sus incansables esfuerzos por Nuevo México y sus habitantes.

PARA INVESTIGAR LOS MÉTODOS DE ELECCIÓN EN LOS CONDADOS DE HUERFANO Y LAS ANIMAS.

EN LA SESIÓN del día 13 de Enero, el Senador Tully Scott introdujo una resolución para que se nombrara una comisión para investigar los métodos de elecciones en los Condados de Huerfano y Las Animas.

El Gobernador Shafroth en su discurso inaugural el día antes tomó una posición con respecto á la contesta que había por el asiento del Senador Barela, la cual puso al ejecutivo del estado como juez y jurado y en esta dual posición quiso expedir el dictámen antes de oir las evidencias. El Juez Jesse G. Northcutt, quien actuaba como licenciado por el Senador Barela, hizo una digna y judicial apelación á los miembros de la legislatura exhortándoles que no se formaran opinión sobre aquella cuestión hasta no haber oido las evidencias de ambos lados. Dijo que el gobernador había mencionado que en los condados de Las Animas y Huerfano se habían cometido fraudes, pero que aquellas acusaciones no las podrían substanciar con palabras volantonas. El crímen de estos condados, dijo él es que últimamente han resultado republicanos. Lo han hecho por razones económicas y porque el pueblo allí se ha querido libertar de la lucha del anarquismo para seguir prosperando. Dijo también que el pueblo de aquellos condados resentirían la injusta reflección que se hacía de sus condados, de sus oficiales y de sus ciudadanos.

La resolución para investigar los condados fué secundada por el Senador Barela, declarando que tenía gusto de que se hiciera tal investigación para probar lo equívoco que estaban algunos de los oficiales sobre las condiciones de estos condados. El dijo, en parte:

"En mi propio condado, el de Las Animas, no ha habido fraudes, y aprovechamos la oportunidad para probarlo. Los hombres que nos tiran estos cargos son por lo general honestos en sus creencias, pero están equivocados y les vamos á demostrar su error. No tememos el resultado de una investigación honesta y estamos convencidos de que la propuesta investigación será conducida honestamente y se hará un reporte veráz.

"Hay tan buena gente en el condado de Las Animas como en cualesquier otra parte del estado, y estamos cansados de que se nos acrimine é insulte. El pueblo hispano americano de Colorado está intitulado á que se le respete y desea esta oportunidad para vindicarse. Espero que esta resolución se adopte y que mis amigos republicanos no se opongan á su adopción."

LA CONTESTA ENTABLADA.

LOS PAPELES en la contesta del Dr. Ben B. Beshoar por el asiento del Senador Barela fueron mandados al senado de la oficina del Secretario de Estado el día 14 de Enero y los mismos fueron referidos á la comisión sobre privilegios y elecciones.

Lo periódicos del 22 del mismo mes anunciaron de que muchos de los senadores, tanto demócratas como republicanos estaban en favor de no atender á la contesta hasta que la comisión legislativa que había sido nombrada para investigar los condados de Las Animas y Huerfano hiciesen su reporte y en favor de esta cuestión el Senador Barela dijo que él estaba listo para poner en Denver centenares de evidencias de que no había habido fraudes en su condado y que evitarían grande gasto al estado si se hacía primeramente la investigación sobre si había habido fraudes en los condados mencionados. El Senador Barela dijo:

"Si hay alguna prueba de que se cometieron fraudes en mi elección, no me eclipsará el "Honesto Juan," (Honest John) sino que resignaré inmediatamente."

Aquí debo anotar de que cuando se instituyó la contesta, el contestante tuvo el descaro de pedir que el estado sufragara los gastos de la contesta, lo que dió por resultado que los pagadores de tasaciones tuvieran que pagar varios miles de pesos por el simple capricho de unos cuantos que al fin no lograron su intento y que sólo malgastaron el dinero del estado y el tiempo de la legislatura.

El 25 de Enero, de 1909, W. M. Elliott, sargento de armas del senado fué á Trinidad, Colorado, y citó arriba de 40 testigos para que testificaran en la contesta. Entre las evidencias más importantes que se citaron estaban el escribano del Condado de Las Animas, Juan B. Romero, quien fué re-electo en la misma elección, y se le ordenó que se presentará ante la comisión con los libros de registración, los registros de votación y las urnas electorales de 13 precintos, incluyendo Cokedale, Hastings, Delagua, Morley y South Starkville, que son los precintos más grandes del condado fuera de Trinidad.

Se dió principio á la investigación y el 4 de Febrero se abrieron las cajas de boletos para que los expertos examinaran la escritura. En el mismo día se interrogaron varios testigos, pero no se pudo probar que hubiese fraudes. Se había acusado que la compañía Colorado Fuel & Iron había tomado parte activa en la elección, pero resultó de la evidencia que los mismos oficiales de la compañía habían dado ordenes por escrito de que se evitaran de tomar parte activa en la campaña.

Se acusaba que el Escribano Romero no había dado las mismas instrucciones á los jueces de elección demócratas que á los republicanos, mas él introdujo copias de las cartas que había escrito á unos y otros y estas eran análogas.

El Presidente Welborn, de la Compañía Colorado Fuel & Iron, había sido citado como evidencia, pero como se hallaba enfermo en cama no pudo atender y la comisión fué á su casa á oir su testimonio. El Sr. Welborn dijo que su compañía no había tomado ningún interés en la elección. Que él mismo era demócrata y que había votado el boleto demócrata en la última elección. De todas las irregularidades de que se acusaba á los republicanos no se pudo substanciar ninguna por medio de las evidencias. La única irregularidad que se probó fué de que A. P. Anderson, el licenciado de Beshoar, había brindado con licor á los jueces de elección del precinto de Hastings y que les había invitado para tomar la comida, y que cuando estos habían rehusado él le había dado un billete de $5 al hotelero para que les preparara la comida, y que les había dicho que hicieran lo mejor que pudieran.

El testigo que dió esta declaración fué P. J. Bacca, uno de los jueces de elección en el precinto de Hastings, también dijo que Anderson, quien era candidato para comisionado de ferrocarriles y Beshoar habían sacado grandes mayorías y que Barela había recibido menos votos que ninguno en aquel precinto.

COBARDE ATENTADO PARA INFLUIR EN FAVOR DEL CONTESTANTE.

La comisión investigadora acabó de tomar sus testimonios el 6 de Febrero, y se quedó considerando los méritos de la investigación.

Los periódicos del día 8 de Febrero anunciaron de que el Dr. Beshoar había solicitado la protección de la policía de Denver para que le protegieran porque temía ser tratado con violencia, siendo que había en Denver gran número de mexicanos ó hispano americanos que llevaban armas y que se creía que tal vez le causaran algún daño. La policía dió atención y á Beshoar se le cuidaba en donde quiera que andaba. Cuando se les llamó la atención á los abogados del Senador Barela, los Sres. Northcutt y Hoffmire, ellos se rieron y dijeron que no era más que un plan para inspirar compasión. El Juez Northcutt dijo:

"La verdad del caso es que los únicos hispano americanos que sé que están en la ciudad son los que trajo el contestante como evidencias y consoladores, exceptuando unos cuantos oficiales que fueron traidos por citas y que son tan de buena reputación como al tanto nomás podrá haber en el estado. Pero tales enredos como estos substanciados por las personas que evidentemente los han fraguado son muy comunes.

"No hay razón para creer que el contestante, Beshoar, esté ó haya estado en el más mínimo peligro de violencias y esta historia es de aquellas que se circulan con ciertas miras. Es un libelo contra la buena gente del Condado de Las Animas."

LA COMISIÓN DECIDIÓ INVESTIGAR DE NUEVO.

El día 9 de Febrero la comisión de investigación decidió seguir más la investigación y abrir otras cajas de boletos.

El día 12 del mismo mes, mientras en otras partes del estado celebraban el día de Lincoln, la comisión de investigación estaba quebrando cajas de boletos con una hacha, á falta de las llaves para abrirlas. La primera que se abrió fué la caja del Precinto de Cokedale.

El día 13 por la noche fueron mandadas las cajas de boletos de vuelta para Trinidad habiendo acabado la investigación de estas.

De aquí en adelante la comisión se dedicó á oir las defensas de cada uno de los interesados y en hacer sus preparaciones para reportar al senado.

EXPRESIONES DEL EX-GOBERNADOR CHAS. S. THOMAS.

El día 18 de Febrero por la noche se tuvo una sesión de la comisión de investigación y allí apareció en favor del Dr. Ben B. Beshoar el Ex-Gobernador Chas. S. Thomas, y sugirió á la comisión que quitaran al Senador Barela de su asiento en el senado por la razón de que cuatro años antes una mayoría republicana había quitado el asiento á Alva Adams para darlo á James H. Peabody en la silla gubernatorial y porque el mismo año no se le había dado oido al Dr. M. Beshoar, cuando reclamó el asiento de Barela.

Reclamó que lo que había sido bueno para los demócratas cuatro años pasados debía de asentar á los republicanos en esta vez. Que si los republicanos habían obrado mal entonces los demócratas debían de apropiarse en esta vez un asiento que no les pertenecía. "Recuerden," dijo, "que este hombre votó porque Peabody fuera el gobernador. Recuerden que era un fiel demócrata y cuatro años pasados nos abandonó. Recuerden que cuatro años pasados fué electo como republicano y que cuando su oponente quiso poner queja no se le dió atención por una mayoría republicana. Recuerden también que se ha probado que en el condado de Las Animas los métodos de elección no son intachables. Recuerden también que hoy tenemos nosotros la mayoría y podremos vengarnos."

El argumento del Ex-Gobernador Thomas fué una apelación

á la mayoría democrática del senado sin respetar los méritos de la contesta, ni considerar el dictámen del pueblo del condado de Las Animas en cuanto á quienes debían de ser sus oficiales. Lo que quería era venganza y no importaba lo demás.

Los abogados del Senador Barela reclamaron que el quejante había faltado en probar los cargos de fraude y que el Senador Barela estaba intitulado á que aquella comisión reportara la verdad tal como era.

La comisión había decidido dar sus reportes el 23 de Febrero, pero los caudillos demócratas no querían tomar chanzas y decidieron tener un *caucus*, una conferencia para saber como estaban antes de que la comisión reportara. Se sabía más ó menos que habría á lo menos dos reportes, uno reclamando que se habían probado fraudes y que Beshoar debía de ser declarado electo y el otro reclamando que no había podido el quejante probar sus cargos y que Barela debería retener su lugar.

Desde el 23 de Febrero hasta el 1ro. de Marzo, se tuvieron *caucus* todos los días por los caudillos demócratas con la intención de hacer que todos los senadores votasen en favor de Beshoar. Pero cada un día había de cuatro á siete senadores demócratas que no convenían en la acción del *caucus* y como comprendieran que el Senador Barela solo necesitaba 3 de estos votos para retener su asiento se prorogaban hasta el siguiente día, con el mismo resultado.

En la conferencia del 1ro. de Marzo, siete senadores demócratas rehusaron seguir las indicaciones de los caudillos en votar para despojar al Senador Barela de su puesto; estos fueron: Campbell, Scott, Gove, Kennedy, Skinner, Crowley y O'Connor.

El día en que el Senador Barela cumplía 62 años de edad, el 4 de Marzo de 1909, la comisión de investigación después de 10 días de infructuosos esfuerzos en que se diera un solo reporte—declarando electo á Beshoar—sometió al senado tres reportes. El primero firmado por los Senadores McCue, West, Twining, Cary, Irby y Napier, que era el reporte de la mayoría, sostenía que se habían cometido fraudes y que Beshoar debería ser declarado electo. El segundo reporte iba firmado por los Senadores Campbell, presidente de la comisión, y O'Connell, y sostenía que aunque se habían probado algunas irregularidades en la elección, estas no eran suficientes para desechar los votos de los 13 precintos en cuestión y que por lo tanto el Senador Barela estaba intitulado á su puesto. El tercer reporte estaba firmado por el Senador Bardwell, el único miembro republicano en la comisión reportó que el quejante había fracasado en establecer su evidencia y que la contesta debía ser desechada.

PRIMER VOTO DE LA CONTESTA RESULTA 17 POR 17.

L DÍA 5 de Marzo se determinó fuese el día para argumentar en pro y en contra, concediendo solamente una hora y media á cada un lado y que luego se tomara el voto.

Ya considerarán mis lectores que durante todo este tiempo que estuvo pendiente la cuestión de la contesta no faltó ni un sólo senador. Varios quisieron pedir escusas pero á los demócratas no les fueron concedidas y los republicanos vieron de que los suyos no faltaran. Había 35 senadores, pero según las reglas el Senador Barela no podía votar en su propia contesta, quedando solamente 14 republicanos contra 20 demócratas.

Después de haberse establecido la sesión del 5 de Marzo, el Senador Adams pidió que se considerara la contesta Beshoar-Barela. El Senador McCue pidió la llamada del senado y el Senador Bardwell hizo moción que se adoptara el reporte de la minoría declarando á Barela debidamente electo. El Senador Campbell enmendó la moción á modo que se aprobara su reporte en favor de Barela, y entonces el Senador McCue movió como enmienda á la enmienda que se adoptara el reporte de la mayoría en favor de Beshoar.

El Senador Bardwell entonces sugirió que se limitara el tiempo de debate y el Senador Adams hizo moción que el voto final se tomara á las 2 de la tarde y que estuvieran en sesión continua hasta aquella hora, y que se excluyeran los demás negocios de consideración. La moción fué adoptada unánimente.

El Senador Bardwell entonces principió el debate declarando que por lo que se había probado no se garantizaba que había habido fraudes y que no se podría desechar el voto de los precintos en cuestión por tal razón, que si había habido irregularidades era la culpa del Juez Hines, presidente de la comisión central democrática del condado, por no haber suplido la lista de los jueces de elección que deberían actuar por los demócratas y que esto garantizaba la acción que habían tomado los comisionados de condado.

El Senador Campbell le siguió y declaró que él no podría votar en favor de quitar del puesto al Senador Barela por la simple razón que era republicano. Declaró que la única irregularidad que había en la elección fué que algunos votantes que no podían preparar sus boletos no habían sido juramentados por los jueces de elección, y que estos no podían ser desfranquiciados por la falta de los jueces en cumplir con la ley. Que si los republicanos habían obrado mal cuatro años pasados no era de él manchar su conciencia porque otros la mancharan. Que el poder no era derecho y el derecho no era justo. "Que era el derecho de cada hombre de dar al hombre iguales oportunidades, y que era el deber del senado dar al Senador Barela lo que justamente le convenía aunque fuera republicano, sí, mejor dicho, porque era republicano."

Luego siguió el Senador McCue en defensa de su reporte de la mayoría, y después siguieron los argumentos de otros senadores, tanto demócratas como republicanos.

El Senador Barela tomó el suelo en defensa propia y llamó la atención de sus colegas como lo había hecho por 38 años. Siempre cautiva su atención. Mucho desearía haber podido obtener el completo texto del dicho discurso, pero no pudiendo conseguirlo citaré algunas remarcas que hizo en esta ocasión. Les dijo:

"Estimados colegas, muy bien conozco á Vds. para poder dudar el resultado de esta cuestión que hoy está para terminar. Hé servido en este honorable cuerpo por 38 años y hé tenido suficiente tiempo para conocer el instinto personal de cada uno de mis colegas. Sé que cuando se trata de cuestiones que afectan al bien de la comunidad se unen sin miras de partido y sostienen la razón; sé que en esta vez lo harán también. Sé que las expresiones del Ex-Gobernador Thomas, en días pasados no hicieron ninguna mella en su determinación, en su juicio sobre lo legal de mi elección. Si él reclamaba venganza de la mayoría de este cuerpo, sé que el buen juicio y la imparcialidad de mis colegas no podían convenir con sus arrebatos de ira y clamores por venganza.

"Dos años pasados, mis queridos colegas, por un voto unánime de los miembros republicanos y demócratas de este cuerpo, se me rindió en este mismo sitio una ovación de la cual ningún otro hombre en Colorado ha sido objeto. Conservo como á la pupila de mis ojos aquellos recuerdos y muestras de su cariño, respeto y estimación hacia mí. Conservo aún las extensas y gratas expresiones con que me honraron, las que son admiradas y estimadas por mi familia y las que puedarán como un recuerdo de Vds. cada uno de los que con su propia mano suscribieron sus nombres á aquel memorial que tan espontáneamente me ofrecieron y los otros recuerdos que se dignaron ofrecerme, los que mi posteridad admirará y conservará por siglos tal vez. Sí, dos años pasados, á un enorme gasto del estado, usaron el tiempo valuable de este cuerpo para rendirme homenaje, cuando ese tiempo debía haberse dedicado tal vez á desarrollar los mejores medios para beneficio de nuestros constituyentes, pero muy espontáneamente y sin aún saberlo yo hicieron los arreglos para hacerme honor á mí, por cuya ovación y reconocimiento yo, mi posteridad y mi pueblo siempre les vivirá agradecido.

"Mas hoy, mis caros colegas senadores, se experimenta un gran contraste con los eventos de la última sesión. Hoy me juzgan por ladrón de elecciones, me acusan de haber sido electo fraudalentamente á la posición que por 20 y más términos que he servido como oficial público jamás aún se había insinuado tal cosa.

"Yo no puedo creer, ni ahora ni nunca, que con sus votos desmientan hoy lo que dos años pasados afirmaron de su propia voluntad sobre mi integridad y honestidad, suscribiéndose al pié de aquellas palabras que leen.........'como muestra del respeto y estimación en que es reconocido por el pueblo de nuestro amado estado, por razón de tan fieles, distinguidos y meritoriosos servicios, y por nosotros sus colegas senadores como testimonio de nuestro respeto y cariño fraternal,..........' "

Estas palabras del Senador Barela cayeron como un rayo en los oidos de los senadores que le escuchaban. Les había tocado la conciencia, el amor propio, les había hecho recordar eventos más agradables.

Pero había otro objeto en la acción de los senadores, que ya explicaré á mis cándidos lectores.

Se tomó el voto y resultó 17 en favor y 17 en contra de aprobar de la mayoría su reporte. 17 en favor y 17 en contra de aprobar el reporte del Presidente Campbell, y 17 en favor por 17 en contra de aprobar el reporte de la minoría.

En virtud de su certificado de elección el Senador Barela retuvo su asiento.

Luego se levantó la cuestión de si el presidente del senado podría votar sobre la cuestión. El Teniente Gobernador Fitzgerrald no sabía si tenía el derecho y declaró que pediría la opinión del Procurador General Barnett.

LA CONTESTA SE DECIDE EN FAVOR DEL SENADOR BARELA.

EL PROCURADOR General Barnett pidió tiempo para escudriñar las tecnicalidades de la ley y el día 11 de Marzo sometió su decisión al Teniente Gobernador, declarando que bajo las circunstancias de que la contesta era y estaba en manos de un cuerpo legislativo, y como la ley requería que los asuntos legislativos sólo los decidiera el mismo cuerpo, y como el Teniente Gobernador no era un oficial legislativo sino un oficial ejecutivo por lo tanto no tenía derecho de votar en aquella cuestión.

Habiéndose leido la opinión del Procurador General, el Senador Crowley hizo moción que la contesta fuese descartada, la cual fué secundada por el Senador O'Connell, y se tomó el voto sin ningún debate.

Los que votaron en favor de que se desechara la contesta fueron los senadores: Bardwell, Bohn, Burger, Campbell, Carpenter, Carringer, Cary, Crowley, DeLong, Drake, Fry, Gove, Harrison, Irby, Jones, Kennedy, Lines, McCue, Meyer, O'Connell, Scott, Skinner, Stephen y Wood.

Los que votaron en contra fueron los senadores: Adams, Burris, Casaday, Croke, Napier, Tobin, Twining y West.

Los que no votaron por estar ausentes, Button y Ehrhart.

Presente y que no votó, Barela.

Así fué como terminó la contesta; el Senador Barela recibió una mayoría de dos terceras partes de la cámara, 24 por 8, y la larga lucha quedo terminada habiéndole costado al estado la considerable suma de $12,972, además de haber tenido el senado sin poder pasar un sólo proyecto por cerca de tres meses. Pero esta era la clave del asunto, los demócratas sabían bien el resultado de la contesta, pero simplemente la querían tener en pié para evitar acción en proyectos que el partido había prometido pero que la mayoría de los demócratas electos no querían soportar y por lo tanto sabían que mientras la contesta estuviera pendiente, tenían la oportunidad de impedir aquella legislación.

La victoria que el Senador Barela recibió de manos de una legislatura democrática no podía haber sido más completa. Quedando probado que es invencible, cuya roca tan fuerte como firme, es una honra á los hispano americanos del país y la dignificación de toda la raza, honra y orgullo de los verdaderos patriotas anglo sajones que sin miras rastreras ni políticas saben apreciar en el hombre su valer y sus méritos.

Así también lo fué un terrible revés á los enemigos políticos del Senador Barela quienes tanto le envidian. Para aquellos séres que tan arraigado tienen el vicio de la envidia, que citando las palabras de Miguel de Cervantes lo expresa así:

"¡Oh, envidia! ¡Raíz de infinitos males y carcoma de las virtudes! Todos los vicios traen no sé qué deleite consigo; pero el de la envidia no trae sino disgustos, rencores y rabias.

"La envidia también se aloja en los aduares de los bárbaros y en las chozas de los pastores, como en los palacios de los príncipes; y ésto de ver medrar al vecino, que parece que no tiene más merecimiento que yo fatiga. No hay merced que el príncipe haga á su privado, que no sea una lanza que atraviese el corazón del envidioso."

OVACIONES AL SENADOR BARELA.

Con motivo de la victoria del Senador Barela en tan reñida lucha fué objeto de miles de ovaciones de parte de sus colegas senadores y oficiales del estado así como de parte de sus amigos que acudieron á estrecharle la mano y á felicitarle.

En el condado de Las Animas, donde los enemigos políticos del Senador se estaban preparando para celebrar su derrota, sus amigos celebraron reuniones para celebrar su victoria. Elegantes invitaciones fueron repartidas por una comisión de ciudadanos en

Aguilar y otra en Madrid, Colorado, para que el pueblo atendiera á aquellas celebraciones donde se celebraba con discursos, banquetes y bailes, la victoria del insigne patriota y defensor del pueblo hispano americano, el Hon. Casimiro Barela.

EL DÍA DE COLÓN EN 1909.

EL SENADOR BARELA hizo los preparativos necesarios para poner en corriente una comisión que se encargara de hacer los arreglos para la celebración del Día de Colón en Trinidad, Colorado.

El se ocupó de prevenir los oradores y cuando se llegó el día fué uno de los más grandes que se han visto en la ciudad de Trinidad.

Por la mañana varias comisiones estaban destinadas para que recibieran á los huéspedes, en especial al Gobernador Shafroth, de Colorado, y al Hon. O. A. Larrazolo, de Las Vegas, Nuevo México.

La parada tomó lugar á las 11 del día y fué muy hermosa, los oradores, oficiales de la ciudad, oficiales del condado, representantes de la prensa, y especialmente las muy distintas flotas, "Reina Isabel," y "La Pinta," llamaron especial atención. La parada fué de más de tres millas de larga y por toda su distancia iba adornada de hermosas y riquísimas flotas que representaban las diferentes casas comerciales, así como las diferentes organizaciones.

Cuando hubo terminado la parada se sirvió un banquete en el Hotel Columbian, siendo el maestro de ceremonias el Senador Barela. Después del banquete se prosiguió para el Teatro West, los oradores é invitados al banquete cuando llegaron á la Casa de Opera tuvieron que entrar por una de las puertas del escenario porque la entrada principal estaba aglomerada de gente. El

Senador Barela introdujo á cada uno de los oradores con un breve pero interesante discurso.

LA ASOCIACIÓN DE LAS FERIAS DE TRINIDAD Y DEL CONDADO DE LAS ANIMAS.

Por muchos años pasados el Condado de Las Animas por medio de la Orden de los Elks, de la cual el Senador Barela es miembro dió entretenimientos á manera de ferias en el Park de los Elks en la ciudad de Trinidad, estando el Senador Barela interesado en las mismas y especialmente en las carreras de caballos. El Senador Barela siempre ha poseido de los mejores y más finos caballos de carrera, habiendo siempre salido victoriosos los caballos del Senador.

Desqués de varios años el Senador Barela debido á sus muchos negocios no siguió interesado en la empresa de las ferias y luego estas se abandonaron.

A principios de 1910, los hombres de negocios de la ciudad de Trinidad comenzaron á apoyar la organización de una asociación de ferias, no sin antes consultar y recibir el apoyo del Senador Barela. Se convocó una reunión de los hombres de negocios y se organizó la asociación. El Senador Barela no pudo atender por estar sumamente ocupado y lo hizo saber. No obstante esto, los hombres de negocios, quienes conocen y aprecian en todo su valer al Senador Barela levantaron su nombre para presidente de la organización, estando satisfechos que bajo su manejo la organización progresaría.

Se llevaron á cabo todos los arreglos para las ferias, las que se verificaron en el mes de Septiembre y fueron de lo mejor en el estado.

El Senador Barela puso toda su energía en hacer que las ferias fuesen un suceso y lo consiguió, y después de haber pasado, haber pagado todos los costos de las ferias así como los costos en que habían incurrido para mejorar el terreno y levantar los edificios necesarios les quedó en el fondo un sobrante de varios miles de pesos, gracias á la energía y esfuerzos del Senador Barela.

Habiéndose llegado el tiempo para la elección de oficiales para el año de 1911, los miembros de la asociación reconociendo su agradecimiento al Senador Barela, se eligió á los siguientes oficiales:

Hon. Casimiro Barela, presidente; James McKeough, primer vice-presidente; Col. J. A. Ownsbey, segundo vice-presidente; J. W. Gibbons, tercer vice-presidente; R. S. Gregory, cuarto vice-presidente; H. W. Bowman, tesorero; Charles Bailey, secretario; y los siguientes directores, W. L. Willis, T. A. Thompson, E. J. Foreman, T. H. Bowen, J. H. English, J. L. Alford, J. S. Grisham, D. M. Ralston, E. G. Duling.

Este año, como en 1910 también se verificaron las ferias por cuatro días, el 26, 27, 28, y 29 de Septiembre, de 1911.

Por medio de los esfuerzos del Senador Barela se logró que esta asociación de ferias entrase en el circuito de las ferias del estado y de los otros estados y territorios para que no se tuviesen otras ferias mientras estas se verificaban, pudiendo de este modo tener más atendencia así como se pueden tener allí mismo muchas atracciones que de otro modo estarían en otro lugar. Además consiguió que el tesorero de estado hiciese la apropiación que se les concede á ferias del estado.

"EL CLUB PORFIRIO DIAZ."

El autor de esta obra tuvo la oportunidad de reunir gran número de sus jóvenes amigos, así como de los más importantes y prominentes para formar un Club social al que dieron el nombre del entonces Presidente de la República Mexicana, Gral. Porfirio Diaz.

La primera reunión social tuvo su verificativo en el Teatro West, en la ciudad de Trinidad, el 4 de Julio, de 1910. Los principales oradores en la ocasión fueron el Hon. Casimiro Barela y el Lic. Eusebio Chacón, quienes fueron admitidos como socios honorarios del Club. El programa se compuso de discursos, canciones, recitaciones y selecciones por la orquesta. La Srita.

Anita N. Tafoya y la Sra. Emilia A. Abeyta, se lucieron en sus selecciones.

El Senador Barela que fué el orador del día, hizo un elocuente discurso, felicitando á los organizadores del Club por sus buenas intenciones de establecer entre la gente de habla español un Club semejante, exhortándoles en sus deberes como socios y hacia sus huéspedes. También se refirió al día que celebraban, el 4 de Julio, como el día más grande para la nación americana. Citó también varios pasajes de la vida del General Don Porfirio Diaz. Su argumento fué breve, pero conciso y convincente, y repetidas veces fué interrumpido por vítores y nutridos aplausos. La celebración terminó con un lucido baile donde atendieron las familias más prominentes del condado y de otros lugares.

Ninguna empresa, ninguna celebración y ningún negocio se considera de lo mejor, si el Senador Barela no toma parte, y basta mencionar su nombre para que el pueblo ocurra á oirle.

LA CAMPAÑA POLÍTICA DE 1910.

En la Campaña Política de 1910 para la elección de oficiales el Senador Barela usó toda su influencia por el boleto republicano y todos los candidatos republicanos fueron electos en el condado.

Todas las campañas en que el Senador Barela ha tomado participio han salido triunfantes. El tiene el tacto y la experiencia para conducirlas, así como tiene la buena voluntad de su pueblo, que por tantos años le ha honrado con su soporte porque está bien desengañado de su habilidad, de su honradéz, y de que en sus manos el pueblo está salvo y protegido en todos sus intereses.

PARA OTRA CONVENCIÓN CONSTITUCIONAL.

EN LA SESIÓN de la Décima Octava Asamblea General de Colorado en 1911, el Senador Barela introdujo un proyecto para tener una nueva Convención Constitucional para redactar una nueva Constitución para el Estado de Colorado.

El Senador Barela, como ya lo saben nuestros lectores, fué miembro de la Convención Constitucional en 1875 y 1876. De los 39 delegados que atendieron á aquella convención viven al tiempo de escribir esta obra solamente siete. Colorado tomó muchas de sus provisiones constitucionales del Estado de Illinois. Por 35 años este estado se ha dirigido por la presente constitución, efectuando por medio de enmiendas casi una completa reconstrucción de muchas de sus provisiones.

Al discutir el Senador Barela la propuesta Convención Constitucional, dijo:

"¿Le pagaría á Colorado tener una nueva convención constitucional con el fin de redactar una nueva constitución para el estado?

"Desde que la presente constitución fué formulada en 1876, condiciones de importancia general y local, han hecho necesarios muchos cambios en aquel documento. La constitución de Colorado se ha hecho embarazosa y pesada para manejarse á causa de su redacción original, habiendo sido principalmente modelada por las constituciones de estados más viejos, en especial Illinois, improvisaba los pensamientos políticos de una generación que no notaba, ni podía notar, las condiciones de hoy día. Aquella tenacidad por teorías gubernamentales, que ahora no es práctica por el aumento en populación, escudriñamiento científico y aumento en riqueza, dió á Colorado una Constitución que fué lo mejor en el juicio jurídico en el tiempo que fué sometida al pueblo y aprobada. Pero fué un documento que tenía necesariamente que ser abierta con la cuña de los eventos; y una vez abierta, su identidad original se ha perdido en una masa de enmiendas.

"Desde que se proclamó la ley fundamental del estado, ha habido diez y ocho sesiones regulares de la legislatura y con muy pocas excepciones, la legislatura ha sometido de una hasta seis enmiendas á la constitución, ya sea á secciones ó á artículos, en cada sesión bienal. La Constitución del estado se ha desarrollado en un código de por sí tan grande en volúmen y tan incierto en su permanencia como el bulto de decretos estatutorios. Añadase á esto la recientemente adoptada iniciativa y referendum, que dá al pueblo todos los poderes de legislación, y la cual bajo el proyecto de Skinner, le da el derecho de iniciar seis enmiendas constitucionales bienalmente, y luego considérese las proporciones de la ley fundamental al fin de diez años.

"Cinco enmiendas á la constitución fueron sometidas por la Décima Séptima Asamblea General y adoptadas por el pueblo. Hasta ahora la Décima Octava Asamblea General tiene seis proyectos para la submisión de otras tantas de enmiendas constitucionales, y todavía se introducirá otro proyecto para enmendarla dentro de uno ó dos días.

"Una convención constitucional indudablemente sería costosa; pero considérese el enorme costo que se hace por la costumbre de enmendarla cada dos años.

"Si, como los discípulos de la legislación directa urgen, hemos alcanzado el pináculo de la ciencia de gobierno desde donde podemos medir ventajosamente el pasado y hacer cálculos exactos para lo futuro, ¿qué no podría una convención constitucional, llamada con el fin de redactar una carta magna absolutamente nueva para el estado, exitar los grandes costos y molestas que tendría que sufrir el estado? Considerándolo bien, al fin una convención constitucional, costosa como parezca, indudablemente probaría ser una buena empresa. Saciaría esta sed de cambios.

"El otro proyecto, para la submisión de una propuesta enmienda constitucional, viene del Senador Irby, quien cree que el estado debía de crear una comisión para las librerías del estado.

"El costo de publicar todas las enmiendas propuestas introducidas en esta sesión aumentaría á varios miles de pesos, y en mi opinión excedería al costo de una convención constitucional."

UNA APROPIACIÓN DE $6,000.

El Senador Barela que siempre ha sido incansable para desarrollar los mejores intereses para sus constituyentes así como para el mejoramiento del distrito que por tantos años ha representado con honor en el congreso, en la misma sesión de 1911, introdujo un proyecto en el senado pidiendo la apropiación de $6,000 para ayudar en la construcción de un camino real de la Ciudad de Trinidad á la Mesa de Johnson en el condado de Las Animas.

La cámara de comercio de la ciudad de Trinidad notando las grandes ventajas que este camino acarrearía para el negocio de la ciudad inmediatamente se reunió para elogiar al Senador Barela y para pedir el apoyo de los demás senadores y representantes en el pasaje de este proyecto.

En el curso de la reunión de la cámara de comercio se encomió la gran previsión del Senador Barela por el bienestar de su condado, notándose que el propuesto camino no solo aumentaría la propagación de buenos caminos sino que sería el medio para conseguir para la ciudad de Trinidad el trato de toda la gente que reside por allí y que por falta de un buen camino hace todo su trato en ciudades del territorio de Nuevo México. El dicho proyecto pasó ambas cámaras, pero el Gob. Shafroth le puso su veto, después de prorogada la sesión.

PROTEGIENDO LA TESORERÍA DEL ESTADO.

El Senador Hilts introdujo un proyecto desminuyendo el número de inspectores de licencias á cinco miembros. El Senador Parrish se levantó y dijo que él deseaba enmendar el proyecto á modo que estos tuvieran que reportar cada tres meses dando un manifiesto de sus colectaciones y gastos.

El Senador Barela llamó la atención de los miembros que ya estaban para pasar el proyecto que les daría autoridad á cinco inspectores de licencias para colectar $150,000, y que no se les requería ninguna fianza. Luego les presentó un proyecto substituto el cual enmendaba el proyecto original con el provisto que cada uno de los inspectores de licencias llenaran una fianza de $10,000 para el fiel desempeño de sus deberes, y que tales fianzas fuesen aprobadas por el procurador general; proveyendo también que estos inspectores tomaran su juramento de oficina ante el procurador general.

Pero esto no era todo, el substituto del Senador Barela se extendía más. El proyecto de Hilts daba á los inspectores una libertad de acción que les permitía que fueran á donde quiera que fuesen llamados en el estado. El proyecto de Barela dividía el estado en cinco distritos de inspectores, cada distrito con un inspector, y limitaba sus deberes á sus respectivos distritos. El decretar esa ley con tales enmiendas ahorraría al estado una suma considerable en millaje y gastos. El Senador Barela al someter su substituto dijo:

"Yo no me admiro, al soportar este substituto, que la mayoría desea que este proyecto pase con la mayor brevedad posible, pero en la mayoría hay hombres de negocios quienes no confiarían por un momento sus finanzas en manos de subordinados á no ser que tuvieran la protección de una fianza.

"Se ha dicho que estos inspectores colectan de $20,000 á $30,000 al año; y á pesar de esto, ante esta responsabilidad, que intentan poner en cinco inspectores de licencias, los cuales estarán, como ustedes dicen, sujetos á la terrible tentación de patrocinar los mostradores de *free lunch* á no ser que sus salarios sean aumentados á $300, permiten dejar que estas sumas seducidoras pasen por sus manos sin detenerlos á la más mínima cuenta."

Esta actitud del Senador Barela causó una agitación y sonrojo entre las filas democráticas, pero como de costumbre las remarcas del senador tenían razón y peso, y el Senador Hilts se convenció de su lógica. Entonces ofreció como enmienda al proyecto de Barela que los inspectores tomarán el juramento de oficina y llenaran finanzas en la suma de $5,000 y esta enmienda prevaleció.

OTROS PROYECTOS QUE INTRODUJO EL SENADOR BARELA.

En esta misma sesión de la legislatura el Senador Barela introdujo un proyecto proveyendo que "cualquiera persona ó personas que destruyan, borren, desfiguren, remuevan ó lastimen cualquier monumento que haya sido ó de aquí en adelante sea eregido en el Estado de Colorado, será considerada culpable de trasgresión, y, al convictársele, será castigada por una multa que no exceda $100 ó por encarcelamiento en la cárcel de condado por un período de nada menos que 30 días ni más de 90 días, ó por ambas, multa y prisión á la discreción de la corte."

Ernest Thompson Seton, el gran naturalista americano, concibió la idea de la extensión de los ideales de Baden-Powell en los Estados Unidos y una organización conocida con el nombre de Boy Scouts of America (Muchachos espías de América) fué formada con la aprobación y soporte del Presidente Taft quien es su patrón entusiasta. En tal legislación como la que requiere el proyecto del Senador Barela, y en legislación sobre sujetos morales y humanos, la organización tiene un vital interés.

Esta asociación entre los muchachos está bien representada en el condado de Las Animas, y el Senador Barela invitó á uno de los jovencitos de esta asociación para que fuese su huésped en Denver durante esta sesión de la legislatura. El eficiente Superintendente del Condado de Las Animas el Hon. J. M. Madrid, no se hizo repetir la invitación y el día 16 de Febrero, de 1911, juntamente con un jovencito George Allen, hijo de un minero, Charles Allen, de Sopris, Colo., fué á Denver. El Sr. Madrid, el Sr. Allen y el jovencito que no cuenta más que 9 años de edad, fueron huéspedes del Senador Barela quien para la siguiente tarde hizo los arreglos para que ambas cámaras se reunieran para oir al jovencito Allen hablar en público.

El día 17 después que se hubo tomado el voto de ambas cámaras sobre la elección del Senador á los Estados Unidos, el Teniente Gobernador Fitzgerrald anunció que el jóven Allen se hallaba presente y dirigiría la palabra. Los cien miembros de la asamblea así como los muchos espectadores que se hallaban en las galerías procuraron ver al orador que no se distinguía por su tamaño. El jóven Allen fué puesto encima del escritorio del presidente de la cámara y de allí se dirigió con maestría y despejo, y con gran esparcimiento de su ánimo expresando las doctrinas de la organización que representaba y suplicándoles á los miembros de la cámara y senado que cooperaran con el Senador Barela en el proyecto que había introducido para proteger los monumentos públicos del estado.

Por la noche el Senador Barela dió un entretenimiento en el capitolio á 50 muchachos de la misma organización y todos los miembros estuvieron presentes. El jovencito Allen habló por una hora reteniendo la completa atención de cada uno de sus oyentes y al terminar dijo que estaría listo para responder cualquiera pregunta que se dignaran interrogarle.

El Senador Barela presidió en esta reunión y expresó por la asamblea la bienvenida á la espléndida audiencia de madres, padres, hermanas y hermanos de los jovencitos que se aglomeraron en la sala para oir discutir los méritos del proyecto. Felicitó á los jóvenes espías por el buen trabajo que estaban haciendo y por los muchos deberes que tenían ante ellos.

"Hay un proyecto pendiente en el senado que lleva mi nombre," dijo, "pero el padre de ese proyecto y quien merece todo el crédito y á quien debemos una deuda de gratitud por su presentación es el jóven George Allen, uno de mis espléndidos constituyentes. Es el único jóven de su edad que ha tenido el honor de expresarse ante una convención de los miembros de la Asamblea General en los Estados Unidos."

El jovencito Allen volvió á tomar el suelo y dijo que sabía que aquel proyecto lo había puesto en buenas manos y que esperaba fuese considerado favorablemente. Luego el Senador Barela tendió una invitación á los jóvenes espías para que fuesen á Trinidad, lugar de su residencia, á campar por algunos días. A este momento fué objeto de gran ovación, estando los muchachos vivamente complacidos con la invitación.

El día 13 de Marzo, de 1911, el Senador Barela, quien siempre ha hecho cuanto ha estado en su poder para proteger á sus constituyentes en cuantos modos le ha sido posible, y considerando que la ley que demanda un boleto sin cabeza, que ya mis lectores saben cual es, por medio de una moción dejó el dicho proyecto sin que fuese considerado. Ese día el Senador Skinner hizo una moción para que el dicho proyecto fuese reportado por la comisión judiciaria. El Senador Barela enmendó la moción para que el mismo quedara sobre la mesa y la moción del Senador Barela fué llevada por un voto de 21 por 13.

En esta misma sesión de la legislatura el Senador Barela introdujo un proyecto para que se publicaran los procedimientos de la Primera Asamblea General de Colorado, que son los únicos que no se han publicado. El proyecto no tuvo ningúna oposición en el senado, pero el Gobernador Shafroth rehusó firmarlo porque en su opinión no era necesario siendo que se podrían sacar copias certificadas de los mismos á $2 cada una en caso que se necesitaran.

Hablando de este proyecto el "Denver Republican," del día 28 de Marzo, dijo:

"Si el proyecto de garantías de bancos no hubiera tenido el derecho sobre las demás medidas ayer, el revés dirigido por el Gobernador Shafroth á la Décima Octava Asamblea General, habiendo rehusado aprobar el proyecto autorizando la publicación de los procedimientos de la Primer Asamblea, hubiera sido devuelto por el senado. El Senador Barela estaba seguro de suficientes votos de sus constituyentes para atropellar el veto del gobernador con un voto de dos terceras partes de ambas cámaras. El Senador Barela quien no solamente fué un miembro de aquella asamblea sino de la convención constitucional y de cada una y todas las sesiones regulares y especiales de la legislatura de este estado, y quien ya estaba ayudando á hacer leyes en este estado antes de que Shafroth saliera de Missouri para hacer su carrera política en todos los partidos políticos de Colorado, tomó el suelo.

"El Senador dijo ante el senado ayer que no solamente eran interesantes aquellos documentos como historia, sino que se podían facilitar para el uso de los jueces y licenciados por medio de su publicación para que se exhibieran las causas que obligaron la aprobación de muchas de las provisiones de la constitución y que las cortes recibirían grande ayuda en la interpretación de la constitución y los estatutos que se aprobaron por la primer asamblea.

" 'Todas las leyes territoriales fueron revisadas en la Primer Asamblea,' dijo el Senador Barela, 'y fué el último día de esa sesión cuando el senado que entonces contaba 26 miembros fijó la clasificación de los senadores que debían de ser retenidos ("holdovers"). Ninguna de las leyes pasadas por la Primer Asamblea ha sido abrogada. Aquella sesión de la legislatura se dedicó á legislación para aventajar los derechos de la constitución.

" 'Dos años pasados se nos sugirió que hiciésemos una apropiación para la publicación y distribución del mensaje de *Juan Honesto* á la Décima Séptima Asamblea General en el cual se describían y revisaban las *Siete Eminencias Sagradas*. *Juan Honesto* quería que este mensaje se distribuyera por todo el estado á expensas de los pagadores de tasación. Iba á ser un encomio personal para él—y yo voté por él porque creí que era un papel de estado y que el pueblo debería leerlo. Pero la legislatura le apretó el dedo á la treta de publicidad de *Juan Honesto*, y rehusó hacer la apropiación. Y ahora *Juan Honesto* se me dirige á mí de esta manera.'

"La sesión de ambas cámaras interrumpió más procedimientos y como ya se habían dedicado al proyecto de bancos por el día, el Senador Barela relinquió el suelo."

BARELA NOMINADO PARA SENADOR DE LOS ESTADOS UNIDOS.

Con el fallecimiento del Hon. Charles J. Hughes, Jr., acaecido en Enero, ocurrió una vacancia en la representación de este estado en el Senado de los Estados Unidos. En la última sesión legislativa el Gob. Shafroth anunció que había una vacancia en el Senado y que era el deber de los miembros de la legislatura elegir un Senador de los Estados Unidos para que llenara la vacancia. El primer voto para senador se tomó el 24 de Enero, 1911. Los demócratas que estaban en la mayoría se hallaban divididos en dos facciones, una en favor de Alva Adams para senador, y la otra en favor de R. W. Speer.

Los republicanos que se hallaban en la minoría no tenían más que hacer que honrar con su voto complimentario á alguno de los miembros de su partido. En el primer día de votación el Senador Casimiro Barela fué honrado con la nominación. Por ser el único hispano americano en los Estados Unidos que haya recibido este honor, los aplausos y las vivas estruendosas de las galerías fueron para el Senador Barela una verdadera ovación, al mencionarse su nombre y al contarse el voto.

Desde el 24 de Enero hasta el 6 de Mayo que se prorogó la legislatura se tomó diariamente el voto para senador de los Estados Unidos, y al fin no se llenó la vacancia debido á que los demócratas no pudieron convenir entre ellos, teniendo la mayoría, siendo que de los 35 senadores, 20 son demócratas y de los 65 representantes, 44 son demócratas. Solamente se necesitaban 51 votos para elegir, pero fué imposible que pudieran convenir en un candidato.

Al Senador Campbell, demócrata, se le acredita haber dicho que 64 demócratas no habían podido hacer en cuatro meses lo que 51 republicanos hubieran hecho en un día.

LA CAJA DE LIBROS DEL SENADOR.

Recordarán nuestros lectores que en su sexagésimo aniversario del Senador Barela las señoras que componían "The Colorado Traveling Library Commission," presentaron al Senador con un terno de libros.

Anotaré aquí que esta comisión se dedica á circular libros de la librería de lugar en lugar para el uso de las diferentes librerías del estado. Esta comisión se compone de señoras de las más prominentes en el estado, como sigue:

Presidente, Sra. Julia V. Welles, Cuarto Núm. 10, Capitolio, Denver, Colo.

Vice-Presidente, Sra. M. A. B. Conine, 724 E. 10th Avenue, Denver, Colo.

Secretaria de Registro, Sra. James D. Whitmore, 730 Washington Avenue, Denver, Colo.

Historiadora, Sra. B. F. Stickley, Leadville, Colo.

Lectora, Sra. Z. X. Snyder, Greeley, Colo.

Secretaria de Transportación, Srita. Carrie M. Cushing, Cuarto Núm. 10, Capitolio, Denver, Colo.

El Senador Barela convino en que aquella caja de libros que le habían presentado formara parte del sistema de libros transuentes.

A principios del año de 1911, la Sra. Julia V. Welles, presidente de la Comisión mandó al Senador Barela el siguiente reporte:

"*Registro de la caja de libros del Senador Barela.*

"En Marzo de 1907, fué el privilegio de las señoras que eran miembros de la Comisión de Librería Transuente de Colorado presentar y designar una caja de libros con el nombre del Senador Casimiro Barela, y esta caja de libros formó parte del sistema de libros transuentes de Colorado. El 18 de Marzo de 1907 fué mandada en su primer misión de educación para Trinidad, Colo., á la Sra. Thomas Windsor, á la Librería Pública de Trinidad. Fué devuelta el 1ro. de Julio, 1907; despachada otra vez el 12 de Julio, 1907, para Antonito, Colo., á la Sra. J. D. Frazey. Devuelta el 2 de Diciembre, 1907; mandada el 28 de Diciembre, 1907, para la Estación A, Platte Park, á la Sra. Snedekar, y devuelta el 1ro. de Julio, 1908. Mandada el 5 de Julio, 1908, á Buena Vista, al Reformatorio del Estado y devuelta el 15 de Noviembre, 1908. El 25 de Noviembre, 1908, fué mandada á Akron, Condado de Washington, á la Sra. H. B. Buchanan, y devuelta el 15 de Noviembre, 1909. Mandada el 9 de Diciembre, 1909, para Sterling, Condado de Logan, á la Sra. Arba D. Brown, y devuelta Noviembre 10, 1910. El 5 de Diciembre, 1910, fué mandada para Durango, á la Sra Rosepha Pulford, donde se halla al hacer este reporte haciendo buen trabajo entre los niños de escuela del Condado de La Plata.

(Firmado) "JULIA V. WELLES,
"Presidente."

EL NOMBRE DEL SENADOR BARELA Y SUS HECHOS CONSTAN EN INFINIDAD DE OBRAS Y MAGAZINES.

YA MIS lectores saben que debido á los muchos servicios del Senador Barela en pro del Estado de Colorado la prensa en general se ha ocupado de él, y su nombre es favorito por todo el estado y nación.

Hé observado también que todas las obras publicadas en el Estado de Colorado que se refieren á la historia del mismo, dedican páginas y más páginas para demostrar quien es y que ha hecho.

Me sería imposible mencionar todas las obras que de él se ocupan porque estoy seguro que no todas han llegado á mis manos; y de las que he observado me sería imposible recordar una por una, pero aquí deseo llamar la atención de mis cándidos lectores solamente á aquellas de más interés por su valor.

"La Historia Ilustrada del Estado de Colorado," publicada en *octavo* en 1890, por el autor renombrado Frank Hall, y la que consta de cuatro tomos, de 700 páginas cada uno, se refiere multitud de veces á los muchos servicios que el Senador Barela ha prestado como oficial público. En el Tomo II, página 309, hablando sobre la Constitución adoptada en 1876, el autor dice en parte:

"Entre los hombres que más se distinguieron en aquella ocasión y que ha seguido con más ahinco en el desarrollo del estado se halla el Senador Casimiro Barela, quien consecutivamente ha seguido identificado con los negocios hasta el tiempo de escribir esta obra."

En el mismo tomo, página 312, aparece uno de sus grabados con algunos datos de su conección con asuntos del estado.

En la misma obra, Tomo IV., página 360, en su departamento biográfico aparece su retrato otra vez, siendo el primero en aquel departamento y en la página 383 y 384 dá la biografía.

Entre otras cosas dice: "El Sr. Barela ha sido un talento conspicuo en la historia territorial y de estado en Colorado y siempre se ha considerado como caudillo de su partido en el Sur de Colorado. Su identificación con la política, negocios mercantiles, empresas ferroviarias y en el desarrollo de los intereses educacionales necesariamente han hecho que se le considere como uno de los ciudadanos representativos del Estado de Colorado. Ha hecho su nombre familiar por todo el estado por medio de su larga práctica en el senado del estado.

"Posee además una gran influencia social y política en el Condado de Las Animas y en el Sur de Colorado; teniendo un completo conocimiento del idioma inglés así como del español, es un efectivo y eficiente orador y un brillante conversacionalista."

Luego hace mención de todos los datos que ya conocen mis lectores y que sería por demás copiarlos.

En una obra titulada "Prominent Men in Politics," publicada por The Portfolio Publishing Co., de Denver, volvemos á encontrar á nuestro héroe, página 207. Esta obra está impresa en *quarto* y cuenta 260 páginas. Publicada en 1893.

En "La Enciclopedia de Biografía de Colorado" escrita por W. N. Byers y publicada por The Century Publishing and Engraving Co., de Chicago, en el Tomo I. que consta de 500 páginas y está impresa en *quarto*, en la página 330, aparece la biografía completa del Senador Barela. Esta obra fué publicada en 1901, durante la sesión que el Senador Barela fué por segunda vez presidente pro tem. del senado.

Durante el tiempo de cada sesión de la legislatura se publican diferentes obras sobre los representantes, senadores y oficiales del estado, y naturalmente en cada una de estas se reproduce la biografía del Senador Barela. Uno de los libros más bien arreglados y más ricamente ilustrados fué el que publicó en 1901 la App Engraving Co., de Denver.

En la "Enciclopedia of American Biography of the Nineteen Century," publicada en 1907, por Thomas William Herringshow, de Chicago, se menciona nuestro biografiado como uno de los principales en la historia del siglo diez y nueve en los Estados Unidos.

"La Historia Ilustrada de Nuevo México," por Benjamin M. Read, en la página 449 aparece un grabado del Senador Barela y una muy completa biografía del mismo.

En las "Obras de Bancroft," que constan de 40 tomos de más de 800 páginas cada uno, en el Tomo XXV., página 627, se trata de nuestro personaje en muy elogiosos terminos. Esta obra es de las de más importancia en la literatura del siglo XX.

En otra obra ilustrada, "Representative Men of Colorado," publicada por The Rowell Art Publishing Co., de Nueva York, en la página 136, aparece el grabado de nuestro biografiado como uno de los primeros en la historia del estado. La obra consiste de 275 en *quarto*.

"Portrait and Biographical Record of the State of Colorado," publicado en *octavo*, con 1500 páginas, por The Chapman Publishing Co., de Chicago, en 1899, tiene una extensa biografía de nuestro héroe.

El "Pictorial Roster," de la Asamblea General Décima Octava, ó sea la asamblea que estuvo en sesión el presente año, describe á nuestro personaje en las siguientes palabras:

"El Senador Casimiro Barela, senador por el Cuarto Distrito Senatorial de Colorado.

"Dean del Senado. Posee el registro del más largo periodo de continuo servicio que ningún otro legislador en el mundo. Fué electo á la Legislatura territorial en 1871, y sirvió dos términos. Electo Alguacil Mayor en 1875, y en 1876, siendo alguacil mayor fué electo miembro de la Convención Constitucional. El siguiente año fué electo senador y allí ha servido desde entonces, en dos asambleas como Presidente Temporario." Aquí siguen notas biográficas que ya mis lectores conocen.

"The Mecca," una revista ilustrada que se publicaba en Denver, Colorado, en su Número 15, Tomo I., publicada el 4 de Marzo, 1899, dió una reseña de la biografía del Senador Barela, la que reproduzco en seguida, é imprimió un suplemento de colores con u grabado del Senador en buen papel propio para ponerse en un cuadro. Bajo el título de "Hon. Casimiro Barela, Senador del Estado en la Duodécima Asamblea General de Colorado por el Cuarto Distrito," dice.

"Buscando un hombre que haya hecho de por sí un registro, *The Mecca* hasta aquí ha fracasado en hallar uno igual á nuestro presente héroe, una breve reseña de cuya carrera remarcable damos aquí, la que realmente provee suficiente material para un interesante tomo, y con más razón para una revista.

"Aunque el Senador Barela es de descendencia hispano americana, es un resuelto y firme ciudadano americano, en sentimientos y en acciones, cuyos característicos, de paso mencionaremos, reclama él que abriga el Presidente Diaz de la república al Sur de nosotros, quien tiene las más sinceras simpatías por las relaciones co-operativas entre su república y la nuestra, y las cuales no reciprocamos sinceramente como debiéramos.

Pero, volviendo á nuestro tema, el honorable senador es en muchos respectos un hombre notable, no solamente como político, sino también en apariencia, temperamento y arbitrio, posee una notable combinación de rasgos característicos, los cuales, con su vasta experiencia por sus muchos años de contacto activo con el mundo le han dado un poder, siendo un adepto como juez de la naturaleza humana; hace uso de su experiencia hasta la más estricta cuenta, porque quien va á olvidar una de aquellas miradas características y escudriñadoras de sus ojos de lince, y cuando pretende leerle á uno sus más íntimos pensamientos lo hace excitarse y retorcerse y hasta evitar su mirada, porque en percepción y penetración, es tan claro y diestro como lo demuestran las expresiones; pero en su corazón es de una naturaleza tan mansa, cariñosa y susceptible como un niño, habiéndosele comprendido bien, y su habilidad para discriminar sobre el bien y el mal es especialmente exacta, todo lo cual se prueba con la buena voluntad del pueblo á quien ha representado por tanto tiempo y tan habilmente.

"Es correctamente exquisito en su vestir y en su apariencia, caballero y cortés en sus modales, y siendo simpático también es muy popular entre las señoras. Es muy pulido en su argumento, y aunque es acelerado casi al extento del impulso, es exquisito y cauteloso, pesando cada palabra, muy exquisito en sus declaraciones, y es notable por su gramática.

"Al dirigirse al senado, es elocuente, lógico y convincente, y tan claro en sus remarcas que es reconocido como poderoso entre sus colegas, de quienes á menudo es objeto de comento especial, y de encomios de la audiencia de visitantes.

"El Sr. Barela ha sido miembro del Senado del Estado de Colorado por veinte y cuatro años consecutivos, un honor que ningún otro hombre puede reclamar; ha ayudado á organizar más que dos tercios de todos los condados del estado; fué miembro de la Convención Constitucional en 1875, tres miembros de cuya convención después sirvieron como jueces de la corte suprema. En 1870 fué nombrado asesor del Condado de Las Animas; de 1871 á 1874 representó su condado como miembro de la Legislatura Territorial; cuando Colorado fué admitido como estado fué electo á la Primer Asamblea por el término largo, y re-electo para la misma posición en 1880, 1884, 1888, 1892 y 1896, su presente término expira en 1900. Fué delegado de Colorado á la Convención Nacional en Cincinnati en 1880, como también á la Convención Nacional en St. Louis en 1888, y fué miembro de la comisión que notificó á Grover Cleveland y al Senador Thurman de su nominación para la presidencia y vice presidencia; fué electo á la oficina de tesorero del Condado de Las Animas en 1882, y en 1884 fué electo juez de condado por un término de tres años, de cuya posición resignó después de un año de servicio. En 1874 fué electo alguacil mayor del Condado de Las Animas, cuya oficina ocupó por dos años. En 1884 fué elector presidencial en el boleto demócrata. En 1893, por un voto unánime, fué electo presidente pro tem. del senado de Colorado, y durante su término de servicio ahorró al estado la suma de $200,000 rehusando firmar algunas medidas perniciosas proveyendo ciertas apropiaciones, las cuales, si él las había favorecido, hubieran recibido la firma del Gobernador. Debida á la posición que tomó, se le urgió de que resignara, lo que también rehusó, y mantuvo su mando hasta el fin, y ganó su punto á consecuencia de su familiaridad con la constitución que ayudó á formar.

"Aunque no es inconsistente en su soporte al capital cuando este es en beneficio público, se puede decir con toda razón que el senador es amigo del trabajador y de su producto, y siempre ha defendido sus intereses, y ha favorecido leyes justas y sanas sobre cuestiones de economía pública.

"En la presente sesión el Senador Barela ocupa la silla del presidente la mayor parte del tiempo por virtud de ser el miembro de más experiencia, en la ausencia del presidente del senado, y rige con dignidad, invariablemente levantándose á llamar una moción, siendo de imponente personalidad. Ahora tiene pendientes ante el senado varios proyectos, entre ellos uno que provee por una apropiación de $12,000 para que Colorado tenga una representación propia de sus recursos en la Exposición Parisiense. Entre sus otros proyectos está uno apropiando $7,000 para ensanchar los caminos cerca de Trinidad, un proyecto para la apropiación de $24,000 para una Escuela industrial de Estado cerca de Trinidad; un proyecto para regular la práctica de medicina; también un memorial al Congreso, pidiendo la devolución á México de los siete cañones históricos que fueron capturados de México por los Estados Unidos, y los cuales se hallan en West Point.

"En adición al registro de arriba del trabajo que ha desempeñado, fué uno de la comisión que con el Gobernador Pitkin, encontró, escoltó y dió un banquete en Trinidad, Colorado, al General Grant, al tiempo de su histórica visita á México en favor de la reciprocidad—la única visita que el general hizo á Colorado, y esto al regreso de un viaje al derredor del mundo. También ha sido Cónsul de México en Colorado por seis años y por dos años Cónsul de Costa Rica.

"El Hon. Casimiro Barela nació en Embudo, Nuevo México, el 4 de Marzo, de 1847, y por lo tanto cuenta exactamente cincuenta y dos años de edad hoy, Marzo 4, de 1899, y fué educado en Mora, N. M., bajo la dirección del Sr. Presbítero

Salpointe, que después fué Arzobispo de Santa Fé. Se transportó con su padre á un rancho que ahora posee en el Valle de San Francisco, Colorado, en 1867. Contrajo matrimonio el día que cumplía 20 años de edad.

"Su presente residencia es con su familia en Barela, veinte millas de Trinidad, donde conduce uno de los más hermosos y extensos ranchos de ganado lanar y vacuno en Colorado."

OTROS NEGOCIOS IMPORTANTES.

DESDE muy á principios de 1911 ya los directores de las ferias de la Ciudad de Trinidad y del Condado de Las Animas estaban arreglando los preparativos para el segundo Certámen. Reconociendo lo útil de los servicios del Senador Barela lo elijieron unánimemente como presidente, y al mismo tiempo como director.

El éxito en el Certámen de 1910 había sido grande y los hombres negociantes del condado y de la ciudad sabían á quien debían el suceso. Varias veces el Senador Barela tuvo que neglijir sus negocios personales para dedicar su tiempo á los preparativos de las ferias.

Como presidente de la comisión de transportación él tuvo que entrevistarse con los oficiales de las compañías ferroviarias y para este fin y ahorrándose el tiempo hizo su viaje á la capital el 4 de Agosto, 1911.

A este mismo tiempo la cámara de comercio de la Ciudad de Colorado Springs había extendídole al Senador una invitación para que atendiese á la celebración que se daba en aquella ciudad á honras del Trigésimo quinto aniversario de la admisión del Estado de Colorado á la Unión de estados.

El Senador Barela en unión del autor de esta obra atendió á la dicha celebración el 2 de Agosto, de 1911, en donde se le rindieron los debidos honores, atendiendo la tarde de ese día juntamente con el jefe político de aquella ciudad, Mr. Everry, á la exhibición de los aviadores en Roswell Park.

Esta celebración en la Ciudad de Colorado Springs fué hermosa y variada y á ella atendieron por invitación los principales hombres del estado.

Habiendo atendido el Senador Barela á la celebración en Colorado Springs siguió rumbo á Denver el día 4 de Agosto y allí visitó á los oficiales de las diferentes compañías ferroviarias con el fin de conseguir un precio especial en la transportación de pasageros durante los días de las ferias en el Condado de Las Animas, que eran el 26, 27, 28 y 29 de Septiembre de 1911.

El Senador Barela al hacer su petición puso en juego su tacto y su argumento en favor de su condado y sus intereses y no salió desairado consiguiendo un discuento de cincuenta por ciento en el precio regular de todos puntos.

Desde aquella fecha hasta llegarse el tiempo de la apertura del certámen no se dejó piedra sin mover para hacer que el segundo año de las ferias sobrepasara al primero. El Senador se mantuvo muy ocupado dirijiendo los negocios siempre que se le pedía su opinión, porque para todo se busca su apoyo y se aprecian sus sugestiones.

Para la apertura de la exposición todo estaba arreglado, el Senador además había conseguido de que la compañía de los tranvías eléctricos reparara el camino para el Park de los Elks, y con las nuevas construcciones que se hicieron pudieron acomodar gran muchedumbre de los visitantes á las ferias y arreglaron un itinerario de siete minutos en contraste con un itinerario de quince minutos el año antes.

Habiéndose llegado el día de la apertura de las ferias, el 26 de Septiembre, se dió principio con un parada de industria por las principales calles de la Ciudad de Trinidad, donde fueron representadas todas las casas de comercio por medio de flotas y en la cual participaron las bandas de la ciudad y del Carnaval de Nat Reiss, seguidas por las ordenes fraternales y asociaciones.

El Senador Barela, presidente de las ferias, acompañado de su señora esposa, Doña Damiana, ocupaba el primer automóvil, el cual iba profusa y artísticamente decorado, seguido por varios otros automóviles y carruajes.

Las muchas atracciones en el Park de los Elks durante el día y en la ciudad durante las primeras horas de la noche no podría describir y es más fácil de imaginarse.

Después de los cuatro días de ferias, durante cada uno de los cuales la atendencia fué de varios miles de personas, los oficiales de la ferias compararon sus entradas quedándoles á su favor varios miles de pesos después de pagar los gastos de las mismas los cuales ascendieron á la considerable suma de $14,000.

Hasta el tiempo de escribir estas líneas no se ha tenido la elección de oficiales para el próximo año, pero no es aventurado creer que el Senador Barela será re-electo como presidente, á no ser que él decline el puesto.

En una reunión de los principales ciudadanos del Condado de Las Animas tenida en Trinidad, Colorado, el 29 de Septiembre, el Senador Barela fué nombrado miembro de una comisión para entretener al Presidente William Howard Taft, á su llegada á Denver, el 3 de Octubre, durante su viaje por varios de los Estados de la Unión.

El Senador Barela y los otros miembros de la comisión, el Mayor Daniel L. Taylor y el Hon. Jesse G. Northcutt, partieron para la capital el domingo 1ro. de Octubre, y formaron parte de la gran comisión que entretuvo al Presidente durante su visita á Denver.

El tren especial que conducía al Presidente Taft arribó á Denver á las 8:50 a. m., el martes día 3 de Octubre, de 1911, é immediatamente fué escottado, juntamente con la comisión que le entretenía para los cuarteles del Club donde debía tomar su desayuno. Por la tarde el Presidente dirigió la palabra en la Universidad del estado y durante todo el día fué atendido, rindiéndosele los honores que merecía hasta su despedida cerca de la mañana del siguiente día que partió par Cheyenne, Wyo.

El Presidente á su vez manifestó su apreciación de los honores que se le rindieron y apreció en mucho la amistad del hispano americano más distinguido en los Estados Unidos.

Los merecimientos del Senador Barela, lo hacen ser admirado en los hogares más humildes y ser apreciado en todo su valor por los más grandes hombres de la nación.

CONCLUSIÓN.

EN CONCLUSIÓN daré una breve revisada á la historia de mi biografiado con algunas observaciones personales que trataré con palabras de verdad que se podrán substanciar por todos los que conocen al senador más íntimamente.

El Hon. Casimiro Barela vino al Territorio de Colorado, entrado apenas á los dinteles de la pubertad, con muy pequeños elementos pecuniarios para dedicarse al trabajo, y con una pequeña instrucción que por sus propios esfuerzos pudo proporcionarse. Jóven, y sin conocimiento del mundo, en un país casi desierto, como una inspiración nacieron y fulminaron en su cerebro ideas de grandeza que le hicieron entrever un horizonte brillante y extenso, diferente en un todo del que tenía ante su vista.

A la vez sintió que su alma palpitaba á impulsos de nobles y elevados sentimientos y desbordándose esos impulsos de su alma y luchando en su cerebro las ideas que en él habían nacido y que crecían y se desarrollaban rápidamente, como crece y toma incremento el fuego al impulso de la más ligera brisa, buscaba y quería realizar los anhelos de su alma.

¡Quería ser grande y tenía que serlo!

Empezó trabajando humildemente; pero con constancia, con ahinco, con ardor y con honradez, y estas circunstancias unidas á su moderada economía, á su tacto para escoger los negocios que emprendía, y á su talento y perspicacia para desempeñarlos, hicieron que en poco tiempo pudiera contar con un capital, aunque pequeño, pero propio.

Incansable y emprendedor, se arriesgaba en empresas delicadas, aprendía en la escuela práctica de los negocios, y así aumentó su riqueza, debida toda, no á golpes de bolsa ó de estado, sino á su talento, á su laboriosidad y á su honradez.

La fortuna que posee, es hija del trabajo probo y del pensamiento honrado. A nadie ha costado una lágrima, y nadie puede decirse despojado.

Su adquisición se puede justificar honradamente desde el ínfimo centavo hasta millares y millares de pesos que en sus vastos negocios ha girado.

Como hombre de negocios no ha sido egoista y ha trabajado con su talento, sus aptitudes y su capital, para ayudar á otros á fomentarse un patrimonio.

A muchos ha protegido y á muchos ha levantado.

Ha figurado en empresas verdaderamente importantes, y ha figurado en compañías cuyos capitales invertidos han sido en realidad considerables. En las compañías en que ha tenido participio, además de figurar como capitalista, ha figurado también con algún cargo, ya de presidente, ya de secretario, ya de tesorero ó de algún otro. Su nombre entre los hombres de negocios es conocido y respetado y su palabra siempre se aprecia.

La ganadería y la agricultura que fueron sus primeros ramos, y que hasta la presente no ha dejado, son para él muy conocidos bajo todos sus aspectos, y puede considerársele en ellos como un perito práctico experimentado.

El comercio lo ha girado por sí solo y asociado á otras personas y ha celebrado transacciones importantes por su valor y difíciles por sus cambios en mercados. Conoce el comercio en todos sus ramos, para vender, comprar y permutar.

Ha tenido participación en empresas bancarias y conoce la manera de emplear los fondos pecuniarios en el giro y cambio de letras; en los descuentos de pagarés y libranzas. No ignora el trato de bonos de estado y ha estado al tanto de los valores y cambios de las monedas con los diferentes países.

En las empresas mineras y ferroviarias en que ha entrado, ha conocido el valor de sus acciones, cuando son seguras y cuando son fluctuantes, lo que pueden producir y en qué casos se pueden reportar pérdidas.

Sabe como y cuando un negocio puede ser productivo; y cuando para que produsca vé que es necesario invertir dinero y más dinero, no lo escatima.

Invierte su capital con seguridad y sin temor, porque es hombre de negocios.

Como propietario, sus ranchos en diferentes partes, están bien acondicionados para los ramos á que los dedica. En la ciudad de Trinidad posee fincas que le producen pingües ganancias, habiendo sido una de las mejores, por su solidez y por su artística construcción, la llamada el "Barela Block."

Posee, pues, en la actualidad, un magnífico capital en **ganadería**, numerario, fincas rústicas y urbanas y en minería.

Como hombre público, ya sabemos como se inició desde su juventud. Dió principio como juez de paz á la edad de 22 años, y ha sido asesor, tesorero, alguacil mayor y juez de condado del condado de Las Animas, Representante á la legislatura á la edad de 24 años y Senador desde que Colorado es estado, y también principió en esta posición antes de acabar de cumplir la edad requerida. También ha sido nominado para Elector Presidencial, Auditor, Tesorero de Estado, Teniente Gobernador, Gobernador, Representante al Congreso y para Senador de los Estados Unidos por el estado de Colorado, y para Gobernador del Territorio de Nuevo México. Fué miembro de la convención constitucional para formar la Constitución del estado, miembros en las comisiones de notificación al Presidente y Vice-Presidente, y dos países extranjeros, la República Mexicana y la República de Costarica, le han confiado su representación, nombrándole Cónsul.

Por el estado de Colorado se le otorgó el nombramiento de edecán con el rango de Coronel, y ha desempeñado infinidad de comisiones, todas de honor y mérito.

Como individuo, desde su juventud, fué sério y honesto, respetuoso y sincero. Sus relaciones, puede decirse que desde su niñez, fueron con personas de edad y de respeto. Su trato ha sido afable y cariñoso, y á medida que por sus negocios y por sus diversas posiciones públicas se iba introduciendo en la sociedad, iba aumentando su finura y cortesía; sus maneras son agradables y atractivas sin afectación; sus conversaciones siempre decentes, dejan entrever el buen gusto del hombre de sociedad. Es considerado como uno de los caballeros más discretos y corteses. Para el Senador Barela es igual la posición política ó financiera de un hombre cuando se trata de conversación ó negocios. Es tan caballero y tan hospitalario con un pobre andrajoso y humilde como con el más rico y cortés. Tiene un corazón muy noble y es caritativo, no llega una persona que él se satisfaga que está en necesidad que salga desairada. Conoce las reglas de urbanidad tan bien como habrá pocos en este país de la ambición, donde tan pocos se fijan en las reglas de urbanidad. Con sus empleados, algunas personas equivocan su intención y reclaman que es muy recto, nada menos pues si le gusta que su negocio se haga tal como debe de ser. Todo su empleado que desempeña bien su negocio es más bien querido él mismo le pide sugestiones para hacer tal ó cual negocio. Es muy convencido con aquellos que trata para considerar sus sugestiones ó ideas y casi siempre pone en práctica aquellas ideas.

Como hombre de ciencia, hemos visto cuales fueron los estudios que en su niñez recibió; pero hombre dotado de inteligencia, hombre de un vasto y despejado talento, hombre de sentimientos nobles y de elevadas aspiraciones; amante de la civilización y progreso; adorador de la sabiduría, ni ha olvidado el cultivo de su alma, ni ha olvidado su cultivo intelectual. Ha enriquecido su inteligencia con vastos conocimientos, siendo fuerte en historia, en economía política, en hacienda, en derecho internacional, y en otras materias.

Tiene afecto á la literatura, y ha cultivado las letras, circunstancia que lo ha hecho figurar como uno de los primers oradores en el idioma inglés y en el castellano. Posee una librería más extensa que la de cualquier licenciado en letras, compuesta de obras tanto en español como en inglés, de multitud de autores, por lo que está tan bien versado en cualquier cuestión que se le pregunte en ley, en historia local ó universal, en asuntos de estados, internacionales, políticos, comerciales, etc., etc. En verdad, su biblioteca es la más bien suplida que se puede encontrar en el condado, representando una inversión de miles de pesos.

Es de expresión fácil, le fluyen las palabras y ordena de tal manera sus conceptos, que van saliendo sus pensamientos como un suave murmullo, como una dulce oleada, como una lluvia de flores; cautiva y enternece á sus oyentes.

Sus figuras retóricas son un ramillete artísticamente formado, son un *bouquet*, como diría un elegante parisiense.

Como amigo que es de las letras, tiene una tipografía propia y ha fundado varios periódicos, entre ellos "Las Dos Repúblicas," en Denver, y "El Progreso," que aún existe en la ciudad de Trinidad, Colo., cuya empresa tuvo el autor de esta obra la honra de dirigir por espacio de cuatro años, siendo este tiempo cuando más íntimamente estudió el carácter y el valer del senador, y para ocuparse exclusivamente de esta obra renunció aquella por tiempo indefinido.

De muchas sociedades privadas de unión, fraternidad y protección mutua, tal como los Elks, Caballeros de Colón, etc., etc., sociedades cuyo principal objeto es el desarrollo moral é intelectual, el Senador Barela es socio efectivo en unas y en otras es socio honorario. De todas estas sociedades se le piden sus consejos y en las reuniones en que se encuentra presente es siempre invitado á dirigirles la palabra, lo cual hace instruyéndoles en sus deberes de hombres, en sus deberes de sociedad y en sus deberes de ciudadanos; y sus instrucciones son recibidas con agrado.

Como patriota, sus sentimeintos son tan ardientes como sinceros. El amor á su raza existe en su alma como una excelsitud; es su afección más grande y más pura, y siempre que halla ocasión recuerda y honra á su raza, al revés de tanto necio que pretendiendo elevarse sobre el vulgo, no acuden sino á decir pestes de sus compatriotas, sin fijarse que además de insultarse ellos mismos, insultan á sus padres.

Tratándole, el Senador Barela es bueno, obra con fé, no guarda ni una partícula de rencor, ni propósito de glaciales análisis; todo lo mira con esa curiosidad franca y risueña que arguye salud mental y limpieza de alma.

Aconseja, y sus consejos acercan á él, porque son esbozos sencillísimos que pasan ante la mente con rapidez, sin cansarla, sin agobiarla jamás, deteniéndose tan sólo lo preciso para dejar una idea que pueda servir de base; busca en lo accidental únicamente lo necesario para no fatigarse y para no fatigar á quien le escucha.

Como amigo, su amistad es franca, sincera y leal; jamás el vil interés le hace llamarse amigo. Nadie se arrepiente de la amistad del Senador Barela y á nadie traiciona. Todo aquel que tiene la honra de llamarle amigo se siente orgulloso porque conoce el valer de su amigo.

Como esposo, conoce muy bien el lugar que ocupa, y conoce muy bien el lugar que ocupa la esposa por su condición de tal, por su condición de mujer y por su condición de madre.

Si la madre por una ley natural de procreación nos arroja al mundo, por una ley natural nos ama entrañablemente y por esa misma ley natural nos cria y nos educa. Sus caricias son dulces y tiernas y sus consejos siempre para nuestro bien; pero también tiene sobre nosotros su dominio completo y lo tiene hasta que la muerte se lo quita. Somos sus hijos y nos corrige unas veces con rigor y otras con suavidad.

La esposa nos recibe, hombres ya, para ser la compañera de nuestra vida; su cariño para nosotros es nacido al impulso de una ley natural, de una ley divina, al impulso del amor, de la pasión, instantáneamente, y muchas veces á la simple vista, y es un amor del alma, con pocas excepciones; une su destino al nuestro sin que haya más obligación que la ley natural, que la que la pasión hace nacer; nos tiene un amor platónico y puro; aguanta nuestras inconsecuencias con abnegación y sufre nuestras faltas, sin tener aquel dominio que la madre tiene. Llora y ríe con nosotros, y siempre fiel y siempre amante sigue nuestros pasos. ¿Cómo no comparar el amor de la madre con el amor de la esposa?

Así piensa íntimamente, y así lo expresa el Senador Barela, con la sinceridad y franqueza que si en otros son una cualidad, en él son una virtud. Hablando de su primera esposa el Senador Barela ha dicho: "Mi primera esposa me hizo hombre; era una muchacha de mucho sentido y estaba mejor educada que yo. Ella me enseñó el inglés, y veía por mis negocios en mi ausencia. A ella debo todo."

Como padre, el Senador Barela ha sido extrictamente preciso en el cumplimiento de tan sagrada misión. Jamás padre alguno puede superarle en el desempeño de tan grandioso deber.

Ama á sus hijas con fervor, ha hecho de ellas un altar; son ellas su adoración. Son sus hijas el mayor galardon que el Ser Supremo puede haberle concedido, y ha cuidado de ellas como se cuida el más precioso tesoro. Dirigidas por el camino de la virtud y de la moralidad más rígidas, su cultivo intelectual ha sido exquisito, su educación ha sido esmerada y tienen conocimientos en música, pintura y otros ramos que adornan á la mujer, y que en buena sociedad son indispensables y estimados.

Con los sanos y sabios principios imbuidos en ellas y con la instrucción y educación que se les ha dado, y muy principalmente por sus buenas y naturales inclinaciones, las hijas del Senador Barela son esposas amantes, abnegadas y leales; madres tiernas y sublimes; hijas que han sabido adorar, honrar y reverenciar á sus padres.

El Senador Barela debe de estar muy satisfecho de ellas.

Durante mis íntimas relaciones que he tenido con el Senador Barela he tenido ocasión de observar muy de cerca tanto á él como á su familia y no he podido menos que admirar su modo de conducirse. El senador es de aquellos que creen que el árbol debe enderezarse desde chico para que crezca y dé buen fruto. Sus hijas que han heredado sus mismos instintos han también demostrado su dominio absoluto sobre su familia y he observado con verdadera satisfacción el comportamiento de los nietos y nietas del Senador Barela. Se trasluce en sus palabras y en sus acciones la buena crianza y la instrucción que sus padres y madres les han inculcado. Raras cualidades en verdad, en la época por que atravesamos.

Sí, en verdad, con muy sobrada razón el Senador Barela está satisfechos de sus hijas.

La actividad del Senador Barela es digna en verdad de admiración. Desde muy jovencito jamás le ha sorprendido el sol en su cama y desde que se levanta hasta que se retira á descansar por la noche jamás se le vé ocioso. Aún ahora que ya cuenta con algo más de sesenta y cuatro años de edad se levanta antes que el sol y personalmente dirige todos sus negocios en sus posesiones. Sus manos jamás han temido asir la pluma ni tampoco el arado, pica ó cabador, y siempre se le verá trabajando al tanto de sus empleados, desde que amanece hasta que anochece, y después se le verá arreglando sus libros. En cada empresa que gira lleva un diario donde diariamente entra los costos, ganancias, etc. Conserva también un diario de todo lo que hace ó de que se ocupa cada un día en el año. Es tan estricto en sus negocios que sabe cuantos tones de alfalfa le producen cada corta de cada un rancho, lo cual lleva por medio de sus diarios. Por escrito consta lo que le cuesta cada cosa y lo que se consume en su casa ó en sus empresas. Además conserva de cada un año un libro de recortes ó sea *Scrap book*, donde lleva en orden todos los recortes de periódicos en materias que le son de importancia ya por sus instrucciones en su negocio, ya porque se refieran á él personalmente ó porque sean expresiones de algún buen autor sobre alguna cuestión de interés.

Jamás desperdicia una sola carta de su correspondencia guardándolas en filas dedicadas á ese fin y arregladas alfabéticamente y puede referirse á cualquier correspondencia y hallarlas cuando las necesita porque tiene su lugar separado para cada cosa. Se puede referir á correspondencias de sus primeros años y producir los originales. Reserva también una copia de cada carta que escribe las que conserva para referencia. Tiene clasificados todos sus negocios y en un momento puede tener la información que desea teniendo clasificados hasta sus libros para referirse á cualquier ocasión, á cualquier época ó á cualquier individuo.

Posee grandes conocimientos en teneduría de libros y sabe y puede dar cuenta de cada centavo que recibe ó emplea.

En verdad que parece sorprendente que tenga el tiempo para todo esto cuando desde que amanece hasta que anochece se le vé ocupado fuera de la casa. El sabe el lugar de cada cosa y sabe de cada cosa que se mueve en sus ranchos. Sabe el número de libras de lana que producen sus ganados, cuanto se aumentan y cuantos se pierden. Sabe cuanto le producen sus trabajadores cada un día y cuanto le cuestan, incluyendo su asistencia.

Y á pesar de ser hombre tan activo y tan ocupado jamás se le vé mohino. Cuando en la ciudad se halla no se le vé un momento sólo. Diariamente y á cada momento le buscan los hombres de negocios, los que se hallan en algún apuro, los políticos, los empresarios. No acaba de hablar con una persona cuando sigue cn otra y otra; á todos atiende y jamás se impacienta. Personas de todas nacionalidades y de todas esferas y credos políticos le buscan en sus negociaciones, le piden sus sugestiones y consejos, imploran su ayuda, y á todos atiende sin miras de política, nacionalidad ó interés.

Como empresario y amante del desarrollo del estado, condado ó comunidad no tiene igual. Para todo negocio de interés público se le busca y siempre se halla listo para contribuir con buenas sumas para toda empresa ó negocio de interés público.

Como patriota su influencia y su fortuna se hallan á la disposición de cualquier suscripción para conmemorar á los que han hecho bien.

En religión, el Senador Barela y toda su familia han sido siempre católicos prácticos. Doña Josefita dejó gratas memorias en aquella iglesia que la cobijó en su juventud y en toda su vida, como ya lo saben mis lectores con los regalos que ha hecho. El Senador Barela siempre es buscado para que contribuya con dinero para cualquiera cosa que es de interés á la iglesia católica y siempre se le halla liberal en sus contribuciones no solamente para mejoras locales sino para ayudar instituciones que se han establecido por la iglesias en otros lugares.

He dicho que el Senador es católico, pero debo decir que en su carrera política y de negocios ha sido de ideas liberales y cree en la libertad de cultos.

Podría seguir y llenar páginas y más páginas con mis solas observaciones personales sobre los méritos y aptitudes del Senador Barela y aún no haría justicia á su persona, pero con lo dicho basta para que el lector inteligente que no le conozca personalmente ó no haya tenido relaciones con él reconozca su individualidad y su valer, que el que le conoce sabe bien que aquí consta la verdad pura en lo expresado pero que no he discutido aún todos los puntos meritoriosos que posee.

Los sentimientos de humanidad del Senador Barela no es difícil reconocerlos si nos fijamos tan sólo en el número de séres que ha recogido y que ha considerado como hijos adoptivos, dándoles crianza y educación y formándolos para atravesar la tortuosa vereda del mundo.

Siempre está dispuesto á impartir su ayuda al menesteroso, sus puertas siempre están abiertas al necesitado y su mano está constantemente tendida para el alivio de sus semejantes. Nadie ocurre á él para salir desairado, nunca se implora en vano su generosidad; él consuela al que sufre y las lágrimas del desvalido él las enjuga. Practica la verdadera caridad predicada por Jesucristo, y jamás lo ostenta.

Dice el texto evangélico: "Muchos son los llamados y pocos los escogidos." Y yo digo que el Senador Barela es uno de los escogidos.

Antes de concluir me ocuparé aquí de las cuestiones políticas, en términos generales, pues para seguir paso á paso la referencia de las campañas políticas en que el Senador Barela ha tomado participio, necesitaría una inmensidad de volúmenes que no habría cerebro suficientemente fuerte y durable para escribirlo con exactitud.

Y en verdad, cuarenta años de campañas político-electorales en un país en donde tanto se habla en ese sentido, serían suficientes para dar materia á mlilares de escritores. Bien sabido es que en los Estados Unidos, la política consiste en partidos. Se forman estos partidos y se reunen en primarias consideradas casi como oficiales, nombran sus delegados y estos en su convención escogen de entre sus correligionarios las personas que juzgan más merecedoras para ocupar los puestos públicos y por esas personas trabajan en la adquisición de votos para sacarlas vencedoras. Los nominados de los partidos salen por los precintos de las diferentes demarcaciones y pronuncian discursos haciendo ver lo que harán en caso de ser elegidos en beneficio de las comunidades, de sus consttituyentes, etc., etc.

Desde meses antes de llegarse las elecciones, ya se trata en los círculos de hombres y de mujeres, de lo que llamamos política, y hasta el aire que se respira trae cierto aroma á esa política. Y si tenemos en cuenta que no se pasa un año sin que se verifiquen elecciones, ya federales, ya del estado, ya del condado, ó ya de distritos, se comprenderá que es el país de las elecciones, aunque tal vez no del sufragio. Esa política es, pues, en este país, un elemento para unos, un entretenimiento para otros, y una prebenda para los elegidos.

Ved, pues, lectores queridos, cuántos y cuántos afanes, cuántos y cuántos trabajos habrá tenido el Senador Barela en cuarenta años de vida pública, y siendo postulado para tantos y tantos cargos y empleos. Discursos y más discursos, polémicas y más polémicas, discusiones y más discusiones.

Repito, ved y juzgad que fuerza de cerebro, que riqueza de intelectualidad, que flucción de ideas habrá tenido que usar el Senador Barela. Pero lo más importante es su magnetismo personal para ponerse y mantenerse con la voluntad del pueblo, cuando tantos han principiado y á poco tiempo ya no se pueden mantener al frente porque el mismo pueblo los derrota. Sin embargo el Senador Barela por cerca de medio siglo se ha mantenido en el poder y por medio de la voluntad de su pueblo. Esto es tener tacto, previsión y magnetismo personal para hacer que un pueblo por tantos años le honre.

Considerad todo esto, mi cándido lector, y vereis la imposibilidad de ocuparme de todo lo que él haya hecho en política; pero lo relatado en esta obra es bastante para comprender la privilegiada inteligencia de este hombre singular, su inimitable actividad, su firmeza y su constancia, así como basta todo eso para encontrar la causa y el fundamento del cariño que se le tiene, de la simpatía que en general se le profesa, de los honores que se le dispensan, de las consideraciones y respetos que se le guardan, de porqué el pueblo lo aclama, y de porqué el pueblo quisiera tenerlo en todos los puestos públicos, y de porqué, en fin, se le ha considerado como el hombre necesario.

Parece que de él han querido hacer el hombre público enciclopédico, pues para todos los cargos públicos lo han querido en el estado, desde juez de paz hasta gobernador.

El Senador Barela en las campañas políticas ha sido decente y caballero en todos sus procedimientos; su palabra dirigida en público ha sido razonada y filosófica, sus promesas en beneficio de las masas han sido cumplidas, y sus obras son las que lo ensalzan.

Muchas personas del partido contrario al suyo le han favorecido con su sufragio. ¿Porqué será esto? Pórque á sus miras de partido, posponen la justicia al mérito.

El Hon. Casimiro Barela posee grandezas efectivas, espíritu humanitario; es político desinteresado; tiende su altruista protección al oprimido.

Su talento financiero de primera magnitud, unificado con su indiscutible génio emprendedor, hacen que se le considere con justicia el sostenedor y factor de los emporios de riqueza del condado y del estado.

Su grandeza no se puede eclipsar. Su impulso generoso, benéfico, francamente simpático, de hace cuarenta años, ha descrito una curva de oro, ha formado una cadena de flores que tendrán que ser la llave de su generación en Colorado.

Las ideas más avanzadas germinan en su cerebro y para realizarlas él hace esfuerzos.

Por lo general todos los Estados Unidos y especialmente el estado de Colorado es una región cosmopolita, poblada por gentes de todas razas, de todas nacionalidades, y el Senador Barela es apreciado por los individuos de todas esas nacionalidades.

El ademán característico del Senador Barela, su actitud habitual en el parlamento, su oratoria, son ciertamente majestuosas é imponentes, naturalmente.

Es político de ideas, político grande, sin personalismos, sin pasiones de bandera, político de principios.

Habla con facilidad de los sucesos reputados como escabrosos, sin que su espíritu se conturbe, sin que haya indecisión ni sobresalto, con espontaneidad y sin reserva. Le preocupa constantemente que no se alteren el orden moral y la paz material que son la grandeza de un pueblo.

Le disgustan los atentados en lo más mínimo en cuanto es privativo de la dignidad humana.

No flaquea cuando combaten su persona, ni cuando combaten sus actos políticos, ni cuando atacan su nombre; pero se levanta altivo cuando el ataque y la diatriba quieren convertirse en venenos del alma social.

Y al fin de todo, el Senador Barela dice como el poeta latino: "*Vincere in bono malum.*" Y en verdad, hace bien aún á aquellos que le ofenden.

"*Justorum semita, quasi lux splendens procedit et crescit usque ad perfectam diem.*"

"La senda de los justos como la luz del alba, crece y se aumenta hasta el perfecto día."

Y la senda del Senador Barela crece y se aumenta. Su conciencia debe siempre estar tranquila, sus goces y sus placeres interiores deben ser infinitos.

Y yo, sólo repetiré las palabras del elocuente orador y amigo del Senador, que ya mis lectores sabrán cuando dijo:

"Pluguiese al Cielo que la historia de su vida sea un estímulo para nuestra juventud, á fin de que se inspiren y continuen honrando á su pueblo como lo ha honrado usted."

Sí, el Senador Barela ha enjugado muchas lágrimas y todas esas lágrimas se convertirán en flores aromáticas en el jardín de su eternidad, flores del árbol de la gratitud. El ha llevado el consuelo al afligido, y él en la eternidad será consolado.

El ha socorrido al necesitado, y ha sido el padre de los huérfanos y desheredados, y los necesitados, los desheredados y los huérfanos, lo bendicen, y sus bendiciones harán grandiosa su memoria, y en cada pecho existirá el recuerdo de Casimiro Barela como el benefactor de sus semejantes.

El será llamado á la eternidad y ahí será de los escogidos, como ha sido de los escogidos sobre la tierra.

APRECIACIONES DE PERSONAS DE PROMINENCIA.

BAJO este rubro y antes de concluir deseo llamar la atención del cándido lector, para más substanciar mis ascerciones sobre la alta estima que el Senador Barela ha cobrado de personas de prominencia é influjo en distintas partes del país, á las expresiones que algunos de ellos usan al tratarse del Sr. Barela.

Algunas de estas expresiones son tomadas de las recomendaciones que le llovieron cuando en 1893 se le instanció para que hiciese aplicación para ser instalado en el servicio diplomático de los Estados Unidos como Ministro Plenipotenciario á la República de Guatamala, de cuya posición había resignado el Sr. Rumualdo Pacheco, de California.

Siguen algunas de las recomendaciones:

"Denver, Colorado, Marzo 17, de 1893.

"Señor:

"Escribo interesado por el Honorable Casimiro Barela, de Colorado, quien creo hará aplicación para la posición de Ministro á Guatemala.

"He conocido al Sr. Barela íntimamente por los últimos diez y ocho años. Es mexicano de nacimiento y es nativo del Territorio de Nuevo México, goza de la confianza y alta estimación de cada un buen ciudadano del estado, sin miras de partido. Es un hombre de una habilidad rara, posee el español é inglés perfectamente y ha representado su distrito en nuestro senado del estado consecutivamente por los últimos diez y seis años. Es ahora y siempre ha sido uno de los caudillos demócratas, y mientras muchos de su partido votaron por el boleto Weaver el otoño pasado, él se mantuvo fiel á Mr. Cleveland y á los principios demócratas. No conozco ningún otro hombre que pudiera desempeñar la posición que ahora ocupa el Sr. Pacheco, de California, tan bien como Casimiro Barela, y lo consideraríamos como un grato reconocimiento y un complimiento á nuestro jóven y empresario estado si el Sr. Barela recibe el nombramiento.

"Muy respetuosamente,

(Firmado) "JOHN L. ROUTT.

"Al Hon. Walter Q. Gresham,

"Secretario de Estado, Washington, D. C."

"Pueblo, Colorado, Abril 6, de 1893.

"Al Secretario de Estado:

"El Senador Casimiro Barela, de Colorado, será un aplicante á la posición de Ministro á Guatemala.

"El Senador Barela es un hombre brillante de descendencia español. Habla las idiomas español é inglés con igual fluidez. Por su orígen, idioma y habilidad está bien calificado para los deberes de la posición á que aspira.

"Multitud de veces ha sido honrado por el pueblo de su propio estado y ha sido una honra para cada una de las posiciones que se le han encomendado.

"S. S. S.,
(Firmado) "ALVA ADAMS."

"Denver, Colorado, Marzo 23, de 1893.

"Hon. Walter Q. Gresham, Secretario de Estado,
"Estados Unidos de América.

"Señor:

"Tengo el placer de adunarme con muchos de los hombres representativos del Estado de Colorado, en recomendarle para la posición de Ministro á los Estados de la América Central (Guatemala) al Hon. Casimiro Barela, residente de este estado.

"Ha sido mi privilegio y placer haber cultivado la amistad del Sr. Barela por un período de más de veinte años, durante cuyo tiempo lo he conocido tanto en su vida pública como en su vida privada.

"En 1874, estuve asociado con él en el Décimo Consejo Territorial de Colorado; después serví con él como miembro de la Convención Constitucional, antes de nuestra admisión como estado á la Unión; después cuando ocupé la oficina de Secretario de Estado, después de nuestra admisión, y él fué escogido por el pueblo de su distrito para que le representara en el Senado del Estado, cuya posición ha ocupado consecutivamente, y siendo que desde entonces hasta ahora he estado íntimamente asociado con él, y he cuidado con interés su carrera como hombre; por lo tanto, siento que puedo decir sin ningún deseo de adulación ó egotismo suyo de mi parte, que es un hombre de carácter distinguido; inteligente, moral, digno de confianza; cuya honestidad é integridad de propósito no puede dudarse. Comprende el idioma español perfectamente y está bien versado en nuestro propio idioma —es maduro de experiencia sobre los deberes pertenecientes á los negocios de estado y nacionales—siempre ha tomado parte activa en todo lo que redunda al progreso y desarrollo del Occidente.

"Por su espíritu empresario y sus miras liberales, ha conseguido ser el caudillo entre la gente de habla español en Colorado y Nuevo México, y ha sido de gran beneficio para que ese pueblo entre en la asimilación y sincera y leal cooperación con el sentimiento que dirije y maneja las instituciones de nuestro gobierno.

"El pueblo de Guatemala es un pueblo de habla español, y por esto creo que el Ex-presidente Harrison, puso el sabio ejemplo de nombrar al Hon. Rumualdo Pacheco, de California, para que representara nuestro gobierno en aquella corte, no solamente por su habilidad, sino por un deseo de reconocer al pueblo de habla español de nuestro gobierno, para llenar aquellas misiones donde una familiaridad con su idioma por nuestro representante redundaría en mantener relaciones más amigables y recíprocas.

"Al recomendar el nombramiento de este honrado caballero para esa posición, siento que no solamente sería honrado el estado de Colorado, sino que un caballero digno sería recompensado por su valor moral, intelectual y político, y los mejores intereses de todo nuestro país serían representados.

"Muy respetuosamente,

(Firmado) "WILLIAM M. CLARK,
"Ex-Secretario de Estado."

"Chicago, Ill., Marzo 31, de 1893.
"Terrenos de la Exposición.

"Hon. W. Q. Gresham,
"Secretario de Estado, Washington, D. C.

"Caro señor:

"He sido informado que el Senador Casimiro Barela es aplicante para el nombramiento como Ministro Plenipotenciario de los Estados Unidos á Guatemala, y tengo el placer de testificar en cuanto á su habilidad y capacidad para tal posición.

"Espero de que si Vd. tiene ocasión de hacer un nombramiento de esta naturaleza le dé al nombre del Sr. Barela la consideración que merece.

"De Vd. muy respetuosamente,

(Firmado) "F. J. V. SKIFF."

"Santa Fé, N. M., Abril 3, de 1893.

"Hon. W. Q. Gresham,
 "Secretario de Estado, Washington, D. C.

"Señor:

"Tengo la honra de informarle, que con esta fecha he dirigido una carta á Su Excelencia, el Presidente, recomendando al Hon. Casimiro Barela, del Estado de Colorado, para el nombramiento de Ministro Plenipotenciario á la República de Guatemala.

"El Sr. Barela es uno de los ciudadanos más prominentes y más respetados de Colorado; es un demócrata de principios, y ha servido á su estado en muchas posiciones oficiales, teniendo á la presente la de Senador en la legislatura del Estado, y en todas esas posiciones se ha merecido la aprobación de sus conciudadanos, sin miras de credo político.

"La habilidad, experiencia en asuntos públicos é integridad del Sr. Barela juntamente con la ventaja de ser de descendencia español y por lo tanto estar identificado con el idioma, costumbres y modales del pueblo de aquel país, todo se aduna á hacerlo un buen representante de los intereses de este país en aquella posta.

"Esperando que concurra con el Presidente en el nombramiento del Sr. Barela, quedo de Vd., señor, muy respetuosamente.

"Su obediente servidor,

(Firmado) "DEMETRIO PEREZ,
 "Auditor Territorial de Nuevo México."

"East Las Vegas, N. M., Abril 4, 1893.
"Al Honorable Secretario de Estado,
    "Washington, D. C.
"Señor:

"Tengo el placer de recomendar al Hon. Casimiro Barela, de Colorado, para el nombramiento de Ministro de los Estados Unidos á Guatemala.

"Siendo el Sr. Barela de orígen hispano-mexicano, comprende perfectamente el idioma español y conoce las costumbres de la gente de habla español, y puede servir y representar este gobierno de una manera acreditable.

"Muy respetuosamente,
"F. A. MANZANARES."

"Albuquerque, N. M., Abril 11, 1893.

"Al Hon. Secretario de Estado,

"W. Q. Gresham, Washington, D. C

"Caro señor:

"El Sr. Casimiro Barela, de Colorado, será un aplicante para Ministro á Guatemala, y deseo decir que él es un hombre de un alto carácter moral y uno que si fuese nombrado para esa oficina la desempeñaría con honor y crédito, y su nombramiento daría satisfacción general. Espero que se le honre con dicha posición.

"Respetuosamente,

"M. S. Otero."

"Denver, Colo., Marzo 25, 1893.

"Hon. Walter Q. Gresham,

      "Secretario de Estado, Washington, D. C.

"Señor:

"Tomo gran placer en recomendar al Hon. Casimiro Barela para Ministro á Guatemala. Es residente de la parte sur del estado, la cual ha representado en nuestra legislatura por muchos años.

"El es demócrata, pero es igualmente popular en todos los partidos políticos.

"Les será grato á los negociantes de la comunidad, cuya entera confianza posee, oir de su nombramiento.

"Siendo él un hispano americano será más aceptable como representante á una de las repúblicas hispano americanas.

"Recomendándolo á su consideración favorable, quedo

      "Con sumo respeto,

          "WOLFE LONDONER."

"Denver, Colo., Marzo 24, 1893.

"Al Hon. Walter Q. Gresham,

    "Secretario de Estado.

"Caro señor:

"Deseo añadir mi nombre á los muchos que endorsan al Senador Casimiro Barela para el nombramiento de Ministro á Guatemala.

"El Honorable Senador ha estado identificado con los mejores intereses de la comunidad por muchos años y ha sido uno de los caudillos en el Senado desde que Colorado se hizo estado.

"Siendo mexicano de nacimiento, el Senador ha sido el ídolo de los ciudadanos de habla español en el Occidente. Está eminentemente calificado para la responsable posición á que aspira y la desempeñaría con honor, eficiencia y dignidad.

                            "S. S. S.,

                                "J. S. APPEL."

"Denver, Colorado, Marzo 30, 1893.

"Hon. J. G. Carlisle,

"Secretario de la Tesorería, Washington, D. C.

"Caro señor:

"El Sr. Casimiro Barela, de este estado, hará aplicación para la posición de Ministro á Guatemala. El Sr. Barela es uno de los ciudadanos hispano americanos á quien he conocido por los últimos veinte años y sabiendo que es capaz tengo el placer de recomendarlo á su favorable consideración para la dicha posición.

"Muy respetuosamente suyo,

"W. H. JAMES."

"Denver, Colo., Marzo 31, 1893.

"Hon. Walter Q. Gresham, Secretario de Estado,
"Washington, D. C.

"Caro señor y amigo:

"Me es grato en verdad endorsar al Hon. Casimiro Barela, para la posición de Ministro á Guatemala.

"El Sr. Barela ha sido por muchos años uno de nuestros ciudadanos más prominentes, y ha servido quince años en nuestra legislatura de estado.

"Ha sido especialmente satisfactorio al elemento trabajador del estado.

"Muy respetuosamente,

"LESTER BODINE,

"Vice-Presidente de la Comisión de Labor de los Estados Unidos."

"Denver, Colorado, Marzo 30, 1893.

Señor:

"He sido informado de que el Hon. Casimiro Barela, de este estado, hará aplicación para el nombramiento de Ministro á Guatemala.

"El Sr. Barela es uno de nuestros más prominentes ciudadanos, es respetado por cuantos le conocen y especialmente por los votantes de su distrito, prueba de lo cual es el hecho de que él los ha representado en el Senado de Colorado por veinte años ó más. El Sr. Barela fué también escogido por ellos para miembro de la convención que redactó la Constitución de Colorado.

"Si él es escogido para esta misión no dudo que su administración de los negocios de aquella oficina recibirá su aprobación y redundará en crédito para su patria.

"Muy respetuosamente,

"L. C. ELLSWORTH.

"Al Hon. Walter Q. Gresham,
   "Secretario de Estado, Washington, D. C."

"Denver, Colo., Abril 3, 1893.

"Hon. Walter Q. Gresham,

    "Secretario de Estado, E. U. A.

"Señor:

"En caso de una aplicación por el Hon. Casimiro Barela para nombramiento como Ministro á una de las repúblicas centrales ó sud americanas, deseo decir en su favor de que lo he conocido por más de veinte años; he servido juntamente con él tres diferentes veces en la Asamblea General y en la Convención Constitucional del Estado de Colorado, y me es sinceramente grato testificar en cuanto á su carácter y su capacidad en el servicio público.

"Ha estado continuamente en la Cámara de Representantes ó en el Senado del Estado más que veinte años. La lengua española es su idioma natal. Se hizo ciudadano de los Estados Unidos por medio del Tratado de Paz con México. Su nombre ha sido familiar por muchos años en todas partes de nuestro estado; y su carácter, habilidad, honra, industria y cortesía está permanentemente establecida. Su nombramiento sería indudablemente un complimiento bien merecido al pueblo de habla español de esta porción de la Unión—en verdad, sería grato para todos sus amigos de todos los partidos políticos.

    "Muy respetuosamente,

        "H. P. H. BROMWELL."

"Chicago, Ill., Marzo 27, 1893.

"Hon. Walter Q. Gresham, Secretario de Estado,
    "Washington, D. C.

"Caro señor:

    "Esta será presentada por el Hon. Casimiro Barela, de Colorado. El Sr. Barela es un distinguido demócrata, un caballero cortés y pertenece á un alto rango política y socialmente.

    "Lo he conocido por muchos años—por diez y seis años ha sido un miembro del Senado del Estado de Colorado—es un hombre de una capacidad extraordinaria y comprende el idioma español perfectamente. Sus amigos le han urgido que haga su aplicación para el nombramiento como ministro á Guatemala, á causa de su eminente capacidad para la posición. Yo lo recomiendo á su favorable consideración.

    "Tengo la honra de ser con alto respeto.

"S. S. S.

"CHAS. SHACKLEFORD."

"Conejos, Colo., Marzo 31, 1893.

"Al Hón. Secretario de Estado,
　　"Washington, D. C.

"Estimado señor:

　　"Tengo el placer de recomendar á su favorable consideración el nombramiento del Senador Barela como Ministro de Guatemala.
　　"El Senador es un hombre de habilidad y discreción

　　　　　　　"Respetuosamente,
　　　　　　　　　　"L. Head."

"Denver, Colo., Marzo 29, 1893.

"Al Hon. Walter Q. Gresham,

"Secretario de Estado, Washington, D. C.

"Estimado señor:

"Casimiro Barela quien hará aplicación para el nombramiento de Ministro á Guatemala por muchos años ha sido uno de nuestros ciudadanos más conspícuos y más respetados en este estado.

"Yo tuve la honra de presidir en una sesión de nuestra legislatura territorial de la cual él fué miembro y actuó conmigo en la convención que formó la Constitución del Estado de Colorado. En ambos cuerpos el Sr. Barela fué uno de los más reconocidos caudillos de su partido y se distinguió como un orador activo y capaz.

"Es un hombre de un talento cultivado, de modales distinguidos y en mi juicio posee á un alto grado ambos el tacto y talento que se requieren para el fiel desempeño de los deberes de la posición á que aspira.

"El Sr. Barela no es de mi mismo credo político, pero á mi conocimiento ha estado identificado constantemente en el servicio público por los últimos veinte y cinco años, y creo que goza al presente de la confianza de su propio partido y de la buena voluntad y respeto de los ciudadanos del estado en general, los cuales, estoy seguro, se sentirán satisfechos que obtenga la posición que solicita.

"Muy respetuosamente,

"ALVIN MARSH."

"Denver, Colorado, Marzo 21, 1893.

"A Su Excelencia,
   "El Presidente de los Estados Unidos, y al
   "Hon. Secretario de Estado,
       "Washington, D. C.

"Caballeros:

"Tengo la honra de recomendar para el nombramiento á la posición de Ministro á Guatemala, al Hon. Casimiro Barela, quien es en la actualidad el Presidente pro tem. del Senado del Estado de Colorado.

"El Sr. Barela es el caballero hispano americano más prominente en Colorado, realmente de todos los estados del Occidente, en donde hay una grande populación de gente de habla español.

"El Sr. Barela es un hombre de cultura y medios; está bien informado y habla su propia idioma y la inglés fluentemente, además de ser un caballero en todos sentidos de la palabra. En verdad siempre es muy caballero en su porte, trato y conversación con toda la gente.

"Por muchos años el Sr. Barela ha representado á su pueblo en la legislatura de Colorado, y como miembro de la Convención Constitucional hizo sentir muy materialmente su poder. Su trabajo se nota en todas fases de la Constitución, y en cada vez para el grande y eterno beneficio del estado. Es demócrata y ha sido mandado por su partido á todas las convenciones del estado y á muchas de las nacionales.

"El Presidente Harrison nombró al Hon. Rumualdo Pacheco, de California, por su conveniencia en hablar español y por otras razones y esperamos que el Sr. Barela sea nombrado en lugar del caballero mencionado.

"Al urgir este nombramiento, puedo declarar que no se podría hacer un nombramiento más popular de este estado.

"Muy respetuosamente,

"Frank P. Arbuckle,

"Presidente de la Comisión Central Democrática del Estado."

"Nosotros sinceramente endorsamos la recomendación que precede.

"Lafe Pence,
"Miembro del Primer Distrito.
"Jno. C. Bell,
"Miembro del Segundo Distrito."

"Denver, Colorado, Marzo 20, 1893.

"A Su Excelencia, Grover Cleveland,

"Washington, D. C.

"Nosotros los abajo firmados creyendo que el Hon. Casimiro Barela está deseoso del nombramiento como Ministro á Guatemala muy fervientemente recomendamos su nombre á su consideración. El Sr. Barela desde la organización de este estado y aún antes había representado su condado y distrito en el Senado del estado—fué miembro de la Convención Constitucional y ha desempeñado otras posiciones de condado y distrito. Su registro es sin tacha y su habilidad sin límite. Su familiaridad con las idiomas español é inglés no se puede sobrepasar por ninguno en este estado.

"Sometida respetuosamente,

"Charles D. Hayt,
"Victor A. Elliott,
"Luther M. Goddard,
 "Jueces de la Corte Suprema.
"Teo. Q. Richmond,
"Juez de la Corte de Apelaciones."

"Gunnison, Colorado, Marzo 22, 1893.

"Señor:

"Respetuosamente pido el honor de recomendar para la posición de Ministro á Guatemala al Hon. Casimiro Barela, de Colorado. He conocido al Sr. Barela por los últimos doce años. Es mexicano de nacimiento y goza de la confianza de cada un ciudadano de este estado. Habla el español perfectamente y ha representado su distrito en el senado del estado por los últimos diez y seis años. Es, y siempre ha sido, un ferviente y concienzudo demócrata. Es un ciudadano de primer orden en todo lo que constituye la ciudadanía. Su nombramiento sería un complimiento á todo el pueblo de Colorado.

"Muy respetuosamente,

"FRANK ADAMS,

"Delegado á la Convención Nacional y Miembro de la Comisión de Notificación en 1892.

"Al Presidente,
"Washington, D. C."

"Terreno de la Exposición, Chicago, Ill., Marzo 31, 1893.

"A Su Excelencia,

"El Presidente de los Estados Unidos,

"Washington, D. C.

"Me complazco en recomendar para el nombramiento de Ministro á Guatemala al Sr. Casimiro Barela. Por muchos años has sido un residente de Colorado donde le conocí personalmente y pude reconocer su habilidad y alto carácter. Tengo el placer de testificar en cuanto á su capacidad para la posición á que aspira, y creo que si es nombrado la desempeñará con crédito para él y para su país.

"De Vd. muy respetuosamente,

"F. J. V. SKIFF."

"A Su Excelencia, Grover Cleveland,

    "Presidente de los Estados Unidos.

"Caro señor:

"Tengo gran placer en recomendar el nombramiento del Hon. Casimiro Barela, de este estado, para Ministro á la República de Guatemala. Yo he conocido al Senador Barela por más de veinte años. Nació en el Territorio de Nuevo México y es de descendencia español. Es un hombre de más que ordinaria capacidad, de agradable discurso y altas dotes. Habla en español é inglés con toda fluidez. Ha estado identificado muy prominentemente con la historia del occidente, y siempre ha sido un caudillo activo en el partido demócrata. El hará un oficial digno y competente, y su nombramiento daría satisfacción general, como también sería un grato reconocimiento á los reclamos de la populación hispano americana de los estados y territorios del occidente.

    "Muy respetuosamente,

        "M. B. GERRY.

    "Ex-Juez de la Corte Suprema de Colorado.

"Pueblo, Colorado, Marzo 29, 1893."

"Denver, Colo., Marzo 23, 1893.

"A Su Excelencia,

"El Presidente de los Estados Unidos.

"Tengo la honra de recomendar la aplicación del Hon. Casimiro Barela, de Colorado, para el nombramiento como Ministro á Guatemala. He conocido personalmente al Sr. Barela por los últimos quince años. Durante todo este tiempo ha sido miembro del Senado del Estado é invariablemente ha tenido la confianza de sus asociados y del pueblo. Actualmente es el Presidente pro tem. de aquel cuerpo. El Sr. Barela es un orador despejado. Español es su lengua nativa, pero está familiarizado con el inglés y otras idiomas. Posee mucha experiencia y es un caballero en todo el sentido de la palabra é indudablemente sería de mucho crédito si fuese escogido para la posición mencionada.

"Muy respetuosamente,

"JOSEPH C. HELM,

"Ex-Juez de la Corte Suprema de Colorado."

"Denver, Colo., Marzo 29, 1893.

"A Su Excelencia,
    "El Presidente de los Estados Unidos.
"Señor:

"Sinceramente endorso y recomiendo al Hon. Casimiro Barela para el nombramiento de Ministro á Guatemala.

"Es el principal ciudadano hispano americano en Colorado; bien educado en inglés y español, un buen orador, conversacionalista y escritor; ha sido un oficial público por más de veinte años y con un registro público y privado, sin tacha. Es sincero y progresista en las empresas americanas, y está especialmente calificado para dicha posición.

"Con alto respeto tengo la honra de ser

"S. S. S.,

"WILBUR F. STONE."

"Greeley, Colo., Abril 3, 1893.

"Al Presidente,

"Washington, D. C.

"Entiendo de que el Hon. Casimiro Barela, de Trinidad, Colorado, será un aplicante para el nombramiento, bajo su administración, al servicio diplomático.

"El Sr. Barela es el hispano americano más distinguido en nuestro estado y en el Occidente. Ha servido con gran distinción por muchos años en nuestra asamblea general y actualmente es presidente del senado.

"Su democracia jamás se ha dudado y representa el distrito demócrata más fuerte de nuestro estado, y aunque yo soy republicano me es grato decir una palabra de elogio por tan digno caballero. Es honesto y capaz.

"Si se digna Vd. nombrarlo, él honrará su administración.

"Con los mejores deseos para su suceso en la administración de nuestro gobierno, me suscribo,

"Su obediente servidor,

"BENJAMIN H. EATON,

"Ex-Gobernador."

"Denver, Colorado, Abril 4, 1893.

"A Su Excelencia,
  "Grover Cleveland, Presidente de los Estados Unidos,
    "Washington, D. C.

"Caro señor:

"Los muchos amigos personales y políticos del Hon. Casimiro Barela, de Trinidad, Colorado, le han sugerido que haga su aplicación para el nombramiento de Ministro á Guatemala.

"Los muchos años de experiencia legislativa del Sr. Barela, su reconocida habilidad en asuntos públicos y su integridad le califican eminentemente para la posición que busca. Conociendo su registro por los últimos veinte años tengo el placer de endorsar su aplicación y sinceramente espero que obtenga una consideración favorable.

  "Muy respetuosamente,
      "J. P. MAXWELL,
        "Ingeniero del Estado."

"Canon City, Colorado, Marzo 29, 1893.

"Al Presidente Grover Cleveland.

"Caro señor:

"Habiendo yo conocido al Hon. Casimiro Barela por más de veinte años y sabiendo que se halla bien calificado para la posición sinceramente endorso su aplicación para el nombramiento de Ministro á Guatemala.

"Respetuosamente,
"W. B. FELTON."

"Denver, Colorado, Marzo 28, 1893.

"A Su Excelencia Grover Cleveland,

"Presidente de los E. U. A.

"Muy señor mío:

"Estoy informado que el nombre del Hon. Casimiro Barela, de este estado, será presentado para la posición de Ministro á Guatemala. Habiéndole conocido íntimamente desde 1883 me es grato hablar de sus calificaciones. Su carácter privado es sin tacha. Está bien educado y habla el idioma inglés con tanta fluidez como su idioma nativo—el español.

"Es de muy agradable conversación en privado y como orador tiene pocos superiores en el Estado. Es el caudillo reconocido de su partido en el Senado de nuestra legislatura del estado, y es altamente estimado por todos, sin miras políticas.

"Su larga y próspera carrera en este estado como oficial público es una fuerte evidencia de su habilidad, integridad y lealtad.

"Respetuosamente,

"Fred Dick,

"Ex-Superintendente de Instrucción Pública por el Estado de Colorado."

"Pueblo, Colo., Marzo 25, 1893.

"A Su Excelencia Grover Cleveland,
   "Presidente de los Estados Unidos.

"Señor:

"Después de muchos años de una amistad personal con el Hon. Casimiro Barela, de Trinidad, Colorado, tengo el placer de recomendarlo para el nombramiento de Ministro Plenipotenciario de los Estados Unidos á Guatemala. El Sr. Barela por su proficiencia en hablar los idiomas inglés y español y por su largo y honrado servicio en los negocios públicos del Estado de Colorado, está especialmente calificado para los deberes de tal oficina; y, en mi juicio, desempeñaría los deberes de la oficina acreditablemente para él y para su administración.

"Muy respetuosamente,

"P. R. Thombs, M.D.,
'Superintendente del Asilo de Dementes del Estado de Colorado."

"Denver, Colo., Marzo 31, 1893.

"Hon. Grover Cleveland. Presidente de los Estados Unidos,
"Washington, D. C.

"Estimado señor:

"Me es sinceramente grato endorsar al Hon. Casimiro Barela para la posición de Ministro á Guatemala. El Sr. Barela por muchos años ha sido uno de nuestros ciudadanos hispano americanos más prominentes, y ha servido por quince años en nuestra legislatura del estado.

"Muy respetuosamente,

"Lester Bodine,

"Vice-Presidente de los Comisionados de Labor de los Estados Unidos."

"Canon City, Colo., Marzo 29, 1893.

"A Su Excelencia Grover Cleveland,
    "Presidente de los Estados Unidos.

"Señor:

"Me complazco en endorsar la aplicación del Hon. Casimiro Barela para el nombramiento de Ministro á Guatemala.

"Es uno de los primeros residentes en Colorado y ha servido como senador de estado desde que este se hizo estado. Es bien y distinguidamente conocido por todo el Occidente como un caballero de rara cultura y habilidad, y en juicio mío, no se podría hacer un nombramiento más propio que el de mi distinguido amigo.

"Su nombramiento de seguro daría satisfacción en Colorado y atraería mucho credito á la administración el hacer tan admirable escogimiento para tan importante posición.

"Confiado y esperando que honrará á Colorado y al país por su nombramiento, me suscribo, muy respetuosamente,

    "Su obediente servidor,

        "W. A. SMITH."

"Denver, Colo., Marzo 30, 1893.

"Hon. Grover Cleveland, Presidente de los E. U. A.,
"Washington, D. C.

"Estimado señor:

"Casimiro Barela hará aplicación para la posición de Ministro á Guatemala. El Sr. Barela es uno de nuestros mejores ciudadanos hispano americanos. Lo he conocido por los últimos veinte años y sé que es honesto y capaz y tengo el placer de recomendarlo á su favorable consideración para dicha posición.

"Muy respetuosamente,

"W. H. JAMES."

"Fort Collins, Colo., Marzo 30, 1893.

"A Su Excelencia Grover Cleveland,
 "Presidente de los Estados Unidos,
  "Washington, D. C.

"Señor:

"Habiendo por largo tiempo tenido el placer de una íntima amistad con el Hon. Casimiro Barela, de Trinidad, Colorado, muy sinceramente lo recomiendo á la favorable consideración de Su Excelencia y del Honorable Secretario de Estado para nombramiento á la oficina de Ministro á Guatemala.

"Tuve el honor de acompañar al Sr. Barela como miembro del Consejo Territorial de Colorado y subsecuentemente como miembro de la Convención que formó la presente Constitución de este estado, y sé que es un hombre capaz, honesto y concienzudo, y un buen ciudadano. Actualmente es el presidente del Senado del Estado de Colorado, de cuyo cuerpo ha sido miembro desde que el estado se organizó en 1876. En mi humilde juicio posee los requisitos y calificaciones para desempeñar con dignidad y eminente habilidad la posición á que aspira.

"Muy respetuosamente,

"W. C. STOVER."

"Greeley, Colorado, Marzo 31, 1893.

"A Su Excelencia, el Presidente Cleveland:

"Sabiendo que el Hon. Casimiro Barela será aplicante para el nombramiento de Ministro á Guatemala, tengo el placer de recomendarlo á su muy favorable consideración, no solamente con miras políticas, sino muy especialmente por su capacidad personal para la posición. Por los últimos veinte años lo he conocido personalmente en público y en privado. Ha desempeñado muchas posiciones de honor y confianza en el Territorio y Estado de Colorado, y aunque en todo tiempo ha sido un defensor de los principios demócratas, su integridad no tiene tacha y sus motivos son puros y liberales.

"Muy respetuosamente,

"J. L. Brush,

"Presidente del Banco Nacional de Greeley."

"Denver, Colorado, Marzo 30, 1893.

"A Grover Cleveland, Presidente, y

"Walter Q. Gresham, Secretario de Estado:

"Estoy informado de que el Hon. Casimiro Barela hará aplicación para el nombramiento de Ministro á Guatemala.

"El Sr. Barela ha estado por tanto tiempo identificado con el Estado de Colorado y sus intereses que no hay otro hombre en el estado que sea más bien y más favorablemente conocido. No dudo de que podría obtener todas las recomendaciones de todos sus conocidos sin miras políticas para el nombramiento y que tales recomendaciones se basaran solamente sobre sus calificaciones para la posición y sobre la alta estima en que es tenido como hombre y como ciudadano. Muy sinceramente espero de que su aplicación reciba su favorable consideración.

"Muy respetuosamente,

"A. J. RISING."

"Aspen, Colorado, Marzo 25, 1893.

"Al Hon. Grover Cleveland,
    "Presidente de los E. E. U. U., Washington, D. C.

"Sr. Presidente:

"Con sumo placer recomiendo á su consideración al Hon. Casimiro Barela para Ministro á Guatemala.

"Es un caballero en todo sentido de la palabra y está bien calificado para desempeñar cualquier posición. Es un demócrata verdadero y leal y de la más estricta integridad.

"Estoy seguro de que su nombramiento sería satisfactorio á la democracia de este estado y sería crédito para su administración.

"Respetuosamente,

"THOMAS A. RUCKER."

"Denver, Colorado, Abril 1ro., 1893.

"Al Presidente,
    "Washington, D. C.
"Señor:

"Permítame hablarle una palabra en favor del Hon. Casimiro Barela, de Trinidad, Colorado, quien, según entiendo, será aplicante para nombramiento bajo su administración en el Servicio Diplomático.

"El Sr. Barela es actualmente miembro de nuestro senado del estado, uno de nuestros más distinguidos ciudadanos y un hispano americano representativo del Occidente. Es un ardiente y consistente soportador del partido demócrata y aunque yo soy un republicano de la secta más estricta, me complazco en testificar en cuanto á su valer y habilidad como buen ciudadano y leal súbdito de este gobierno.

"Si el Sr. Barela es favorecido con el nombramiento á su disposición, él lo desempeñará con honor para él y crédito para su administración.

"Con las más altas consideraciones, quedo
    "Su obediente servidor,

        "Job A. Cooper,
            "Ex-Gobernador de Colorado."

"Trinidad, Colorado, Marzo 29, 1893.

"A Su Excelencia Grover Cleveland,

"Presidente de los Estados Unidos, y al

"Hon. Walter Q. Qresham, Secretario de Estado.

"Caballeros:

"Me es sinceramente satisfactorio endorsar la aplicación del Senador Casimiro Barela para Ministro á Guatemala.

"He conocido al Senador Barela por el periodo de doce años, habiendo sido yo durante este tiempo re dente de este condado. Siempre ha sido un ferviente y consistente demócrata y á su influencia se debe la fidelidad del pueblo mexicano del sur de Colorado al partido demócrata. Como miembro de dicho partido representó este condado en la convención constitucional bajo la cual este estado fué admitido.

"Ha sido tesorero de este condado y ha sido por los últimos quince años y actualmente es miembro del senado del estado por este condado.

"El Sr. Barela es un hombre de negocios y se halla identificado con empresas de ganados y otras semejantes.

"Confío que su aplicación alcance el éxito deseado y si así resulta estoy satisfecho de que su administración tendrá en él un fiel, eficiente y digno representante.

"Muy respetuosamente,

"JULIUS C. GUNTER,

"Juez del Tercer Distrito Judicial de Colorado."

"Denver, Colorado, Marzo 29, 1893.

"A Su Excelencia el Presidente y el Honorable Secretario de Estado de los Estados Unidos.

"Caballeros:

"Tengo el placer de reunirme con otros ciudadanos de Colorado en recomendarle al Hon. Casimiro Barela, para nombramiento como Ministro de Guatemala. Está bien instruido en español é inglés y es un demócrata fuerte y uno de los principales ciudadanos del estado.

"Con todo respeto me suscribo,

"James T. Smith."

"Denver, Colorado, Abril 1ro., 1893.

"A Su Excelencia Grover Cleveland,
    "Presidente de los Estados Unidos.

"Señor:

"Mi amigo, el Hon. Casimiro Barela, un miembro de nuestro senado de estado, un demócrata de principios y un caballero educado y honesto probablemente presentará su nombre á Su Excelencia como aplicante para una misión extranjera. Sus calificaciones son del más alto orden y su éxito sería reconocido con una aprobación universal por el pueblo de Colorado.

"Muy respetuosamente su obediente servidor,

"Sam. E. Browne."

"Denver, Colorado, Marzo 24, 1893.

"A Su Excelencia Grover Cleveland,
     "Presidente de los Estados Unidos.

"Señor:

"Siendo que el Sr. Casimiro Barela está deseoso de servir á su país como Ministro á Guatemala, diré que lo he conocido por más de veinte años, como legislador y ciudadano privado. El está bien calificado por su educación y conocimientos de asuntos públicos, para representar los Estados Unidos en el extranjero con crédito para él y satisfacción para el estado.

"La mejor recomendación que un hombre puede tener, es el respeto y confianza de sus vecinos, quienes por veinte años le han confiado con sus intereses, á los cuales siempre ha sido leal y verdadero.

"Con sumo respeto,

"FRED STEINHAUER."

"Pueblo, Colorado, Marzo 27, 1893.

"A Su Excelencia Grover Cleveland,
      "Presidente.

"Caro señor:

"Deseo recomendar al Senador Casimiro Barela, de Colorado, para la posición de Ministro á Guatemala. He conocido al Sr. Barela por los últimos veinte años, durante cuyo tiempo siempre ha tenido posiciones oficiales de gran responsabilidad. Es un demócrata de principios, un buen ciudadano, un hombre honesto y ha demostrado ser un oficial activo y honesto. Se halla bien calificado para desempeñar la posición á que aspira. Está especialmente calificado para esta posición particular porque habla fluentemente el dioma español y está muy familiarizado con los negocios y costumbres de aquel pueblo.

"Estoy seguro de que mejor hombre no se podría nombrar para dicha posición.

"Muy respetuosamente,

"J. B. ORMAN,
"Delegado á la Convención Nacional en Chicago."

"Denver, Colorado, Abril 3, 1893.
"Al Presidente de los Estados Unidos.

"Caro señor:

"Al recomendar la candidatura del Hon Casimiro Barela para una posición en el servicio diplomático del gobierno, sinceramente me complazco en testificar en cuanto á su posición como ciudadano y á su eminente capacidad para el desempeño de la posición á que aspira.

"Por más de veinte años ha tenido posiciones de alta responsabilidad en este estado y territorio, y siempre las ha desempeñado fielmente y con distinción. Su carácter en privado y en publico siempre ha sido sin tacha, y en todos respectos es ahora, y siempre ha sido, reconocido por el pueblo de este gran estado, sin miras de partido, como un espléndido caballero y ciudadano. No hay un solo hombre que sea mejor reconocido y estimado. El es hoy, en mi opinión, uno de los mejores hombres, de los más estimados y de más mérito en Colorado. Además es uno de los más prósperos en el estado. En política, el Senador Barela siempre ha sido un ferviente y consistente demócrata. Habla con toda fluidez el inglés y español. Su nombramiento probaría ser muy aceptable al pueblo del estado y al partido y sería de mucho crédito para la administración. Muy sinceramente espero que se le confiera este honor.

"Muy respetuosamente,

"Jos. H. Maupin."

"Ouray, Colorado, Abril 1ro., 1893.

"A Su Excelencia Grover Cleveland,
  "Presidente de los Estados Unidos,
    "Washington, D. C.

"Señor:

"Sabiendo que el Hon. Casimiro Barela es aplicante para el nombramiento de Ministro á Guatemala, deseo reunirme con sus numerosos amigos para suplicar que se le conseda el nombramiento.

"Yo he conocido personalmente al Sr. Barela por muchos años y sé que es un hombre de extraordinaria habilidad, de intachable integridad y carácter, y que su nombramiento para la oficina á que aspira provaría ser satisfactorio y acreditable para su administración.

"Muy respetuosamente,

"Wm. Story."

"Denver, Colorado, Marzo 29, 1893.

"Al Presidente de los Estados Unidos,
"Washington, D. C.

"Señor:

"Tengo la honra y placer de recomendar á su favorable consideración al Hon. Casimiro Barela, de este estado, para nombramiento como Ministro á Guatemala.

"He conocido al Sr. Barela desde 1874. El ha estado mucho en la vida pública, y posee hoy—como siempre ha poseido—una reputación é integridad intachable, y es uno de los ciudadanos hispano americanos más capaces del estado. No se podría hallar mejor hombre para la Misión de Guatemala en Colorado, y, en efecto, sus superiores son pocos en otro lado.

"Esta es mi cándida opinión del Senador Barela, aunque él es un fuerte demócrata y yo un fuerte republicano.

"Respetuosamente,

"H. B. BENNETT,

"Ex-delegado de Colorado á los Congresos 37mo. y 38vo."

"Pueblo, Colorado, Abril 6, 1893.

"A Su Excelencia Grover Cleveland,

"Presidente de los Estados Unidos.

"Tengo el placer de recomendar al Hon. Casimiro Barela, un prominente demócrata, para el nombramiento de Ministro á Guatemala.

"Sé que es honesto y responsable, y completamente calificado para desempeñar la posición á que aspira.

"Muy respetuosamente,

"Jas. N. Carlile."

"Las Animas, Colo., Marzo 30, 1893.

"Hon. Grover Cleveland,
    "Presidente de las Estados Unidos, y

"Hon. Walter Q. Gresham,
    "Secretario de Estado.

"Caballeros:

"Tengo la honra de decir que el Hon. Casimiro Barela quien hace aplicación para el nombramiento de Ministro á Guatemala, es un caballero bien calificado para la posición siendo que comprende bien ambas idiomas, inglés y español.

"He conocido al Sr. Barela íntimamente por los últimos veinte y cinco años y puedo responder por su alto carácter personal así como también por sus calificaciones empresarias.

"Muy respetuosamente su obediente servidor,

                            "JNO. S. HOUGH."

"Denver, Colorado, Marzo 25, 1893.

"A Su Excelencia Grover Cleveland,
    "Presidente de los Estados Unidos.

"Señor:

"Me complazco en recomendar al Hon. Casimiro Barela para Ministro á Guatemala.

"El ha representado la parte sur del estado en nuestra legislatura por muchos años y es igualmente popular entre los americanos y los mexicanos nativos que residen en aquella sección y posee la confianza de los hombres de negocios en muy alto grado.

"Es hispano americano pero está igualmente familiarizado con ambos idiomas y por esta razón será más aceptable para una de las Repúblicas hispano americanas.

"En conclusión diré que aunque él es de diferente credo político del mío—siendo un fuerte demócrata—no por eso deja de ser más sincera mi recomendación á su favorable consideración, estando seguro de que su nombramiento daría crédito á su administración.

    "Con sumo respeto,
        "WOLFE LONDONER."

"Denver, Colo., Marzo 24, 1893.
"A Su Excelencia, Hon. Grover Cleveland,
 "Presidente de los Estados Unidos,
  "Washington, D. C.
"Estimado señor:

"Con sumo placer endorso la aplicación del Hon. Casimiro Barela para Ministro de Guatemala.

"El Sr. Barela ha sido uno de los principales hombres en el Senado del Estado de Colorado por muchos años. Es el ídolo de la población de habla español en el Occidente. Por razón de su suelo natal su patriotismo para todo lo que es americano y su familiaridad con los negocios de estado, podrá desempeñar la posición á que aspira con honor, eficiencia y dignidad.

"Muy respetuosamente,

"J. S. APPEL."

"Colorado Springs, Colo., Abril 4, 1893.
"A Su Excelencia
"El Presidente de los Estados Unidos.
"Estimado señor:

"El Hon. Casimiro Barela, de Trinidad, Colorado, es aplicante para la posición de Ministro á Guatemala. Tengo gran placer en recomendarlo para la posición. Es un ciudadano representativo de este estado y se halla bien calificado para el puesto.

"Ha sido un miembro prominente de nuestra legislatura en cada sesión desde 1872 y fué miembro de la Convención Constitucional del estado.

"Su habilidad é integridad son tales que siempre ha ocupado un lugar prominente en los negocios públicos en nuestro próspero estado.

"Respetuosamente,

"B. F. CROMWELL"

"Conejos, Colo., Marzo 31, 1893.

"Al Presidente Grover Cleveland,
      "Washington, D. C.

"Señor:

    "Tengo el placer de recomendar al Senador Casimiro Barela para Ministro á Guatemala, siendo que sé que es un hombre de habilidad y discreción.

                        "Muy respetuosamente,

                                "L. HEAD."

"Denver, Colo., Marzo 31, 1893.

"Su Excelencia, el Presidente,
"Washington, D. C.

"Estimado señor:

"Tengo el placer de testificar en cuanto al carácter y habilidad de mi amigo y conciudadano Casimiro Barela.

"Tuve la honra de servir junto con él los dos primeros terminos del senado del Estado de Colorado. Su registro fué sin tacha, honesto y capaz. Cualquier honor que él reciba de sus manos será apreciado por el pueblo de nuestro estado.

"Muy respetuosamente,

"Alfred Butters."

"Denver, Colo., Marzo 31, 1893.

"A Su Excelencia Grover Cleveland,
    "Presidente de los Estados Unidos.

"Señor:

"Entiendo de que el nombre del Hon. Casimiro Barela, de Colorado, ha sido sugerido para Ministro á Guatemala.

"He conocido al Sr. Barela por cerca de veinte años. Ha desempeñado muchas posiciones de honor en nuestro estado, y por muchos años ha sido uno de los miembros más honrados y más útiles en el senado del estado.

"Es con placer que escribo estas lineas recomendando el nombramiento, creyendo, como creo, que está propiamente calificado para la posición y que será de mucho crédito á nuestro servicio diplomático.

    "Muy respetuosamente,

        "WM. D. TODD."

"Westcliffe, Colo., Abril 3, 1893.
"Hon. Grover Cleveland, Presidente,
    "Washington, D. C.
"Señor:

"Habiendo llegado á mi conocimiento que el Hon. Casimiro Barela, de Trinidad, este estado, es aplicante para el nombramiento de Ministro á Guatemala, deseo decir que yo serví con él en el senado en la Sexta y Séptima Asamblea General de Colorado, y puedo testificar en cuanto á su escrupolosa honestidad é integridad, su alto carácter en todo el estado y su reconocida habilidad.

"Hablando varios idiomas fluentemente se halla especialmente calificado para dicha posición. Fué miembro de la Convención Constitucional é hizo un trabajo espléndido en amoldar nuestra acta orgánica, y ha sido un miembro consecutivo de la Asamblea General desde que Colorado se hizo estado.

"Muy respetuosamente,

"Elton T. Beckwith."

"Boulder, Colo., Marzo 25, 1893.

"A Su Excelencia el Presidente de los Estados Unidos y el
"Hon. Secretario de Estado:

"Permítaseme muy sinceramente endorsar la aplicación del Hon. Casimiro Barela para nombramiento á la oficina de Ministro á Guatemala.

"Yo he conocido al Senador Barela por gran número de años y he estado asociado con él en el senado del Estado de Colorado, en el cual ha tenido la posición de Senador por el Condado de Las Animas desde el tiempo de la admisión del estado, y de cuyo cuerpo es actualmente Presidente pro tem. El Senador Barela antes de la organización del estado, fué miembro de la Convención Constitucional que formó la Constitución bajo la cual estamos actuando, y siempre ha conseguido y obtenido el respeto y confianza del pueblo del Estado de Colorado.

"Aunque diferimos en política, tengo el placer de decir que el servicio de nuestro gobierno nacional recibirá gran beneficio y el Estado de Colorado será honrado si su ambición se gratifica.

"Permítaseme con todo respeto suscribirme,

"Su Afectísimo Servidor,

"R. H. WHITELEY."

"Trinidad, Colo., Abril 10, 1893.

"A Su Excelencia Grover Cleveland,
"Presidente de los Estados Unidos,

"Y al Hon. Walter Q. Gresham,
"Secretario de Estado.

"Señores:

"Después de una amistad de más de veinte años, tengo el placer de recomendar al Hon. Casimiro Barela para la posición de Ministro á Guatemala.

"Serví con él en la primer convención territorial de Colorado y sé que es un hombre en todo el sentido de la palabra calificado para desempeñar la dicha posición. Siempre ha sido un Demócrata de Cleveland y ha hecho más para conservar el partido demócrata unido en este estado que ningún hombre. El habla los idiomas inglés y español.

"J. W. WIDDERFIELD."

"Denver, Colo., Marzo 24, 1893.

"A Su Excelencia el Presidente de los Estados Unidos:

"Deseo muy sincera y fervientemente recomendar el nombramiento del Hon. Casimiro Barela, para que sea el sucesor del Hon. Rumualdo Pacheco, quien fué nombrado por el Presidente Harrison en 1889, para Ministro á Guatemala.

"He conocido al Senador Barela por muchos años. He servido con él en la Legislatura del Estado por tres términos, y me complazco en certificar de que es un caballero de cultura y finos modales, un demócrata de principios y un hombre de una integridad intachable.

"Es tenido en muy alta estima por todos los buenos ciudadanos y estoy seguro que su nombramiento sería sumamente grato á nuestro pueblo de todos los credos políticos.

"Muy respetuosamente, su obediente servidor,

"A. T. GUNNELL."

"Durango, Colorado, Abril 4, 1893.
"Al Presidente,
"Washington, D. C.

"Estimado señor:

"Es simplemente una tarea de cariño y placer endorsar la habilidad, integridad y democracia del Senador Casimiro Barela, presidente pro tem. del senado de Colorado. El Senador Barela por virtud de su educación y experiencia en la vida pública se halla ampliamente calificado para cualquier posición á su alcance y especialmente adaptado á la Diplomacia, y otras posiciones, en conección con nuestros vecinos de habla español.

"Que sea reconocido con el reconocimiento ejecutivo es nuestro más sincero deseo.

"Muy respetuosamente,

"Adair Wilson.
"David F. Day."

"Denver, Colo., Marzo 23, 1893.

"A Su Excelencia el Presidente:

"Estoy informado de que mi respetable amigo, el Hon. Casimiro Barela, de este estado, desea un nombramiento como Ministro de los Estados Unidos á una de las Repúblicas Hispano Americanas de la América Central. Tengo el placer de certificar mi opinión de que su nombramiento haría crédito á su administración y promovería la armonía que debiera existir entre nuestra nación y las repúblicas vecinas.

"El Sr. Barela es de orígen español; un hombre de educación y finos modales, un católico sincero en religión, un demócrata en política, y un hombre justo, correcto y honrado en todas sus ideas é impulsos.

"Es altamente estimado entre los hombres de todos rangos y partidos en este estado. Lo he conocido íntimamente desde 1874, cuando, siendo yo uno de los Jueces de la Corte Suprema del Territorio, me tocó la oportunidad de tener corte en el Condado de Las Animas, donde él era Alguacil Mayor. Lo conocí después cuando fué miembro de la Convención que formuló la base fundamental de este estado. Desde la admisión del estado ha sido miembro de nuestro cuerpo legislativo. Nunca he sabido que se halla dudado su integridad, inteligencia ó patriotismo por ningún hombre ó partido.

"Tengo el placer de repetir que en mi opinión su nombramiento sería el propio, y sé que daría razón para reconocimiento por el pueblo de Colorado.

"Con sincero respeto, su obediente servidor,

"E. T. WELLS."

"Denver, Colo., Marzo 30, 1893.

"Señor:

"El Hon. Casimiro Barela, de este estado, es aplicante para el nombramiento de Ministro á Guatemala.

"El Sr. Barela muy merecidamente tiene el respeto y confianza del pueblo de este estado, sin miras de credos políticos.

"Si su aplicación tiene el éxito deseado estoy seguro que su administración de los negocios de la oficina recibirá su entera aprobación.

"Muy respetuosamente,

"L. C. ELLSWORTH."

"A Grover Cleveland, Presidente de los E. U. A.,
"Washington, D. C."

"Denver, Colo., Marzo 29, 1893.

"Al Presidente,
    "Washington, D. C.

"El Hon. Casimiro Barela, de este estado, es aplicante para la posición de Ministro de los Estados Unidos á Guatemala.

"Yo he conocido al Senador Barela por muchos años. Fué miembro de nuestra Convención constitucional en 1876, y desde entonces ha sido miembro del Senado del Estado de Colorado, en cuyo cuerpo he tenido la honra de servir con él.

"No hay hombre de más distinción en Colorado, y desempeñaría la posición á que aspira, con mucho crédito para él y para el servicio público.

    "Respetuosamente,

        "A. M. STEVENSON."

"Trinidad, Colorado, Abril 26, 1893.

"A Su Excelencia el Presidente Cleveland,
  "Washington, D. C.

"Señor:

"Tengo la honra de recomendar al Senador Casimiro Barela para cualquier oficina en el servicio diplomático para el cual desee aplicar. El se halla mejor calificado que ningún otro hombre en el estado de Colorado para la posición de Ministro á cualquiera de las repúblicas de habla español en el Nuevo Mundo. Es un caballero de alto carácter moral y de suma habilidad; su prominencia en los círculos sociales, financieros y políticos del estado son evidencia de esto.

"El Sr. Barela siempre ha sido un leal y ardiente demócrata. Además su larga experiencia tratando con hombres de todas vocaciones en la vida le ha dado una rara penetración y percepción y un profundo conocimiento de la naturaleza humana. En adición posee un variado conocimiento del idioma español y del carácter de las naciones hispano americanas, en resúmen, él es de linaje hispano americano.

"En el nombramiento del Sr. Barela á una misión diplomática, el departamento de estado ciertamente adquiriría un valuable oficial quien honraría á los Estados Unidos y particularmente al Estado de Colorado en el puesto diplomático.

"Esperando que el caballero halle favor en su consideración, quedo, de Su Excelencia.

"Muy respetuosamente,

"EUSEBIO CHACON,

"Intérprete y traductor de la Corte de Reclamos de Terrenos Privados."

"Santa Fé, N. M., Abril 3, 1893.

"A Su Excelencia Grover Cleveland,
 "Presidente de los Estados Unidos de América,
  "Washington, D. C.

"Señor:

"Tengo el honor de recomendar á Su Excelencia el nombramiento del Hon. Casimiro Barela, del Estado de Colorado, como Ministro Plenipotenciario en la República de Guatemala.

"El Sr. Barela es uno de los ciudadanos más prominentes y más respetados en Colorado; es un demócrata de principios y ha servido á su estado en muchas posiciones oficiales, teniendo ahora la de Senador de Estado, y en todas se ha merecido la aprobación de sus conciudadanos, sin miras de partidos políticos. La habilidad, experiencia en negocios públicos é integridad del Sr. Barela, y por encima de estas calificaciones, su ventaja de ser de descendencia español, y por lo tanto estar identificado con el idioma, costumbres y modales del pueblo de aquel país, todo lo califica para que sea un buen representante de los intereses de este país en aquella posta.

"Esperando que Su Excelencia considere favorablemente esta recomendación, quedo, señor,

"Su muy obediente servidor,

"DEMETRIO PEREZ,
"Auditor de Cuentas Públicas en Nuevo México."

"Santa Fé, N. M., Marzo 31, 1893.

"Al Presidente y Secretario de Estado:

"Habiendo conocido al Hon. Casimiro Barela, del Condado de Las Animas, Colorado, por muchos años, deseo recomendarlo, siendo en todos sentidos de la palabra calificado para desempeñar la honorable posición á que aspira como Ministro de Guatemala.

"Su posición social, financiera y política en Nuevo México, Colorado y el Occidente es del más alto orden y su nombramiento daría satisfacción general.

"Muy respetuosamente,

"Thos. P. Gable,

"Secretario de la Comisión Central Democrática del Territorio."

"Santa Fé, N. M., Abril 10, 1893.

"A Su Excelencia Grover Cleveland,
 "Presidente de los Estados Unidos,
  "Washington, D. C.

"Señor:

"Sabiendo que el Hon. Casimiro Barela es aplicante bajo su administración para una posición federal y habiendolo conocido por más de veinte años, aunque yo sea republicano en principios, tengo la honra de recomendar al Sr. Barela como un hombre que se ha hecho de por sí, un hombre de integridad y honor, y un caballero bien calificado para cualquier posición de responsabilidad que se le confíe. El Sr. Barela mientras estuvo en Nuevo México se le encomendaron posiciones de responsabilidad y siempre las desempeñó á la entera satisfacción del pueblo de este territorio y con crédito para él. Mientras que ha estado en Colorado tambien se ha ganado la buena voluntad de los residentes de allí, y en reconocimiento se le han confiado las más altas é importantes posiciones de su estado. Actualmente ha llegado á ser el Presidente del Senado en la Legislatura de Colorado.

"Si Vd. le nombra á alguna alta é importante posición, estoy seguro que tendrá la aprobación del pueblo de Colorado y Nuevo México.

"Muy respetuosamente,

"TRINIDAD ROMERO,
"Mariscal de los Estados Unidos por Nuevo México."

"Albuquerque, N. M., Abril 11, 1893.

"Al Presidente de los Estados Unidos,
    "Grover Cleveland, Washington, D. C.

"Estimado señor:

    "Habiendo conocido al Senador Casimiro Barela, de Trinidad, Colorado, por muchos años, puedo decir que es un hombre de un alto carácter moral, completamente responsable y hará honor á cualquier posición á que desee aplicar. Entiendo de que es aplicante para Ministro á Guatemala. Habla el español bien y haría un excelente Ministro si se le honra con el dicho nombramiento.

                "Muy respetuosamente,

                      "M. S. OTERO."

"Santa Fé, N. M., Abril 3, 1893.

"A Su Excelencia Grover Cleveland,
   "Presidente de los Estados Unidos,
      "Washington, D. C.

"Señor:

"Permítame recomendarle para nombramiento como Ministro de los Estados Unidos á Guatemala, al Hon. Casimiro Barela, actual presidente del Senado del Estado de Colorado. El Sr. Barela es un caballero de intachable integridad y honor y haría un excelente representante de los Estados Unidos, y tambien, estoy seguro, desempeñaría sus deberes con habilidad y crédito para él y para su patria.

"El Sr. Barela es competente en todos respectos y está especialmente calificado para la posición á que ambiciona. Comprende el español é inglés con igual fluidez, y posee todas las cualidades de mente y corazón, que lo hacen el distinguido ciudadano que es.

"Muy respetuosamente,

"AMADO CHAVES,
"Superintendente."

"Las Vegas, N. M., Marzo 31, 1893.

"Hon. Grover Cleveland,
    "Presidente de los Estados Unidos.

"Señor:

"Me es sinceramente grato recomendarle para la posición de Ministro á Guatemala, al Hon. Casimiro Barela, residente del Estado de Colorado.

"Yo he conocido al Sr. Barela desde su infancia, y puedo decir sin vacilar, que en honestidad, integridad é imparcialidad, no puede sobrepasarsele.

"El Sr. Barela habla el inglés tan bien como el español que es su idioma natal. Ha desempeñado con honor y distinción varios puestos de honor en el Estado de Colorado. Ha sido su propio sucesor consecutivamente como senador de estado y también ha sido un fiel demócrata toda su vida.

"Por lo tanto no dudo de que está bien calificado para el puesto y que su nombramiento daría satisfacción general al pueblo de Colorado y Nuevo México, sin miras de credos políticos, y sería muy acreditable para la administración.

    "Muy respetuosamente,

        "MIGUEL SALAZAR,

           "Vice-Presidente de la Exposición Columbiana por Nuevo México."

"Santa Fé, N. M., Marzo 30, 1893.

"Al Presidente,

"Señor:

"Habiendo sabido que muchos de los amigos del Hon. Casimiro Barela, ahora miembro del Senado del Estado de Colorado, han urgido su nombramiento como Ministro á Guatemala, es con placer que añado mi sincera recomendación, también en su favor para la posición especificada.

"El Sr. Barela hallándose completamente familiar con ambos idiomas, inglés y español, poseería ventajas sobre otros que no están familiarizados con el idioma español, y juzgando por su ya distinguido registro en la vida pública, muy eficientemente representaría nuestro gobierno.

"Creyendo, por lo tanto, que su nombramiento redundaría al crédito de su administración y al beneficio de la nación, confío de que su nombre reciba una consideración favorable.

"Muy respetuosamente,

"BENJAMIN M. READ."

"Las Vegas, N. M., Marzo 31, 1893.

"Hon. Grover Cleveland, Presidente de los Estados Unidos,
　　"Washington, D. C.

"Estimado señor:

　　"Sabiendo que el Hon. Casimiro Barela, presidente pro tem. del Senado del Estado de Colorado, está para hacer aplicación á su honorable administración para la posición de Ministro Plenipotenciario á Guatemala, me es sinceramente grato, siendo que lo conozco personalmente, endorsar su petición y sinceramente lo recomiendo á su favorable consideración.

　　　　　　　　"Muy respetuosamente,
　　　　　　　　　　"FILADELFIO BACA."

"Puerto de Luna, N. M., Abril 8, 1893.

"Hon. Grover Cleveland,
      "Washington, D. C.

"Señor:

"Tengo el placer de recomendar á su favorable consideración el nombramiento del Hon. Casimiro Barela, como Ministro de los Estados Unidos á la República de Guatemala.

"Mi amistad personal con el caballero me permite asegurarle de que él desempeñará la posición á su satisfacción y hará honor á su patria; él es honesto, imparcial y enérgico, habla ambos idiomas con perfección, y si es nombrado será el hombre propio en el propio lugar. Esta es la humilde opinión de su

"Humilde servidor,

"T. LABADIE,

"Ex-Administrador de Correos en Las Vegas, N. M."

"Trinidad, Colo., Abril 27, 1893.

"A Su Excelencia Grover Cleveland,
          "Presidente de los Estados Unidos.

"Señor:

"Entiendo de que el Hon. Casimiro Barela aplicará por una posición bajo su administración. No he sabido para que posición aplicará, pero no obstante, me complazco en recomendarlo á Su Excelencia para cualquier posición que él desee obtener. En política siempre he diferido del Sr. Barela, siendo que él es demócrata y yo soy republicano. Sin embargo, esto no me impide para testificar al hecho de que él es completamente capaz y competente para desempeñar los deberes de cualquier oficina que Vd. desee conferirle. El Sr. Barela es uno de los principales hombres de este condado y también del estado. En conclusión diré que he dado esta recomendación sin que se me haya sugerido por ninguno siendo de mi propia y espontánea voluntad.

"Muy respetuosamente,

"Rafael Chacon,

"Ex-Mayor de la Primera Caballería de Nuevo
      México en el Regimiento de Kit Carson."

Las cuantas recomendaciones que he reproducido darán á mis lectores una idea muy clara de la alta distinción de que mi biografiado ha gozado y goza entre el mundo de las letras y de la bolsa. No hay un solo hombre representativo en los negocios de estado ó empresarios en el Occidente de Estados Unidos que no conozca y por consiguiente que no aprecie las dotes del Sr. Barela.

Hombre de percepción y hombre de una penetración superlativa que ha estudiado la naturaleza humana en todos conceptos y que ha aprovechado las lecciones de la experiencia.

Pluguiese al Arquitecto Supremo que le dotó con tantas gracias abrir los ojos á la juventud creciente de un modo que pudiera aprovechar cada una de las lecciones que la vida de este gran hombre nos pone de manifiesto.

CRONOLOGÍA.

1777. 25 de Febrero, arribó á San José, California, Casimiro Varela, á la cabeza de una colonia de 80 hombres; directamente de España.

1839. Julian Varela, se radicó en Tomé, N. M.

1846. Don José María Barela, padre del Senador Barela, se radicó temporariamente en El Embudo, N. M., debido á las persecuciones de los indios.

1847. Marzo 4, Doña María de Jesús Abeyta, esposa de Don José María Barela, dió á luz en El Embudo, N. M., al niño Casimiro Barela.

1859. El jóven Casimiro Barela ingresó al servicio del Ilustrísimo Rev. Juan B. Salpointe, quien le proporcionó la instrucción elemental que le sirvió de norma, de estrella polar durante su larga, próspera y útil vida, permaneciendo con el Padre Salpointe hasta 1863.

1863. Dirigió el comercio de su padre en El Coyote ó Placita de los Lucero, siendo ayudado por su hermana Seferina.

1864. Comenzó á fletear con los carros de su padre, teniendo él el manejo de los negocios de su padre.

1866. Durante uno de sus viajes se detiene en Trinidad, Territorio de Colorado, lugar que le gustó para su futura residencia y determinado á transportarse con sus padres á Colorado regresa á Nuevo México para instanciarles que se transportaran á Colorado.

1867. En el mes de Enero emigra á Colorado con una gran colonia á poblar los lugares entonces conocidos como el Rito de San Francisco y ahora con el nombre de Barela.

1867. Marzo 4, contrae matrimonio en primeras nupcias con la Srita. Josefita Ortiz, en El Sapelló, Nuevo México, transportándose con su familia á su residencia en Colorado.

1869. Fué electo Juez de Paz del Precinto de San Francisco, primera posición pública que ocupó.

1870. Fué nombrado Asesor del Condado de Las Animas por la comisión de Condado.

1871. Electo representante del Condado de Las Animas á la legislatura Territorial de Colorado.

1872. Durante su primer acceso á la legislatura del territorio consigue por medio de un proyecto de que las leyes se publiquen en el idioma español.

Consiguió el establecimiento de un departamento postal en Barela, Colo., nombrándosele á él mismo administrador de correos.

1873. Re-electo Representante á la legislatura del Territorio de Colorado, por el Condado de Las Animas.

1874. Electo Alguacil Mayor del Condado de Las Animas, desempeñando al mismo tiempo el cargo de Representante.

1875. Mientras ejercía ambos cargos de Representante y Alguacil Mayor del Condado de Las Animas fué electo Delegado á la Convención Constitucional para redactar la base fundamental, la Carta Magna, para el nuevo estado de Colorado.

1876. Al redactarse la Constitución del Estado, pudo conseguir los provistos de que la Constitución se publicara en español, así como también que las leyes del estado fueran impresas en español por 25 años, y que por 25 años no hubiera calificaciones de educación para los electores.

1876. Fué electo senador por el Condado de Las Animas, á la primera asamblea legislativa del Estado de Colorado.

1877. Durante los últimos dias de la sesión de la primera asamblea legislativa de Colorado fué electo por los senadores para que retuviera su asiento en el senado por dos años más.

1878. Falleció Don José María Barela, padre del Senador Barela.

1879. Consigue la derrota del proyecto para imponer la calificación en los ganados vacunos de la parte sur de Colorado.

1880. Entretiene al General Grant durante su visita á la Ciudad de Trinidad, Colorado.

Fué delegado á la Convención Nacional Democrática en Cincinnati, Ohio, donde se nominó al Hon. W. S. Hancock y al Hon. W. H. English, respectivamente para Presidente y Vice-Presidente de los Estados Unidos.

Electo Tesorero del Condado de Las Animas.

1883. Electo Juez de Condado del Condado de Las Animas. Octubre 7, falleció la Sra. Josefita Ortiz de Barela.

1884. Febrero 16, contrajo matrimonio en segundas nupcias con la Srita. Damiana Rivera.

Nominado para Elector Presidencial en el boleto demócrata, además de ser candidato para senador en el Condado de Las Animas.

Agosto 11, organización de la "Adrista Infantería de Barela."

1885. Nulifica por medio de un decreto de la Asamblea General la disposición del Juez Caldwell Yeaman, la que descalificaba de ejercer el deber y derecho de actuar como jurado á toda persona que no pudiese hablar, leer y escribir el idioma inglés.

1886. Nominado candidato demócrata para Auditor de Estado.

1887. Abril 6, nombrado Edecán, Auxiliar del Gobernador Adams.

1888. Nombrado delegado á la Convención Nacional Democrática tenida en Saint Louis, Mo., en la cual fué nominado el Hon. Grover Cleveland, para Presidente de los Estados Unidos, y el Hon. Allen G. Thurman, para Vice-Presidente. En la misma convención fué nombrado miembro de la comisión de notificación.

Hizo un viaje á México acompañado de su esposa la Sra. Damiana Rivera.

1889. Presenta un memorial ante la legislatura para elevarlo ante el Congreso en Washington en favor de la Admisión del Estado de Nuevo México.

Se organiza el Condado de Baca.

Febrero 19, se incorpora el Ferrocarril Colorado y Pacific.

1891. Por medio de un memorial al Congreso Nacional urge el establecimiento de una corte de terrenos.

1893. Electo Presidente Pro Tem. del Senado de Colorado por unanimidad de todos los partidos representados en el senado.

Se le urgió que aceptara las riendas del gobierno del entonces Territorio de Nuevo México.

En virtud de ser presidente del senado y en la ausencia del gobernador y teniente gobernador, quedó actuando como gobernador interino del Estado de Colorado.

1893. Fué instanciado por millares de personas de prominencia para que aplicara para ser nombrado como ministro plenipotenciario en el servicio diplomático á la República de Guatemala.

Octubre 9, nombrado Cónsul de la República Mexicana.

Enero 11, á nombre de la Asamblea General invita á los Legisladores de Nuevo México para que visiten la Ciudad de Denver y la legislatura de Colorado.

Nominado para Tesorero del Estado en el boleto demócrata y en el boleto del pueblo, ó populista.

1894. Intercede con buen éxito en la huelga de los mineros.

1895. Mayo 13, falleció la Sra. María de Jesús Abeyta, madre del Senador Barela.

Consigue una apropiación de $10,000 para la construcción del camino real de Trinidad á Stonewall, y una apropiación de $3,000 en semillas para el Condado de Las Animas.

Consigue que se establezcan estaciones de experimentos agriculturales en los Condados de El Paso, Bent, Delta y otros.

Hace que se nombre una comisión para examinar los libros del Tesorero del Estado.

Fué nombrado miembro de la comisión que representó el Estado de Colorado en el Certámen en la Ciudad de México en 1896.

Tomó parte activa en el Carnaval que se llevó á cabo en Denver.

Siendo Cónsul de la República Mexicana defiende á tres ciudadanos mexicanos acusados de haber dado una corrida de toros en Gillett, Colorado.

1896. Tomó parte en la Celebración del Cuarto de Centenario de Colorado Springs.

Siendo candidato para re-elección el 31 de Octubre se hace un atentado en contra de su vida en la Plaza de Hoehne, Condado de Las Animas, Colorado.

1897. Hace que otra vez se examinen los libros del Tesorero de Estado.

Eleva un memorial al Congreso Nacional de los Estados Unidos para que para los empleos federales del Territorio de Nuevo México se nombrasen ciudadanos del mismo territorio.

Nombrado miembro por el Estado de Colorado al Congreso Nacional de Ganaderos en Houston, Texas.

Abril 13, nombrado Cónsul de la República de Costa Rica en Colorado y sus dependencias.

1898. Febrero 22, atiende á la organización del Club Unión, en Buena Vista.

Intercede en favor de que se le conmute la sentencia capital á Librado Mora.

Fué delegado á la Convención democrática del Estado.

Pronunció un elocuente discurso el 4 de Julio, en la casa de cortes del Condado de Las Animas.

1899. Introdujo una resolución para la devolución de los trofeos mexicanos.

Fué presidente de la comisión de inauguración.

1900. Fué honrado por la comisión del capitolio escogiendo su retrato como uno de los que debían adornar la cúpula del capitolio.

Enero 16, representó el Estado de Colorado en la Convención Nacional de Ganaderos tenida en Texas.

1901. Consigue el nombramiento del Hon. Julius C. Gunter para juez de la Corte de Apelaciones.

1904. Junio 11, anunció su cambio político del partido demócrata al republicano.

1905. Introdujo el Proyecto para establecer como día festivo el 12 de Octubre reconociéndosele como el Día de Colón.

Nuevamente se le urge que ocupe la silla del gobierno del Territorio de Nuevo México.

Introdujo una resolución para que el retrato del Senador E. O. Wolcott fuese puesto en una de las ventanas de la cámara del senado.

Introdujo el proyecto para que los presidiarios trabajasen en los caminos reales, y los presos hicieron buen trabajo en el Condado de Las Animas.

Se hacen las investigaciones sobre si se puede igualar el registro de servicios públicos del Senador Barela y se halla que no tiene segundo.

1907. Consigue pasar el proyecto estableciendo el Día de Colón.

Hace que se establezca una comisión de senadores para que visiten las instituciones del estado.

Marzo 4, el senado celebra el 60mo. natalicio del Senador Barela, y la comisión de librería transuente presenta al Senador con una caja de libros dedicada á las librerías públicas.

Marzo 27, el Senador Barela brinda á los senadores y familias con una función en el Teatro Orpheum, en Denver.

1908. Celebración del Día de Colón en Trinidad, Colorado, donde tomaron parte activa el Senador Barela, el Teniente Gobernador Harper, y el Hon. O. A. Larrazolo, ahora uno de los republicanos más prominentes del Estado de Nuevo México.

1908. Noviembre 3, re-electo Senador por el Distrito Número 4.

Noviembre 21, ofrece á su oponente la suma de $100 para ayudarle á investigar la legalidad de su elección.

1909. Se entabla la contesta Beshoar-Barela en la legislatura de Colorado.

Introdujo una resolución para que al Territorio de Nuevo México no se le cambiara el nombre al ser admitido á la hermandad de estados soberanos, cuya resolución tuvo su efecto.

Secunda la moción para la investigación de los métodos de elección en los condados de Huerfano y Las Animas.

Marzo 5, el primer voto en la contesta Beshoar-Barela resulta 17 por 17.

Marzo 11, se decide la contesta en favor del Senador Barela por un voto de 24 por 8.

En diferentes partes del Condado de Las Animas se celebra la victoria del Senador Barela.

Se celebra otra vez en Trinidad, el Día de Colón, atendiendo el Gobernador Shafroth á instancias del Senador Barela.

1910. Es electo Presidente de la Asociación de las Ferias del Condado de Las Animas y Ciudad de Trinidad.

1911. Urge otra vez que se llame una nueva convención constitucional.

Presenta un proyecto para la apropiación de $6,000 para la construcción de caminos reales en el Condado de Las Animas.

1911. Hizo que los inspectores de licencias dieran fianzas por el dinero que pasara por sus manos en el desempeño de sus deberes como oficiales públicos.

Introdujo un proyecto para la protección de monumentos públicos en el Estado de Colorado.

Recibió el voto complimentario de sus colegas republicano para la posicion de Senador á los Estados Unidos.

Los o poner sobre la mesa la consideración del boleto sin cabeza, Marzo 13.

Introdujo u resolución para que se publicaran los procedimientos de la Primer Asamblea General, cuyos procedimientos son los únicos que no se han publicado.

THE CHICANO HERITAGE

An Arno Press Collection

Adams, Emma H. **To and Fro in Southern California.** 1887

Anderson, Henry P. **The Bracero Program in California.** 1961

Aviña, Rose Hollenbaugh. **Spanish and Mexican Land Grants in California.** 1976

Barker, Ruth Laughlin. **Caballeros.** 1932

Bell, Horace. **On the Old West Coast.** 1930

Biberman, Herbert. **Salt of the Earth.** 1965

Casteñeda, Carlos E., trans. **The Mexican Side of the Texas Revolution (1836).** 1928

Casteñeda, Carlos E. **Our Catholic Heritage in Texas, 1519-1936.** Seven volumes. 1936-1958

Colton, Walter. **Three Years in California.** 1850

Cooke, Philip St. George. **The Conquest of New Mexico and California.** 1878

Cue Canovas, Agustin. **Los Estados Unidos Y El Mexico Olvidado.** 1970

Curtin, L. S. M. **Healing Herbs of the Upper Rio Grande.** 1947

Fergusson, Harvey. **The Blood of the Conquerors.** 1921

Fernandez, Jose. **Cuarenta Años de Legislador:** Biografia del Senador Casimiro Barela. 1911

Francis, Jessie Davies. **An Economic and Social History of Mexican California** (1822-1846). Volume I: Chiefly Economic. Two vols. in one. 1976

Getty, Harry T. **Interethnic Relationships in the Community of Tucson.** 1976

Guzman, Ralph C. **The Political Socialization of the Mexican American People.** 1976

Harding, George L. **Don Agustin V. Zamorano.** 1934

Hayes, Benjamin. **Pioneer Notes from the Diaries of Judge Benjamin Hayes, 1849-1875.** 1929

Herrick, Robert. **Waste.** 1924

Jamieson, Stuart. **Labor Unionism in American Agriculture.** 1945

Landolt, Robert Garland. **The Mexican-American Workers of San Antonio, Texas.** 1976

Lane, Jr., John Hart. **Voluntary Associations Among Mexican Americans in San Antonio, Texas.** 1976

Livermore, Abiel Abbot. **The War with Mexico Reviewed.** 1850

Loyola, Mary. **The American Occupation of New Mexico, 1821-1852.** 1939

Macklin, Barbara June. **Structural Stability and Culture Change in a Mexican-American Community.** 1976

McWilliams, Carey. **Ill Fares the Land:** Migrants and Migratory Labor in the United States. 1942

Murray, Winifred. **A Socio-Cultural Study of 118 Mexican Families Living in a Low-Rent Public Housing Project in San Antonio, Texas.** 1954

Niggli, Josephina. **Mexican Folk Plays.** 1938

Parigi, Sam Frank. **A Case Study of Latin American Unionization in Austin, Texas.** 1976

Poldervaart, Arie W. **Black-Robed Justice.** 1948

Rayburn, John C. and Virginia Kemp Rayburn, eds. **Century of Conflict, 1821-1913.** Incidents in the Lives of William Neale and William A. Neale, Early Settlers in South Texas. 1966

Read, Benjamin. **Illustrated History of New Mexico.** 1912

Rodriguez, Jr., Eugene. **Henry B. Gonzalez.** 1976

Sanchez, Nellie Van de Grift. **Spanish and Indian Place Names of California.** 1930

Sanchez, Nellie Van de Grift. **Spanish Arcadia.** 1929

Shulman, Irving. **The Square Trap.** 1953

Tireman, L. S. **Teaching Spanish-Speaking Children.** 1948

Tireman, L. S. and Mary Watson. **A Community School in a Spanish-Speaking Village.** 1948

Twitchell, Ralph Emerson. **The History of the Military Occupation of the Territory of New Mexico.** 1909

Twitchell, Ralph Emerson. **The Spanish Archives of New Mexico.** Two vols. 1914

U. S. House of Representatives. **California and New Mexico:** Message from the President of the United States, January 21, 1850. 1850

Valdes y Tapia, Daniel. **Hispanos and American Politics.** 1976

West, Stanley A. **The Mexican Aztec Society.** 1976

Woods, Frances Jerome. **Mexican Ethnic Leadership in San Antonio, Texas.** 1949

Aspects of the Mexican American Experience. 1976
Mexicans in California After the U. S. Conquest. 1976
Hispanic Folklore Studies of Arthur L. Campa. 1976
Hispano Culture of New Mexico. 1976
Mexican California. 1976
The Mexican Experience in Arizona. 1976
The Mexican Experience in Texas. 1976
Mexican Migration to the United States. 1976
The United States Conquest of California. 1976
Northern Mexico On the Eve of the United States Invasion:
  Rare Imprints Concerning California, Arizona, New Mexico, and Texas, 1821-1846. Edited by David J. Weber. 1976